ソーシャル・キャピタル新論

日本社会の「理不尽」を分析する

稲葉陽二——［著］

東京大学出版会

REINTERPRETATION OF SOCIAL CAPITAL
FROM THE PERSPECTIVES OF EXTERNALITIES
A New Approach to Analyzing
the "Unreasonableness" of Japanese Society
Yoji INABA
University of Tokyo Press, 2024
ISBN 978-4-13-050210-8

ソーシャル・キャピタル新論

目　　次

序　章　日本経済・社会を覆う違和感─────────1
　　　　社会の理不尽を個人が負担する理不尽

　　1　日本の違和感　1
　　2　違和感を覚える具体例　2
　　3　違和感をどうとらえるか　8
　　4　本書の構成　11

第1章　社会関係資本の現状────────────13
　　　　現場の理不尽は社会関係資本を知らないとみすごされやすい

　　1　社会関係資本の計測：これまでの手法　14
　　2　社会関係資本水準の国際比較　17
　　3　社会関係資本低迷の理由：暫定的な考察　19

第2章　社会関係資本とはなにか──────────29

　　1　社会関係資本研究の潮流：なぜコールマンをベンチマークとする
　　　　のか　29
　　2　コールマンのボート　31
　　3　コールマンの社会関係資本論　35
　　4　パットナムの社会関係資本論　41
　　5　オストロムの社会関係資本論　46
　　6　なぜ社会関係資本が必要だったのか　51

第3章 社会関係資本の定義に関する考察——————55
3人の碩学からなにを学ぶのか

1 なぜ私の定義にいたったか　56
2 「心の外部性」について　57
3 外部性がおよぶ範囲　60
4 なぜ信頼性ではなく信頼なのか　62
5 規範か制度か：規範のもつミクロ・マクロ＝リンク機能　77

第4章 社会関係資本のダークサイド——————————85

1 社会関係資本の負の外部性にたいする弱者泣き寝入り仮説　85
2 凸性と非凸性　86
3 社会関係資本の負の外部性，悪用，格差　98
4 社会関係資本と経済格差　107

第5章 測り方と分析の仕方の進歩——————————117
計算社会科学の出現

1 実証研究には個人のパネルデータが欲しい　117
2 できれば時系列の悉皆データが欲しい　120
3 1200万円のスナップショット　121
4 計算社会科学の登場　123
5 計算社会科学の定義　124
6 ビッグデータを用いることについて：ラジ・チェティらの論考の懸念　127
7 社会関係資本からみた計算社会科学の可能性：関係基盤と関係流動性　130
8 こころのひだを探る：潜在連合テスト（IAT）　131
9 社会関係資本による社会実装：実装科学の観点　139

第6章 過去の実証研究から明らかになったこと————149
データの整備と理解の深化

1 はじめに：機序についての仮説　149

2 データの整備　151

3 社会関係資本を育む：規定要因はなにか　184

第7章 日本経済・社会を社会関係資本の視点で再考する—193

1 企業不祥事はなぜおこる：社会関係資本からみた現場における理不尽　193

2 徒手空拳で改善を求められる現場の理不尽：労働装備率の低下が全要素生産性まで低下させる点についての社会関係資本からの解釈　200

3 企業・組織不祥事の現状：不祥事の過半は経営者が関与　206

4 結語：社会的病理の反映としての企業内社会関係資本の劣化対応策　211

終　章　結局なにが言いたかったのか————————217

注　229

文　献　249

あとがき　269

索　引　273

iv

序章

日本経済・社会を覆う違和感
社会の理不尽を個人が負担する理不尽

1——日本の違和感

　フランスを代表する社会学者であるピエール・ブルデューの『世界の悲惨』が公刊されたのは 1993 年のことであった．その日本語訳（第 1 分冊）の帯には「社会は，表立って表現されることのない苦しみであふれている」とある（Bourdieu 1993=2019）．この書籍はブルデューを含めた研究者 23 人が実施した 52 もの聴き取り調査記録にそれぞれの調査について担当研究者の社会学的分析が付された大著であった．聴き取りの対象はブルーカラー労働者，低家賃住宅の住民，ニューヨークのゲットーの住民，没落する農民・商店主・労働組合員，教師，高齢者，移民，失業者，ホームレス，外国人労働者，などだが，悲惨の対象だけではなく，悲惨に不作為を決め込む国家の側の人々の苦悩までをも網羅している．大著にもかかわらず原著発売後，短期間に 10 万部を売るベストセラーとなったのは（ibid., 邦訳 p. 1），その当時のフランスやアメリカの現状を正確に映し出していたからであろう．

　この書籍の研究が実施されていた時期に，私はフランスのパリに在住していたが，1984 年に住み始めた当初はホームレスの多さに驚いた．当時バブルの絶頂期にあった日本からきた私は，家人に「日本では考えられないことだ」と話したことを鮮明に覚えている．しかし，残念なことに，その後，自身の不明を深く恥じることになる．1990 年代後半には日本もホームレスであふれかえる事態に立ち至ってしまったからである [1]．2000 年代後半には貧困問題が活発に議論され，社会的「悲惨」という概念も議論された [2]．『世界の悲惨』か

1

ら 15 年を経て日本でも「悲惨」が論じられ，本書を書いている 2023 年現在の日本社会も「表立って表現されることのない苦しみであふれている」状況に立ち至っている．

　しかし，この「表立って表現されることのない苦しみ」，社会的「悲惨」の背景にある状況へ立ち至る前に，ごく普通の生活を送っていると自身では信じている人々にもそこかしこで予兆が出ている．それは，この国に住んでいて感じる「違和感」である．本書は我々が日常感じている違和感の正体を見極めることを主題の 1 つにするが，まずは，違和感の例をあげよう．

2──違和感を覚える具体例

【なぜ高齢女性は介護保険で買い物ヘルパーを雇わなければならなかったのか】
　兵庫県たつの市で障害福祉サービスを提供している NPO 法人いねいぶるを運営されている宮崎宏興氏の感じた違和感である．彼は，担当していた身体が不自由な高齢女性が，近所の商店が閉店してしまったので少し遠くのお店で買い物をしなければならなくなり，彼女の介護保険を使って買い物支援のためにヘルパーさんを雇ったことに違和感を持った．彼女のせいで商店が閉店したわけではないのになぜ彼女の介護保険で対応しなければならないのか．地域全体の課題を弱い立場のいわば被害者である人が対応することに強烈な違和感を覚えたという[3]．

【なぜ自治会が公道の補修までするのか】
　都会ではその活動があまり実感できない自治会であるが，日本全国の自治会へのアンケート調査を実施した辻中豊は，地方では自治会が公道の補修まで行っていることにおどろいたという[4]．本来町村道なら，一地区の自治会ではなく，その地区が存在する地域の自治体全体で負担するべき仕事を，個別の集落で肩代わりしていたことになる．

【なぜリディラバ（Ridilover）が頼られるのか】
　「子どもはどこで育つのか？──貧困当事者・支援者と紐解く『体験格差』が生まれるワケ」というリモートでのトークイベント[5]を視聴し，泣いた．貧困の当事者と支援者，それに主催者である一般社団法人リディラバと株式会

社 Ridilover 両方の代表である安部俊樹氏が加わり貧困を語った．リモートの会合に数多く参加してきたが初めて感情を共有し，自らの不甲斐なさを恥じた．リディラバ（Ridilover）は安部氏が社会の無関心の打破を掲げて，問題の発見，その問題の共有（社会化），資源の投入（課題の構造を紐解く），さらに社会の仕組みを変える提言を行う組織とのことで，事業内容は調査報道，現場へのツアーを含めた教育・企業研修，さらにクラウドファンディングまで多岐にわたる．1980 年代に英国で社会的起業家の概念が生まれたが，リディラバの安部氏はその日本における代表例といえるかもしれない（町田 2000）．私もその活動に深い共感を覚えるが，その隆盛の一方で，中央も地方も政府は社会的課題のためになにをやってきたのかと，日本社会の仕組みについての違和感を覚えた[6]．

【なぜ介護・福祉職は有資格者でも求職しないのか】

介護・福祉職は常に人手不足にあえいでいる．にもかかわらず，有資格者でも介護・福祉職に就かない人材が多く存在する[7]．そのため，現場では介護・福祉職の負荷を軽減するために，介護補助職（介護助手）の確立に注力している[8]．しかし経済学的にみれば，介護・福祉職の待遇の改善により，未就労の有資格者の参入を促すのが，正しい施策であろう．ところが，それではコストが上がってしまうので，介護・福祉職の賃金はできるだけ抑えて，低賃金の補助職を導入するという発想である．好意的に解すれば，介護・福祉職が本来の業務に注力することを通じて，実質賃金を上げるという発想かとおもうが，本来はまず介護・福祉職の待遇改善がなければ事態は改善しないように思える．制度のゆがみを現場の裁量に押し付けているのではないか．

【なぜ賃金は目減りするのに経営者報酬だけ上がるのか】

2022 年後半になってようやく経営者たちも重い腰を上げ始めたが，日本は OECD のなかで賃金が上がらないワースト国であった[9]．上がらないどころか，実質賃金では目減りする状態が 2024 年に入っても続いている．経営者は生産性（付加価値）が上がらないから，賃金を上げられないといっていたが，それなら経営者の実質賃金はなぜ上がっていたのか[10]．経営者の最重要ミッションは付加価値を増やすことなのに，それができない経営者の報酬だけがなぜ上がるのか．ここでも経営者の言い分は日本の経営者報酬はそもそも欧米に

比して低すぎたから上げて当然というのだが，それは欧米なみに生産性を上げ付加価値を増やしたときに通用する言い訳ではないか．

【なぜ日本の経営者は内部留保を積み上げるのか】

　日本の大企業においては企業内に利益をため込むことが常態化している[11]．とくに失われた30年，つまり1991年のバブル崩壊以降はこの傾向が顕著であり，さすがに株主からの批判にさらされ，株主への利益還元を意識するようになっているが，企業の内部留保は過去最高を毎年更新してきた[12]．もう少し具体的に言うと，企業は利益を出してはいるのだが，付加価値は増えていない．付加価値とは人件費と利益を合計した額だから，日本の大企業の利益増は人件費を削って達成されており，人件費からの振り替えに過ぎない[13]．本来，市場経済における付加価値とは企業が新たな設備投資・研究投資というリスクをとって勝ち取るものだが，日本の経営者はこのやり方で利益を得ていない．彼らが比較優位があるとしたら，波風立てず雇用を維持しつつ，付加価値の内訳を人件費から利益へ振り替えるスキルにたけているに過ぎない．もちろん，これでは国際競争に勝てるはずもない．株主重視で利益重視というのだが，株主は賃金も含めた付加価値全体が増えることを期待しているのであって，賃金から利益への振り替えでの，いわば見せかけの増益を期待しているわけではない．働く者や投資家が，日本の経営者に対して違和感をもつ．

【なぜ現場の営業部長が自腹で保険料を支払って契約を捏造するのか】

　日本の大企業の不祥事が一向に止まらない．たとえば，名だたる自動車メーカーが判で押したように検査不正をしていた[14]．本書を執筆中の2023年上半期も企業不祥事は枚挙にいとまがない．そのたびに現場での犯人捜しが行われ，労働者のモラルと質の低下が指摘され，最後に企業風土に責任があるとして幕引きが行われる．しかし，個人的には違和感を覚えるケースも多い．たとえば，生命保険会社の支社の営業部長が80件もの保険契約を捏造し，会社はプレスリリースで謝罪し，「営業職員に指導すべき立場の管理職が問題を起こしたことを重く受け止める．管理職層へのコンプライアンス（法令順守）教育の強化・徹底を行う」とした[15]．たしかに，中堅職員が不祥事を起こしたので，コンプライアンス教育を強化するというのは理屈にあっている．しかし，新聞報道の補足情報をみると，この部長は2年間のあいだに，顧客には迷惑はかけ

ずに，それどころか部下の成績を上げるために 600 万円も自腹で保険料を支払っていたという．プレスリリースだけ見れば，悪い人のように感じたが，新聞記事を読むと良い人のようにも思える [16]．違和感を覚えた．

【なぜ図書館の非正規雇用司書は「やりがい搾取」にあうのか】

最近，図書館の開館時間が長くなり，大変ありがたい．私の住んでいる自治体でもかつて本務校であった大学図書館でも，月 2 回の休館日以外は基本的に夜 21 時まで開いている．しかし，新聞を読んでいると文化欄に 4 段抜きの大インタビュー記事があり，「作家業は司書続けるため」「非正規で働き執筆　佐原ひかりさんに聞く」「社会の底守る　図書館が好きだから」「そもそも新品で買えるならみんな買ってると思う」「図書館職員の多くは有期雇用の非正規労働者」などの見出しが目に飛び込んできた（田中 2023）．そして最後に「やりがい搾取」ですという佐原ひかり氏のコメントが書かれている．

これは佐原氏が大学図書館で司書として働いていたころ，職員有志で年に 1 回，貴重資料の展示イベントを開いていたが，「低賃金でも頑張りたいという人の気持ちで，何とか成り立たせている状態」を指しての表現であった．非常勤司書の，低賃金でも頑張りたいという気持ちで，何とか図書館を成り立たせている状態について大きな違和感を覚えた [17]．

【なぜ忖度した官僚は記憶を失うのか】

安倍内閣時代のいわゆる森友・加計・さくらを見る会についての政府高官の答弁，資料開示についての対応について多くの議論があった．特に森友事件については公文書の改ざんが行われ，それについて資料開示が行われず，国会で政府高官が記憶にないとの答弁を繰り返した．当時，この改ざんについて，日本テレビ NEWS ZERO のメインキャスターであった元財務省出身の村尾信尚氏は番組のなかで「万死に値する」とコメントした [18]．歌舞伎十八番『勧進帳』で武蔵坊弁慶は白紙の「勧進帳」を主の源義経を救うために朗々と読み上げる．しかし，現代の政府高官は主を守ることに（つまりは自分を守るのに）必死で，自らの部下が命を削って書いた諫言帳を朗々と読み上げることはなかった．『勧進帳』の初演は 1840 年 [19] ということであるが，180 年間で日本人の基本的モラルが変化したのか．いずれにせよ，「忖度」という言葉がはやったが，忖度をした方ではなく，忖度をさせた方に責任があるのではないか．多

くの国民が違和感をもった.

【なぜ政治資金収支報告書を修正すれば裏金が裏金でなくなると考えるのか】

　2023 年の歳末は政治家の裏金疑惑で持ち切りである. 真偽が明らかになら
なければ明確な論評はできないが, もちろん多くの違和感を持った. なぜ, 帳
簿にない形で資金を動かさねばならなかったのか. 一般の世界でいえば, 企業
の役員がステークホルダーの負託を裏切ったとすると特別背任, この場合も国
民の負託を裏切ったという点では立件されても当然と考えるが, 官僚や政治家
が特別背任で訴追されたというケースを私は知らない. 日本の司法は暗黙裡に,
政治家・高級官僚に対しては特別背任罪の免除特権を与えていると考えるべき
なのか. それにしても, 公的な政治資金を私的なお金にかえてそれを受領して
しまったのだから, 受け取った者は横領, 公的な資金ではなく裏金として個人
のお金にしてしまったのに所得税申告をしていないのだから脱税ということに
なる. なぜ, 分別盛りの大人がそろいもそろってなんの疑念ももたずに受領し
続けたのかは, 負の社会関係資本の観点から興味が尽きない. しかし, それに
追い打ちをかけたのは, 岸田総理の発言だ. 自派閥の疑惑に応えて「厳正に精
査し, 報告書を修正する」[20] とのことだが, 共同通信によれば「実際に集めた
収入より政治資金収支報告書に記載した金額が数千万円少ない疑いがある」[21]
とのことであるから, 真実なら単に数字の書き換えで済むわけがない. まっと
うな政治資金に使われたことを証憑書類を集めて証明してもらわねばならない.
大昔のことだが, 東大生が金庫強盗し, 気が変わってそれを返しにいったとこ
ろを逮捕された事件があり, 件の東大生が「返しにきたのだからいいだろう」
と言い放って世間の笑いものになった. 数字を書き換える「修正」だけでは済
まないのだ. 大きな違和感をもった.

【なぜ孤立・孤独が社会全体に世代を問わず蔓延するのか】

　マクピアソンらは「米国における社会的孤立——20 年間にわたるコア・ディ
スカッション・ネットワークの変化」と題する論文を発表し, アメリカでは
1985 年から 2004 年までの 20 年間に, 重要な事柄を相談する人がいない, と
する人の比率が 8.1％ から 22.6％ へ 3 倍になり, 重要な事柄を相談するベー
スとなる人々のもつ人的ネットワークの平均サイズも 3.06 人から 2.12 人へ 3
分の 2 になってしまったことを明らかにした [22]. 日本についての同時期の長

期データはないが，高度成長期以降の都市への人口移動，その結果として農村コミュニティの縮小，核家族化，少子化，未婚化，学校や職場でのいじめや不登校，ひきこもりの増加，高齢化，非正規雇用への雇用形態の変化，そして直近のコロナ禍による就業形態の変化などの日本の経済社会構造の変化はどれをとっても，少なくとも既知の人々の間のつながりを壊す方向に働いていた可能性が高い．孤立は孤独の前段階とすれば，過去の社会経済変化はすべて孤立を増やし，孤独を増やしたと考えられるかもしれない．事実，内閣官房孤独・孤立対策担当室が2021年年末から2022年年始に実施した第1次「人々のつながりに関する基礎調査」でも2023年に実施した第2次調査でも，全世代を通じて孤立・孤独が蔓延している姿が浮き彫りになっている．もしこれが，日本の経済・社会の構造変化によるものとすれば，孤独に陥った人々への対応はとても重要だが，社会の仕組みを変えなければ決して終ることのない弥縫策に過ぎないのかもしれない．違和感を通り過ぎて，不安感と絶望感を感じてしまう．日本の社会経済の構造変化の悪影響をうけた結果としての孤立・孤独なら，その影響の不平等をきちんと分析して，社会経済の仕組みを変えなければならないのではないか．

　日本経済・社会の仕組み，つまり構造問題から生じる問題は社会の理不尽で，国民全体が議論して解決のコストを国民全体で負担するべきなのに，高齢者，過疎地集落の住民，貧しい人々，介護・福祉職や製造現場や組織の末端で働く労働者など，一部の弱者へ負担をしわ寄せするいわば現場の理不尽が横行している．違和感の原因は日本社会における負担の不平等にある．野球の大谷翔平選手は，2023年7月オールスターゲーム前日の記者会見で，「トレード期限が2週間後に迫っているが，緊張するものか？」とたずねられ，「自分でコントロールできないことなので，個人的に気にすることはない．自分が試合のなかでコントロールできることをまずはコントロールしたいと思っている」と答えていた[23]．同氏の見識を示す至言であり，誰しもがそうありたいと同意するのではないか．ただし，ここでのトレードは大谷選手自身に関することだが，現実の世界は，自分自身が何ら関係のないことがらで影響を被っているのに，「試合のなか」つまり各人の職場や生活領域の範囲内でコントロールすること

を求められる理不尽が多すぎるのではないか．これが本書の基本的な問題意識である．

3——違和感をどうとらえるか

それではこれらのような違和感を分析するためにはどうすればよいのか．社会経済問題にはさまざまなアプローチがあるが，本章ではこの問題意識を分析するために，ソーシャル・キャピタル（social capital 以下，社会関係資本，図表中などでは SC とも表記）の概念を用いる．その定義については第2章でより詳細に検討するが，私の社会関係資本の定義は「心の外部性を伴ったネットワーク・信頼・規範など」としている．

社会関係資本とは，集合行為のジレンマの克服，つまり，個人が短期的な目先の利益に走ることを抑え，皆で協調して，社会全体からみた最善の結果を達成できるようにすることを目的とした概念だからだ（Olson 1965）．社会関係資本の基本的な形態は人々や組織の間の結びつきを示すネットワークであるが，それが信頼を醸成し，規範を形成する点，さらにその影響は行為の当事者以外の第三者にも影響を与え，かつその影響は第三者にとって好ましいもの（外部経済）だけではなく好ましくないもの（外部不経済）もあることまでを含んだ概念である．

社会関係資本が負の影響を与えるものも含む点は，コールマンも「ある行為を促進するうえでは価値ある社会関係資本であっても，他の行為の促進には役立たなかったり，むしろ有害であったりすることがある」（Coleman 1988, p. 209，稲葉仮訳）と指摘している．また，過去の歴史的・文化的経緯も反映しているという点で「資本」である．本章の冒頭で触れたピエール・ブルデューも1980年代前半に社会関係資本の概念を提唱していた（Bourdieu 1980）．

社会関係資本はストックの概念であるが，経済的な機械・設備への物理的資本や金融資本について用いるフローの概念である「投資」に対応するものは，単に社会関係資本の「形成」と呼んでいる．後で見るように社会関係資本は公共財的な要素が強く，かつ規範のような物理的な形態をもたない認知的なものが多いからだ．

		競合性	
		あ　り	な　し
排除性	あ　り	私的財	クラブ財
	な　し	共有資源	純公共財

図 0-1　経済学における財・サービスの 4 分類

出所：筆者（2016a, p. 64）.

　私の定義ではとくに外部性が重要である．なぜなら外部性の分析は，人々が疑問に感じる多くの現象，つまり「違和感」理解に役立つからだ（Cornes and Sandler 1996, pp. 10–11）．これは行為の当事者以外の第三者への影響をさす概念で，端的に言ってしまえば，第三者をも含めて考えれば「無報酬の相互依存関係」である．また，行為の当事者と第三者をわけて考えれば，「外部経済（不経済）とは，当該事案へ直接または間接にその決定をした人々やグループ（parties）とは完全に合意していない人々に便益（被害）を生じさせる事案である」（Meade 1973, p. 15, 稲葉仮訳）．経済学ではアローが外部性の完全競争の枠組みで論じたため（Arrow 1970），市場での取引を主に扱う [24] が，上述のジェイムズ・ミードの定義のように，外部性は何らかの相互行為が生じた場合，それにかかわっていない第三者にも与える影響として，社会全般の事象へ拡張できる．上述の身体が不自由な高齢女性のケースは市場競争のとばっちり（外部不経済）の被害者ということになり，我々の違和感はこの筋違いな被害（外部不経済）について感じたものである．さらに敷衍すれば，高齢の婦人は外部不経済を被ったが，忖度のケースのように外部不経済を被る人がいる一方，同じ行為で外部経済を得る人がいるケースがある．官僚の答弁や国会議員の裏金づくりなどで覚えた違和感は国民全体が外部不経済を被るにもかかわらず，当事者グループがその対価をすでに得たうえに，さらに役得という形の外部経済を享受しているからだ．

　外部性はさらに，公共財，準公共財と密接に結びついている．経済学では図 0-1 に示すように財・サービスを消費の競合性と排除性に基づいて，純公共財（競合性も排除性もない），私的財（競合性も排除性もある），クラブ財（競合性はないが，排除性がある），共有資源（コモンズ）（競合性があり，排除性は弱い）の 4 種類に分類するが，外部性は純公共財，クラブ財，共有資源には常に生じ

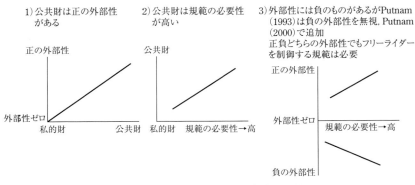

図 0-2　財の性質・規範の必要性・外部性の関係について
出所：筆者作成．

る特性である．また，上述の社会関係資本に求められている機能である集合行為のジレンマの解決も基本的に外部経済をいかに実現するかという命題である．したがって，外部性は社会関係資本の極めて重要な，しかしネットワーク，信頼，規範に付随して生じる，構成要素である．ちなみに，外部性は，独占，寡占，公共財，情報の非対称性とならんで，いわゆる市場の失敗の1つである．逆に言えば，市場で取引される私的財，社会関係資本の構成要素でいえば構造的と称されるネットワークは個人間のコネのような私的財に近いものが多いので，外部性が生じる可能性が信頼や規範などの認知的な社会関係資本の構成要素より低い．なお，財の性質に応じて，外部性，規範の必要性との関係は図0-2に簡略な説明とともに示してあるので，本書を読み進む過程で適宜参照していただければ幸いである．

　「日本の違和感」は外部性が醸し出すという立場から検討していくのが本書の基本的アプローチになる．ただし，外部性は計測が大変難しい．しかも，本書で扱うのは外部性の個人や集団へ与える不平等で，いわば負の外部性の分配である．所得格差や資産格差のように数値化が容易なものでも計測と影響の実証には困難が伴う．ましてやそもそも計測が困難な外部性の分配の不平等の実証にはより大きな困難がある．そのため，本書における分析は仮説の提示にとどまる．

　しかし，本来は均衡点はどこにあるのかを見極める必要がある．実証は困難

であるが，理論的には均衡点が維持できずに悪い方向へ拡散してしまうこと，いわば破滅のシナリオは排除できないことを現場の理不尽と合わせて指摘できればと考えている．

4——本書の構成

　第1章では，まずこの社会関係資本がわが国でどのような状況にあるのかを概観する．そのあと，社会関係資本が，「違和感」の背景にある問題の分析に有効なのかを，いわゆるコールマンのボート（Coleman 1986a）と呼ばれる枠組みで解説する．第2章では社会関係資本の定義を解説する．社会関係資本の概念を理論として確立し，政治学，経済学，経営学，社会疫学などの多岐にわたる領域の識者へ影響を与えた社会学者ジェームズ・コールマンの理論に依拠して，その概念を解説することから始める．さらに，コールマンが確立した理論をより現実に即して展開したロバート・パットナム，さらにその概念を拡張したエリノア・オストロムの社会関係資本論をコールマンのそれと比較する．第3章ではコールマン，パットナム，オストロムの社会関係資本論の比較と，私の定義を紹介し，その特徴（「心の外部性」）と問題点について，社会関係資本という概念への批判への答えも含めて解説する．第4章は「日本の違和感」が社会関係資本のもつ負の影響の高まりと，その負担の不平等に起因するのではないかという仮説をたて，違和感の原因を社会関係資本の視点から解明していく．2つの同等に好ましい選択肢がある場合は，その間（あいだ）をとることがより好ましいという凸性の定義を援用し，社会関係資本の外部性を解釈する．第5章は違和感の解明に向けての社会関係資本の計測，分析手法の発展について述べる．さらに，第6章でデータの民主化（公開）の進捗とその結果の研究の広がりを具体的な論文を使って紹介する．第7章では日本の企業セクターを例にとり違和感を再検討し，第8章でまとめと社会関係資本を用いた「違和感」の解消策を提示する．

序章　日本経済・社会を覆う違和感　11

第1章
社会関係資本の現状
現場の理不尽は社会関係資本を知らないとみすごされやすい

　世界は「関係」でできている．これは量子論の書籍『*Helgoland*』(Rovelli 2020) の邦訳版タイトルである．私は量子論は全くの門外漢であるが，本書のテーマである社会関係資本の世界は間違いなく「関係」のなかで存在している．個人のもつ「関係」は彼／彼女の生い立ちだけではなく，彼らの生まれ育った環境の歴史的・文化的な特性まで反映して幾層にも重層的に連なっている．個人はだれでも社会関係資本という箱のなかで生活しているともいえる．箱のかたちは人によってまちまちだが，「関係」は個人レベルでも多様な形態があるし，一定の前提をおけば組織間でも存在する．したがって「関係」は個人レベルから社会全体のマクロレベルまで重層的に存在しているが，個人はそれを意識しないで生活しているため，悪いことはすべて自己責任としてしまうことが多い．社会関係資本 (social capital) は必然的に個人間から学校や職場など幾重にも重層的に存在するので，この「関係」を研究すれば，つまり社会関係資本を意識すれば，自然にミクロから組織内さらには組織間まで，自分が培ってきた他者との「関係」を意識することになる．このプロセスは，個人のもつ関係を洗い出すことになるので，今まで無意識でいた関係性が可視化される可能性がある．

　この社会関係資本には，ネットワークなどある程度可視化が可能な構造的社会関係資本と，可視化が難しい信頼や規範などの認知的社会関係資本がある．これらの社会関係資本の計測は，第2章以降で詳述するが，ここでは従来私が行ってきた社会関係資本の計測調査票での項目をまず例として検討を行い，その次に国際比較を，2008年から2023年まで毎年発表されている英国のレガタム研究所の指標を紹介し，さらに研究用に個票データが得られる世界価値観調

査における日本の社会関係資本の水準の国際比較を概観したい．残念ながら国際比較で長期の時系列データをみると，英国のレガタム研究所調査でも，世界価値観調査でみても，わが国での認知的な社会関係資本（社会全般への信頼／規範，特定の個人や組織を対象とする特定化信頼[1]／規範）も，構造的な社会関係資本（人々の間のネットワーク）も年を追うごとに壊れているように見える．

1——社会関係資本の計測：これまでの手法

本書は第2章でジェームズ・コールマン，ロバート・パットナム，およびエリノア・オストロムの3人の碩学の社会関係資本の定義を検討するが，とりあえず，序章で私の「心の外部性を伴ったネットワーク・信頼・規範など」という定義を紹介した．私の定義もコールマンに依拠するのだが，実は彼は，以下に示すように社会関係資本をその機能から定義しており文字通り受けとっても計測には使えない．

　「社会関係資本はその機能（function）によって定義される．それは単一のかたちをもつ存在ではなく，いくつかの異種があるが，それらに共通する要素が2つある．ひとつは，すべての社会関係資本は社会構造という側面を備えているという点である．もうひとつは，すべての社会関係資本が，個人であれ，団体という行為者であれ，その構造内における行為者の何らかの行為を促進するという点である．他の資本形態と同じように，社会関係資本は生産的なものであり，それなしでは不可能な一定の目的の達成を可能にする」（Coleman 1988, p. 209，稲葉仮訳）．

このコールマンの定義がなぜ，「心の外部性を伴ったネットワーク・信頼・規範など」という定義になったのかは，次章で説明するが，ここでは私の定義に基づいて，どのような質問票で社会関係資本を計測しているか，そして，その計測に基づいた社会関係資本の構成要素がどのように変化しているのか，また，日本の社会関係資本が国際比較でどのような状況にあるのかを紹介したい．
　私は表1-1に掲げるような調査項目で社会関係資本を計測している．調査票

表 1-1　社会関係資本の構成要素 17 項目の因子分析：回転後のパターン行列

	因子 1	因子 2	因子 3	因子 4
	構造的 SC（団体参加・近所づきあい／友人・知人）	特定化信頼	互酬性・一般的信頼	同　僚
一般的信頼	0.021	0.057	0.581	−0.05
特定化互酬性	0.011	−0.065	0.811	0.07
一般的互酬性	−0.049	−0.072	0.846	0.035
近所づきあいの程度	0.47	0.239	0.065	−0.366
近所づきあいの人数	0.525	0.211	0.017	−0.327
友人・知人のつきあいの程度	0.563	0.21	−0.046	0.239
親戚のつきあいの程度	0.188	0.496	−0.142	0.018
職場の同僚とのつきあい程度	0.331	0.053	0.012	0.725
団体参加				
地域的活動	0.766	−0.066	0.005	−0.035
スポーツ・趣味・娯楽活動	0.662	−0.073	−0.068	0.264
ボランティア・NPO 等	0.808	−0.156	0.035	0.129
その他	0.716	−0.233	0.003	0.233
特定化信頼				
近所の人々	0.159	0.584	0.089	−0.204
家　族	−0.237	0.757	−0.017	0.016
親　戚	−0.157	0.851	−0.046	0.067
友人・知人	−0.008	0.711	0.047	0.371
職場の同僚	−0.011	0.51	0.082	0.545
寄与率（％）	24.5	12.4	8.4	7.1
因子相関				
因子 1	1	—	—	—
因子 2	0.406	1	—	—
因子 3	0.219	0.311	1	—
因子 4	−0.277	−0.065	0.019	1

データ：2013 年「暮らしの安心・信頼・社会参加に関するアンケート調査」.
出所：稲葉（2016a, p. 118）.

には社会関係資本関連で 17 項目の設問を掲げ，因子分析を実施し，構造的社会関係資本（団体参加・近所づきあい／友人・知人），特定化信頼，互酬性・一般的信頼，同僚の 4 因子を抽出して，個票データに付加された因子得点を用いて多変量解析を実施している．実際には調査票の設計や母集団の特性によって抽出される因子は異なることがある．また，地域やグループのデータはその構成員の平均値を私は用いているが，これは研究者がよって立つ仮説や理論によ

って違ったアプローチがありうる.

　なお，構造的社会関係資本としてのネットワークは SNS 利用のビッグデータが入手できるまでは，全体像の把握が困難であったため，私は団体の参加率・参加頻度，近所づきあいの程度，人数，頻度などを代理変数としていたが，ほかにどのような社会的地位にある人々と接点があるかを調べる地位想起法や，実際の日々の生活のなかでどのような助力をえられるかを調べるリソース・ジェネレーターなどの別の方法での把握もありうる.

　認知的な社会関係資本である社会全般にたいする信頼（一般的信頼）の計測は，統計数理研究所が 1953 年以来 5 年おきに実施している「日本人の国民性調査」のなかに「たいていの人は信頼できると思いますか，それとも，用心するにこしたことはないと思いますか？」という問いがあり，同様の設問が世界価値観調査でも実施される，ほぼ定番の設問となっている．国民性調査では，この一般的信頼の設問が第 6 次調査（1978 年）から直近の第 14 次調査（2018年）まで，第 8 次（1988 年）を除く毎回実施されており，「信頼できると思う」と回答した比率は，1978 年の 26% から 1993 年には 38% まで上昇したが，その後の日本経済の低迷と軌を一にして低下し，2018 年は 31% と 25 年間で 7%ポイント低下している（統計数理研究所 2021）.

　この問いへの回答を世界価値観調査でみると，最新の第 7 次（2017-2022 年）調査のデータでは日本は 90 カ国中 23 位と高信頼国に位置づけられているが，第 3 次（1995-1998 年）調査での 55 カ国中 6 位からは低下している[2]．さらに認知的な社会関係資本のなかで家族，親戚，友人・知人，近所の人々，職場の同僚などのグループや組織の構成員間の信頼である特定化信頼，いわば内輪の人々間の信頼は大きく低下している可能性が高い．図 1-1 に掲げる社会関係資本 17 項目の設問は基本的に 2003 年に内閣府が実施した調査に依拠しており，その後，2010 年と 2013 年に私が同じ設問で全国調査を実施しているので，2003 年から 2013 年の 10 年間における比較が可能である．図 1-1 はこの間の17 項目の回答をレーダーチャートにまとめたものだが，一般的信頼はほぼ横ばいを維持しているが，一般的信頼と並んで認知的社会関係資本の要素であるネットワークグループ内の信頼（特定化信頼）が低下し，構造的社会関係資本であるネットワークの代理変数としている，近所や友人・知人，親戚，職場の

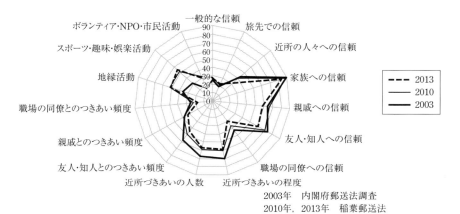

図 1-1　社会関係資本の変化（2003-2013）
出所：2003 年調査は内閣府調査，それ以外は筆者調査（稲葉 2016a, p. 128）．

同僚などとのつきあい，地縁的活動，スポーツ・趣味・娯楽活動，ボランティア・NPO・市民活動などへの参加率も大幅に低下している．この傾向は 2015 年に実施された滋賀大学・内閣府調査「ソーシャル・キャピタルに関する意識調査（市民）」でも確認できる．

2──社会関係資本水準の国際比較

それでは，国際比較でみると日本の社会関係資本はどのような水準にあるだろうか．日本人はほぼ単一民族で言葉による会話がなくとも忖度するので自己開示性が低い．そのため調査で尋ねられると曖昧などちらつかずの中間回答選好がある（吉野 2016, pp. 238-240）．したがって，単なる集計値の比較はあくまでも参考に過ぎないことに留意すべきである．そのため，結果が正しいとは限らないが，集計値での比較で見る限り，日本は世界最低水準にある．英国のレガタム研究所は 2007 年から繁栄指数を発表している．これは包摂社会，開かれた経済，市民への権力移譲，の 3 つの領域からなり，社会関係資本は包摂社会を構成する 4 要素の 1 つで，個人・家庭関係（困ったときの家族・友人からの助け，家庭は前向きなエネルギーをくれる），社会ネットワーク（敬意，友人

作りの機会，他の世帯を助けた），個人間の信頼（一般的信頼，見知らぬ人を助けた），市民・社会活動参加（慈善事業への寄付，選挙権の行使，ボランティア活動，アドボカシー活動），社会的寛容（人種的マイノリティ，LGBT，移民への寛容性）の 5 項目からなっている [3]．繰り返しになるが，もちろん，社会関係資本の包括的な国際比較はどのような分野でも容易ではない．正確性を担保することは極めて困難であるので，あくまでも参考であろう．そうした留保付きでみるべきであるが，レガタム繁栄指標の中での日本の社会関係資本指標は2023 年調査では調査対象 167 カ国中 141 位とカンボジア（140 位）やルワンダ（139 位）よりも低く，ほぼ最下位層に属している．経年でみても，日本は2011 年の 80 位が最高で，基本的に常に下位に甘んじてきた．また，この指標の社会関係資本の内訳である上記の 5 項目でみたランキングも，2023 年調査では，個人・家庭関係 113 位，社会ネットワーク 165 位，個人間の信頼 116 位，市民・社会活動参加 139 位，とのきなみ低く，唯一社会的寛容だけが 85 位となっている（Legatum Institute 2023）．この指標で見る限りは，わが国の社会関係資本の低さは衝撃的である．

　上述のように世界価値観調査の一般的信頼の国際比較では日本は高信頼国なのに，どうしてこうなるのか．レガタム研究所の指数も一般的信頼については世界価値観調査のデータに依拠しているが大部分は Gallup 調査によるもので個票データによる検証ができない．しかし，最新の世界価値観調査でもレガタム研究所の結果とほぼ同様の傾向がみられる．たとえば，信頼については，日本は一般的な社会全体にたいする信頼は高いが，具体的に信頼の対象を提示されると，大幅に信頼が低くなる．世界価値観調査（第 7 次）でも一般的信頼では 90 カ国中 23 位であったが，初対面の人への信頼は 50 位に下がり，さらに他の国籍の人への信頼は 89 位（最下位から 2 番目）と愕然とするほど低くなる．世界価値観調査は 12 種類におよぶ団体参加率もたずねており，これもボランティア活動を含む「その他の自発的な団体」を除き参加率はのきなみ国際比較で低水準グループに属している．これは政治行動の経験・意欲についても同様である．さらに，テレビ，新聞，雑誌などメディアへの信頼は高いもののその他制度に対する信頼も低い（European Values Study/World Values Survey 2022）．

ただし，すでに述べたように日本人はほぼ単一民族で言葉による会話がなくとも忖度するので自己開示性が低い．そのため調査で尋ねられると曖昧などちらつかずの中間回答選好がある（吉野 2016, pp. 238-240）．あいにく，世界価値観調査では中間回答の選択肢が存在していないので，このような結果が出たという解釈も可能であろう．また，自分から積極的に手を差し伸べることはしないが，他者から助けを求められれば対応するという「遠慮がちなソーシャル・キャピタル」（今村ほか 2010）が知られているので，実態はここまで低くはないであろうが，私の調査も含めて複数の調査結果からみても日本の社会関係資本は国際比較でみて高いとはいえない．むしろ，日本の社会関係資本の水準は「悲惨」とまではいかなくとも危うい状況にある可能性がある．

3──社会関係資本低迷の理由：暫定的な考察

ネットワークからの視点：超高齢化社会の進展

　それでは，この社会関係資本の低下と国際比較での低水準について，計測上の誤差以外で考えられる理由にはどのようなものがありうるであろうか．社会関係資本の基礎はネットワークであるから，ネットワークの観点から1人あたりの社会関係資本（Social capital per capita）の傾向を考慮すれば，日本における社会関係資本の低下と国際比較における低水準を説明する仮説は構築できる．

　個人がもつ繋がり（紐帯）の数と質は，人生の節目ごとに大きく変化していく．生まれたばかりの嬰児のころは，彼／彼女の世界は親と自分の2人だけの世界，つまり1人あたりネットワークでみた社会関係資本は1本であるが，それが歳を重ねるごとに増えていく．また，保育所，幼稚園，小学校，中学校，高校，大学あるいは職場へと歩みを進めるにしたがって，紐帯の数は増加するし，その質も変化していく．成人になるとアルバイト先や職場，さまざまな趣味・娯楽，ボランティア活動なども加わり，個人のもつ紐帯はさらに増えるが，その一方で卒業や転職のたびに，紐帯の組み換えが起きる．また，非正規雇用の場合職場での紐帯の在り方は，正規雇用の職員のそれと大きく異なることもある．日本では，一般に正規雇用から非正規雇用への転職は，紐帯の減少と経

済的見返りの観点からみた質の低下を伴うので，正規職員から非正規職員への企業の雇用政策の変化はそのような境遇にある個人のネットワーク数を減らした可能性がある．また，定年を迎えると職場を通じた紐帯が消滅するため，（学生時代の友人などとの昔の紐帯は多少復活することもあるが）紐帯が大幅に減少する．そもそも，定年を迎えられる勤め人は安定した職場に身を置いていた可能性が高いため，職場を通じた紐帯の急激な消滅は，場合によってはその人のネットワークを大きく損なう．

　歴史的にみると，高度成長期の第1次産業から第2次産業への変化は人々の農村から都市部への移動をもたらし，かつ大家族から核家族への変化を伴い，社会関係資本の大幅な組み換えが生じた．さらに，少子化，未婚率の上昇，孤立・孤独の蔓延などは紐帯の形成の基礎となる家庭の形態を変えて社会関係資本としてのネットワークの形成をより困難にしていった．ただし，これらの変化は経済構造の変化に起因するもので，世界共通であった．日本が特異であったのは高齢化が世界で最も短期間に生じたことである．

　例外はあるが，人は歳を重ねるに従い，活動能力が低下し，他者との交流の能力も低下する．つまり，新たな紐帯を創りだすことは困難になり，既存のネットワークの維持も難しくなる．直截に言えばネットワークでみた社会関係資本は高齢化にともない減耗していくことは避けられない．この減耗の速度は年齢を重ねるごとに（友人・知人の死亡もあり）指数的に増していく．振り返って，わが国の人口の年齢構成をみると，すでに人口の高齢者比率は世界最高水準にある．ネットワークを社会関係資本ととらえると，日本の社会関係資本が近年低下傾向をたどり，国際比較でも低水準にあるのは当然のことである（図1-2）．

　さらに敷衍して社会関係資本を社会全体のストックとしてとらえれば，人口が大幅に減少している国の社会関係資本のストックは激しく減耗しているとみて間違いない．人口減少に悩む地域の再生策として定住者の増加ではなく地域への理解者である関係人口を増やすことで，再生を図ろうとする議論が行われている（田中 2021）．すでに人口が高齢化しかつ減少に転じている日本で，この議論を日本全体で実施しようとすると，海外在住者（つまり外国人）の日本への関係人口，つまり日本の社会関係資本のストックを増やす施策ということ

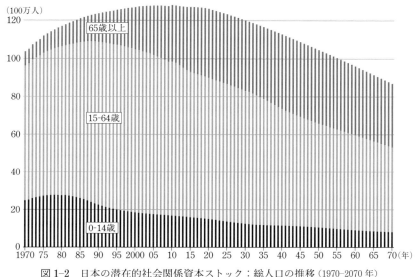

図 1-2 日本の潜在的社会関係資本ストック：総人口の推移（1970–2070 年）

になるが，コロナ禍やおくめんもなく覇権主義を標榜するロシアや中国などの国家の台頭は国際的な人口移動や交流を妨げ，これに水をさすということになる．

歴史的・文化的経緯と関係流動性

ここまでは国際比較でみた日本の社会関係資本が低い理由を，国際比較でみても急激な核家族化，少子化，単身世帯の増加，などの社会構造の変化と人口の高齢化に求めたが，文化的な視点からも説明できる可能性がある．前節で日本人の自己開示性が低いとする吉野らの指摘を紹介したが，この点について結城雅樹らは関係流動性という概念を導入して，親密な友人間の自己開示の文化的な差異について検証している（Schug, Yuki and Maddux 2010）．

関係流動性（relational mobility）とは，結城らが提唱し計測指標を開発した概念で，対人関係の選択自由度を意味し，「新規出会いの機会」と「関係形成・解消の自由度」の2つから構成される（Yuki et al. 2007）．具体的には被験者に「あなたと普段つきあいのあるひとたち（学校の知人や友人，職場の同

僚，近所の人々など）についてお尋ねします．次のそれぞれの文が，それらの人々にどれくらいあてはまるかを，想像してお答えください」という教示文を与え，新規出会いの機会については「人々と，新しく知り合いになる機会がある」「初対面の人と会話をかわすことがよくある」「新しい人たちと出会うことは容易なことだ」など5問，関係形成・解消の自由度については「ふだんどんな人と付き合うかを自分の好みで選ぶことができる」「もし現在所属している集団が気に入らなければ，彼らは新しい集団に移っていくだろう」「どの集団や組織に属するかを自分の好みで選ぶことができる」など7問，計12問をそれぞれ6件法（1：全くそう思わない〜6：とてもそう思う）で問うものである（ibid., p. 14）[4]．北海道大学の山岸俊男先生の流れをくむ気鋭の研究者たちにより精力的に研究が進められている．山岸先生が生前，私の社会関係資本の論考にも理解をいただいていたことに甘え，社会関係資本の観点からの理解を述べさせていただけるのなら，関係流動性はまさにネットワークなどの構造的社会関係資本の組み換えの容易さを計測するものである．結城らは世界39カ国の関係流動性について調査を実施し日本は関係流動性が最も低い，言い換えれば構造的社会関係資本の組み換えが難しい国であることを見出している（Thomson et al. 2018）．日本では既存の関係を断ち切って新たな関係を創ることが難しい，かつ組み換えの出会いの機会も少ない，ということになる．

　社会関係資本論ではジェームズ・コールマンが閉じたネットワークの規範維持機能を指摘し（Coleman 1988, pp. S105-108），その一方で彼の弟子であるロナルド・バートは開いたネットワークの有効性を論じ（Burt 1992），さらにコールマンとの理論的整合性を明らかにしてきた（Burt 2001）．パットナム（Putnam 2000）は結束型と橋渡し型を強調したが，結束型は閉じたネットワーク，橋渡し型は開いたネットワークに対応する[5]．いずれにせよ，社会関係資本の論者はこの2つの社会関係資本の得失を2つの類型の対立で論じてきた．たとえばパットナムは『孤独なボウリング』の第1章で両者の得失を表1-2のように記述している（ibid., 邦訳 pp. 19-21）．

　私を含め社会関係資本に依拠する論者は，ロバート・パットナムの影響もあり，橋渡し型と結束型の両者の得失の対立に気をとられすぎて，重要な点，つまり地域の文脈的側面の実態のあぶりだしに遅れをとった．結城雅樹は関係流

表 1-2　パットナムによる結束型と橋渡し型の得失

	正の効果	負の効果
結束型	・社会学的な強力接着剤 ・内集団への強い忠誠心を作り出す ・排他的アイデンティティと等質な集団を強化 ・連帯するのに都合が良い	・外集団への敵意を生み出す ・排他性 ・内向き志向
橋渡し型	・社会学的な潤滑剤 ・特定の互酬性を安定させる ・外部資源との連繋と情報伝播に優れている ・より広いアイデンティティや互酬性を生みだす	・記述なし

出所：Putnam（2000，邦訳 pp. 19-21）より筆者作成．

動性を提唱した論考でつぎのように述べている．

　　「自己開示における文化の違いを，それぞれの社会的な分脈によって形成
　されたインセンティブにうまく合わせようとする適応行動として再解釈す
　る」（Yuki et al. 2007, p. 3，稲葉仮訳）．

　関係流動性はパットナムにとっても目からうろこの概念であろう．構造的社
会関係資本を結束型と橋渡し型が対立するものとしてとらえるのではなく，組
み換えの容易性という観点から両者を融合してとらえればよかったのだ．
　話を日本の社会関係資本の低水準に戻すと，結城らによる関係流動性の 39
カ国比較（図 1-3）で日本が最低水準にあるということは，日本は新しい出会
いに乏しく，つきあう相手や組織を一度選択するとその状態から脱することが
困難な国ということになる．しかも，関係流動性は米の作付面積が大きいほど，
関係流動性は低くなるという．また，多様な災害に合う潜在的な可能性が高い
国が関係流動性が低いことも見て取れるとしている．たしかに，東日本大震災
では，ミクロレベルでも，コミュニティレベルでも，国全体のマクロレベルで
も，日本の絆が賞賛された．関係流動性の低さが功を奏したのであろうか．低
い関係流動性は悪いことばかりではないであろうが，若者には窮屈な社会であ
ろう．また，米の作付け面積といわれても，国民経済計算（GDP 統計）で過
去 20 年間，農林水産業の比率は 1% にすぎず，そのなかで米は農業生産額の
わずか 2 割弱（2020 年度）にすぎない．農業はとうの昔に日本経済の主役の座

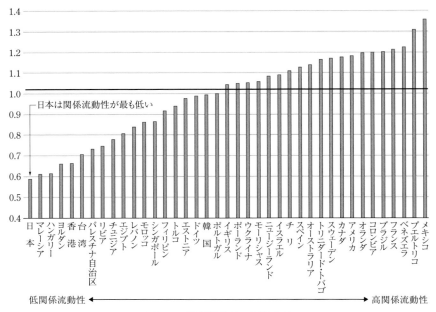

図 1-3 関係流動性の国際比較
注：中位ポルトガル＝1.
出所：Thomsn et al.（2018）より筆者作成.

をおりたのに，いまだに日本社会では影響を及ぼしているということか．次章でロバート・パットナムの『Making Democracy Work』という著書を紹介するが，そのなかでは社会関係資本の基礎となる市民的美徳を説明するためにイタリアの歴史を1000年さかのぼった．まるで悪い夢でもみさせられているように思われる向きもおられるであろう．これに対する答えとしてしばしば「粘着性」「慣性」などの説明がなされる．

なお，一般的信頼の日米比較については山岸の信頼の解き放ち理論がある（Yamagishi and Yamagishi 1994; 山岸 1998）．上述の関係流動性もこの理論の延長線上にあるように見える．山岸（1998）は，なぜ，一般的信頼が日本より米国のほうが高いのかという問いにたいして，オリジナリティに富みエレガントかつ魅力的な理論を展開し読者に社会科学の醍醐味を感じさせる名著である．ただ，山岸が基本的なリサーチ・クエスチョンのエビデンスとするデータは，

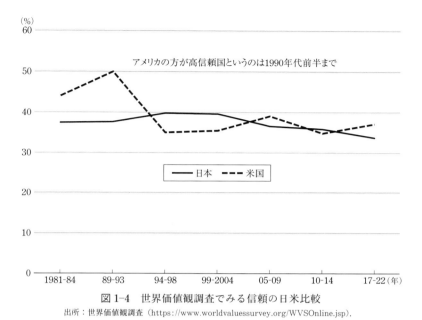

図1-4 世界価値観調査でみる信頼の日米比較
出所：世界価値観調査（https://www.worldvaluessurvey.org/WVSOnline.jsp）．

日米の学生からのものと，ランダムサンプルは札幌とシアトルにおけるもので（Yamagishi and Yamagishi 1994），どうして，大学の授業を履修して教員の調査意図を十二分に理解している学生と，札幌とシアトルだけのデータで，日本と米国の母集団推計ができるのかわからない．そもそも，一般的信頼が日本より米国が高いという事態は世界価値観調査で見る限り，1990代前半の第2次調査までであり，その後，米国の一般的信頼水準は大幅に低下し，日本のそれを下回り，現在の第7次調査に至るまで，基本的には一般的信頼について米国が日本を上回るという結果（上回ってもほとんど誤差の範囲である）はでていない（図1-4）．つまり，一般的信頼の日米格差は1990年代後半以降は生じていない[6]．ただし，解き放ち理論は，関係流動性と合わせてみれば，現在でも，さまざまな社会の特徴を捉える理論的枠組みとして有効と考えるので，本書の第3章で私の社会関係資本の定義の解説のなかでより詳しく検討することとしたい[7]．

第1章 社会関係資本の現状 25

大守の社会的選択仮説

いずれにしても日本の社会関係資本や構造的社会関係資本の現状を示す関係流動性は国際的にみても低水準にある．どうしてこんなことになってしまったのであろう．もうすこし，この文化的側面の影響について解らないものか．

大守隆は，この状況，過去の選択が現在にまで影響を残すことを説明する経路として，社会的選択仮説を提唱している．「その経路とは，経済的要因やそれに応じて構築されたソーシャル・キャピタルが社会の人的構成を変える，という経路である」（大守 2018, p. 12）．これには移住によるものと，世代更新によるものとがある．世代更新による経路とは，それぞれの社会において望ましい配偶者像が形成され，それに応じて配偶者が選ばれることから始まる．このプロセスが繰り返され，同じような遺伝子をもった人々が増え，社会の人的構成が変化する．こうした人々はその社会の規範と相性がよく，その結果，社会規範がより強化される．このプロセスが世代更新の際にも社会的選択として行われる．農耕経済の下では，勤勉で，田植えの労働などに忍耐強く，かつ共同体のほかのメンバーとも協力できる配偶者を本人だけではなく家族も求める．社会がそうした配偶者を選択する．たとえば現代のように，社会が不安的な時には配偶者として公務員の安定性が評価され，公務員は有配偶者率も高くなり，世代間継承が社会的選択として行われる（ibid., pp. 13, 15–16）．表 1–3 はこの仮説を伝統的な考えかたと対比して示している．なお，大守も自説の冒頭に，「この議論は，いかなる意味でも人々や民族の優劣を論じようとするものではない」（ibid., p. 13）と断っている．

いずれにしても，社会関係資本が過去の歴史的・文化的経緯を反映しているのは間違いない．日本の社会関係資本が国際的にみても低水準である背景に歴史的・文化的経緯があることは，結城らの関係流動性分析が明らかにしたように，日本は構造的社会関係資本の組み換えがとても難しい国であったという側面があることも間違いないように思われる．

日本の社会関係資本の特性を明らかにするには，高齢化や歴史的・文化的経緯，地理的特性などのほかに，経済格差，教育，制度などの要因を検討しなければならない．本書ではそのすべてを網羅することはできないが，できるだけ解明していきたい．その際の基本的仮説（リサーチ・クエスチョン）は，①低

表 1-3　社会関係資本の地域差の説明：大守の社会的選択仮説

社会的選択仮説の機序

1. 自然条件などの環境要因が，必要とされる人々の協力関係を規定し，人々がこれに適応し社会規範として定着する

2. 当該社会規範を尊重する
　・人々が移住
　・配偶者が社会的に選択される

3. 当該社会規範に適合する方向に遺伝子分布が変化

4. 当該社会規範を尊重する人が増加し，当該社会規範が強化される

5. 自然環境の重要性が低下しても変化した遺伝子分布が社会を支えるので社会関係資本の多様性は残る

SCが移住により選択の対象となる世界を想定し世代更新の際に社会の変化に応じた配偶者を本人だけでなく親族も含めて子孫の繁栄をはかる社会的選択が起こる

動物の自然選択との違い

　性選択の背景にある環境要因が，自然環境ではなく経済・社会環境である
　性選択が本能によるものではなく，思考によるものである
　「望ましい」配偶者像が相当程度社会で共有されており，「望ましい」配偶者を得ることが社会的ステイタスの向上につながる

自然淘汰に比べて圧倒的に速く変化が現れる遺伝子分布の差が生じることを想定するが，「この議論は，いかなる意味でも人々や民族の優劣を論じようとするものではない」（大守2018, p.13）

出所：大守（2018, pp. 12-19）より筆者作成．

い関係流動性が外部不経済を生じやすく，②かつその負担を社会の構成員全員で等しく担うのではなく主に社会的弱者が背負という負担格差を生むのではないか，というものである．言い換えれば，日本は目に見えない社会関係資本の外部不経済が生じやすく，社会的弱者がその「とばっちり」を受けやすい社会になっているのではないか．さらに言えば，そうした現象が常態化して当事者が「とばっちり」を受けていることすら気づいていない社会になっているのではないかという懸念である．

第2章
社会関係資本とはなにか

第1章で述べてきた基本的なリサーチ・クエスチョン，①低い関係流動性が外部不経済を生じやすく，②かつその負担を社会の構成員全員で等しく担うのではなく主に社会的弱者が背負うという負担格差を生むのではないか，を考察するために社会関係資本の概念を用いる．まず，ジェームズ・コールマンを社会関係資本論の理論的構築者と捉え，コールマンの社会関係資本論の分析をベンチマークとして，ロバート・パットナム，エリノア・オストロムの社会関係資本論と比較し，3者の理論的枠組みの比較をつうじて，この概念に対する最も頻繁になされる批判，「定義の曖昧性」が社会関係資本の概念の有効性を損なうものであるか否かを検討する．

1——社会関係資本研究の潮流：なぜコールマンをベンチマークとするのか

3人の碩学の社会関係資本論を検討する前に，なぜジェームズ・コールマンの議論をベンチマークとするのかを説明したい．理由は3つある．第1に，すでに第1章で紹介したように，コールマンの社会関係資本の定義の汎用性が高いこと，第2にコールマン以前になされていた社会関係資本の論考は，ピエール・ブルデューを除いて，理論的体系を形成することを意図していないが，コールマンは社会関係資本を彼の社会科学理論の1つの柱としていること[1]，そして第3に図2-1に示すように，コールマンは，社会学を超えて社会関係資本の概念を学際的に拡げたからだ．

コールマンの社会関係資本を解説した論考「Social Capital in the Creation of Human Capital」は1988年に刊行され，さらに新たな社会学の創造を目指

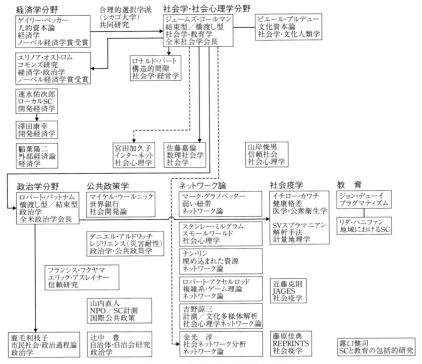

図 2-1 社会関係資本研究の潮流
出所：須田光郎作成資料に基づき筆者作成．

した大著『*Foundations of Social Theory*（社会理論の基礎）』（以下，『基礎』と略）が 1990 年に刊行され，同書の第 12 章でも社会関係資本が論ぜられている．彼の社会関係資本論はロバート・パットナム（政治学），エリノア・オストロム（政治学，経済学，コモンズ論），ゲイリー・ベッカー（経済学，人的資本論），イチロー・カワチ（公衆衛生学，社会疫学），ロナルド・バート（社会学，経営学，ネットワーク論），マイケル・ウールコック（社会学，開発論）などへ直接・間接に影響を与えた[2]．

① プロテスタントの宗教教義はその信者の間に，ある一定の価値を生み出す
② 一定の価値を有する諸個人は経済行動に対してある種の志向をとる
③ 経済行動に対するある種の志向は，社会のなかに資本主義的経済組織が生起する助けとなる

社会システムの行動を3要素から説明（Coleman 1990, 邦訳p.53, 第2章）
・行為者の制約ないし志向へのシステム特性の影響
・システム内の行為者の行為
・システム行動をもたらす行為の組み合わせと相互作用

図 2-2　コールマンのボート

注：「コールマンのボート」は，ミクロ・マクロ＝リンクの記述．社会関係資本はミクロレベルでもマクロレベルでも存在．
出所：Coleman（1990, p. 8）より筆者作成．

2── コールマンのボート

　以下では，コールマンの社会関係資本論を上述の2つの論考から検討していくが，その前にコールマンが提唱している社会システムについての基本的な分析アプローチ，いわゆる「コールマンのボート」（ないしは「コールマンダイアグラム」）をみることにしたい[3]．

　これは彼の『基礎』の第1章「メタ理論──社会科学の説明」に記されているもので[4]，コールマンの考えている社会科学のあるべきアプローチを述べたものと解釈できる．「解釈できる」としたのは，図2-2に示されるように，この説明が4つの点とそれらを結ぶ4本の矢印つきの線であらわされる簡明なもので，コールマンの説明も，具体例としてマックス・ウェーバーの『プロスタンティズムの倫理と資本主義の精神』の議論では社会をシステムとしてとらえるためのミクロからマクロへの移行の説明が不十分である点を補完するものとして提示されており，4つの点とそれを結ぶ線の定義がないか，記述があってもとても簡潔なものだからだ[5]．たとえば，図2-2で示した4つの点A，B，C，Dについての，ウェーバーの主題に照らしたコールマンの説明は以下のよ

うなものとなる（Coleman 1990, 邦訳 p. 27）．

　ＡとＢとの関係　マクロからミクロへの移行
　・Ａは社会を特徴づける独立変数
　・Ｂは個人を特徴づける従属変数
　・したがって，線①はＡとＢとの因果関係（らしい）
　ＢとＣとの関係
　・Ｂ，Ｃはいずれも個人を特徴づける変数でＢが独立変数，Ｃが従属変数
　・したがって，ＢからＣへの線②は因果関係（らしい）
　ＣとＤとの関係　ミクロからマクロへの移行
　・Ｃは個人を特徴づける独立変数で，Ｄは社会を特徴づける従属変数
　・したがってＣからＤへの線③は因果関係（らしい）

　これらから類推すると，Ａはシステム（マクロ）レベルの非個人変数，ＢとＣは個人レベル，Ｄはシステム（マクロ）レベルの非個人変数だが必ずしもＡと同レベルである必要はない．また，ミクロレベルを個人レベルと同義にあつかっているように読めるが，コールマンは個人＝行為者として，かつ行為者として団体も認めているので，この個人レベルには法人などの団体も含めていることになる．したがって場合によっては外交のかけひきのように国家がミクロレベルというケースもありうる（ibid., 邦訳 p. 34）．

　また，社会システムをたった４つの変数で説明できるわけはないので，それぞれの変数はベクトルなのであろうし，そうであっても，分析の対象からもれる変数も多く存在するであろう．

　つまり，いざ実証のレベルにおとすときには，どのような形態の社会システムであれ，ミクロとマクロの間の関係を明確にすべきである．換言すれば，ミクロの総和がマクロとは限らないという考え方があるように読める．

　いずれにせよ，コールマンのボートに関する記述が大雑把なものであることは否めないし，それはコールマン自身も認めている（ibid., 邦訳 p. 27）．しかし，そのおかげで，コールマンのボートはさまざまな事象について，おおまかではあっても本質をとりあえずあぶりだすには極めて有力なツールであり，今

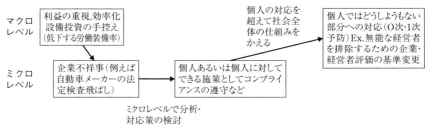

図 2–3　コールマンのボートでみた「現場の不祥事」
出所：筆者作成．

日でもそこかしこで応用されている[6]．換言すれば，コールマンがこれを1000ページの大著の冒頭に置いた理由は，マクロからミクロへの移行とミクロからマクロへの移行を明らかにして初めて「社会科学における説明」が成立するということであろうか．

　大雑把というそしりを気にせず，あえて本書冒頭で私が挙げた「日本の違和感」の1つ「なぜ現場の不祥事が続出するのか」，この問題は第7章で詳述するが，これにコールマンのボートを重ね合わせてみると図2–3のように示すことが可能であろう．序章で述べたように日本の大企業の不祥事が一向に止まらない．たとえば，名だたる自動車メーカーが判で押したように検査不正をしていた．

　図2–3はこの事案をマクロレベルにまで視野をひろげてみることを可能にする．現場の不祥事はマクロの日本経済の凋落のもとでの，経営者の対応が背景にある．具体的には利益至上主義のもとで効率を向上させるという要請を，新規投資を控え，非正規雇用の（つまり即戦力として雇用側からは教育投資をしない）労働者で実現するように現場に求めた．なぜそうなったかといえば，日本の経営者はコスト低減ばかりを追って付加価値の総額を増やす高付加価値化に失敗していたからだ．残念なことに，この失敗が日本企業セクターのほぼすべてに，つまりマクロの問題として生じていた．つまり，個別の現場の問題ではなく，マクロからみた経営者側に問題があった．

　ミクロレベルだけで見ていると，ミクロレベルの個別の現場での犯人捜しが行われ，労働者のモラルと質の低下が指摘され，最後に企業風土に責任がある

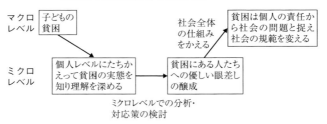

図 2-4　コールマンのボートでみた「ケアする学校」
出所：柏木（2020）を参考に筆者作成.

として幕引きが行われる．このミクロレベルの分析から出てくる答えは，コンプライアンスの遵守，企業風土の改善ということだが，現場の労働装備率の改善は無視され日本の現場の労働者はあいかわらず徒手空拳での対応を迫られるままだ（稲葉 2020）．コールマンのボートを作成して見えてくる点は，ミクロの分析だけではなく，マクロからミクロへ移行する際の分析が重要であるという視点である．マクロの視点を入れて現場レベルの分析をすると，ミクロレベルからの分析は，経営者の評価を利益至上主義から付加価値で評価すべきだということになろう．

　実は，コールマンのボートの解説としては，マクロからミクロへの移行よりも，ミクロレベルの分析をして，その結果をマクロに返すというミクロからマクロへの移行，のほうがより一般的であるので，その例を加えよう．柏木智子の『子どもの貧困と「ケアする学校」づくり』という本をコールマンのボート流に読むと，この本は私には以下のように語りかけているように見える（図2-4）．つまり，子どもの貧困はマクロレベルの社会問題だが，この問題を個人レベルに立ち返って貧困の実態を知り，その過程で貧困にある人々が個人の努力ではいかんともしがたい状況のなかで頑張っていることへの理解を学校教育のなかで実施し，その結果として貧困にあえぐ人々への優しい眼差しを地域に住む人々の間に醸成する．つまり個人レベルでの貧困についての理解を深めて，その結果マクロの社会レベルでの貧困に関する規範を「貧困は個人の責任」から「貧困は社会・経済の構造問題」であるというものに変えていく．マクロ→

ミクロ→ミクロレベルの分析→その結果を踏まえての社会（マクロレベル）への働きかけ，これらの一連のプロセスを経て分析が完結する．

3──コールマンの社会関係資本論

「コールマンのボート」はミクロとマクロの両水準からの移行を考察して社会システムを把握する．これは社会科学における説明には必須だが，その概念が大雑把であり実証研究での難しさが伴う．コールマンが社会関係資本を理論として論じた論考は，1988 年に発表した「人的資本の形成における社会関係資本」（Coleman 1988）だが，そこでの議論は「コールマンのボート」が提議しているマクロからミクロへの移行とミクロからマクロへの移行の重要性を具現できる概念として社会関係資本という概念を提唱している．なおコールマンのボートと同様，社会関係資本という概念も彼の創作ではない．以下にあるように，コールマンは管見の限りでは 6 番手である．

> 「本書の主題である社会関係資本については，今世紀の初めに John Dewey（1915）や Lyda Hanifan（1916）が教育に関連して用いたほか，1960 年代には Jane Jacobs（1961）が都市問題の考察の際に使い，1970 年代に経済学者の Glenn Loury（1977）が人種間の所得格差の要因の 1 つとして言及し，1980 年代に Pierre Bourdieu（1986）が文化資本論の延長として，James Coleman（1987; 1988）が規範・人的資本との関連概念としてそれぞれ論じ」（稲葉 2016a, p. 40）．

6 番手にもかかわらず，コールマンは彼に先立つ 5 つの先行研究について一切言及していない．もちろんこれは傲慢さに由来するわけではなく，自らの社会関係資本論は独自のオリジナリティがあると考えたためであろう．実際，以下のような 3 つの独創性を主張している．

・経済学と社会学をつなぐ概念として有効
・ミクロ・マクロ＝リンクの概念として有効

・私的財から公共財までを網羅する概念

　上記の独創性を担保するため，社会関係資本をその機能から定義したことも
特筆に値する．
　上記の3つの独創性の主張はきわめて驚くべきものであるので，コールマン
（Ccleman 1988）からの引用を掲げよう．

　　「経済システムを含むがそれだけに限定されない厳密な意味での社会シス
　テムの分析に使用するために，経済学的な合理的行為の原則を取り入れるの
　が目的だが，その際に社会組織を排除しないようにしたいのである．社会関
　係資本という概念は，このときに役立つツールである」（ibid., 邦訳 p. 208）．

　コールマンは社会的行為を記述し，説明する2つの代表的知的潮流として，
社会学と経済学をあげ，社会学者は，行為者は，社会規範，規則，恩義によっ
て社会化され，その行為はそれらに支配されているととらえ，行為を社会的文脈
において記述できるが，なぜ行為者が特定の行為をするのかの動機（「行為の
エンジン」を持たない）が説明できないという．一方で，経済学者は，行為者
は独立に到達される目標を持ち，独立に駆動し，全く自己利益的なものである
とみる立場で，行為の原則（功利性の最大化）を持てる．だが現実の個別の現
場で生じている事案は説明できない（「経験的な現実に直面すると逃げ出す」）と
指摘する（ibid., 邦訳 pp. 205-207）．この両者の欠点を補いあう概念として社会
関係資本が有効であると主張する．要するに，経済学の合理的意思決定を社会
学にも導入することで，社会学と経済学の欠点が補正されるのだが，社会関係
資本の概念を導入することで市場における経済活動だけではなく，市場をこえ
た社会活動にまで合理的意思決定を持ち込むのに社会関係資本という概念が必
要になったということであろうか．コールマンはミクロ・マクロ＝リンクにつ
いては以下のように述べている．

　　「社会関係資本という概念は，第1に，社会構造（social structure）のあ
　る側面を機能という観点から明確化できるという点で価値がある．社会構造

には行為者の利害関心を実現するために使用できる資源という側面があり，その意味で行為者にとって価値があるということである．——社会構造のある側面にこのような機能があることを明示してみれば，社会関係資本という概念を使うことで，個人の行為者レベルにおいて生み出される結果の違いが説明しやすくなるし，社会構造の詳細な検討をせずともミクロからマクロへの移行に向かいやすくなる」（ibid., 邦訳 p. 213, 強調は稲葉付加）．

これに関連して，経済学的な思考を導入した交換理論について以下のように記述している．

「社会学に『交換理論（exchange theory）』を導入したこれまでの研究が抱えていた二つの大きな欠点を私はこうみている．ひとつは，それがミクロ社会だけに限定され，二者関係からシステムへのミクロ‐マクロ間移行可能性という経済学理論の主要な長所を放棄してしまったことである」（ibid., 邦訳 p. 208）．

さらに，コールマンは私的財のみならず公共財までも扱える概念として社会関係資本を提唱した．

「集合体内における指令的な規範（prescriptive norm）は，社会関係資本の非常に重要な形態であるが，それによって人は自己利益的行動ではなく，集合体の利益のために行動できるのである．社会からの支持，地位，名誉，その他の報酬によって強化されたこの種の規範は社会関係資本であり，この社会関係資本が若い国民を鍛え上げる．また，この社会関係資本が，家族のひとりひとりを私欲のない『家族の利益』のための行動へと導き，家族を強化する．さらにこの社会関係資本は，献身的で仲間意識の強い，互酬的なメンバーによる小集団から萌芽的な社会運動が発達するのを促す．そして，一般的に言えば，この規範という社会関係資本が，人々を公共の利益のために働かせるのである」（ibid., 邦訳 pp. 217-218）．

社会学の欠点を補うために経済学における「合理的意思決定」を導入し，市場以外も分析対象とするために社会関係資本の概念を導入したのに，その適用範囲を「人々の公共の利益のために働かせる」つまり集合行為のジレンマの解決にまで拡張させてしまったことになる．集合行為のジレンマが生じるのは財・サービスの利便がコストの負担をせずに享受できる状態が生じるためであるので，こうした主張は必然的に以下のような議論となる．

　「大部分の社会関係資本は，公共財的な性質を備えているので，意図的な行為かどうかという点で他のほとんどの形態の資本と根本的に異なっている」（ibid., 邦訳 p. 233)[7].

　「社会関係資本概念を詳述した際に，それには三つの形態があることを示した．その3形態の第1のものは恩義や期待であり，これらは社会的環境の信頼性に依存している．次に，社会構造内の情報流通可能性，そして制裁を伴う規範である．ほとんどすべての形態の社会関係資本に共通しており，他の形態の資本とは異なる特性として，公共財的な側面がある．社会関係資本を創出した行為者は，通常その利益のごく一部しか手にしない．このために，社会関係資本に対して過少投資状態が生じてしまうのである」（ibid., 邦訳 p. 234）.

ここで社会関係資本の議論に通じている識者はなぜコールマンは社会関係資本の具体的な諸形態の1つとしてネットワークをあげないのか疑問に思うであろう．答えは，彼は合理的選択論を社会学に導入する立場にあり，ネットワークが社会を規定するというネットワーク論と一線を画したかったという推測がありうる．稲垣佑典（2022）は次のように述べている．

　「社会ネットワーク分析では，ある主体の行為は，その主体が組み込まれた社会ネットワークの形状やネットワーク上の位置によって構造的に決定されるという前提を置いている．一方，合理的選択理論では行為の主体は制約（資源や予算など）を伴う状況で，自身の効用の最大化を目的に行動するこ

とを前提としている．つまり，個人の行為は周囲の構造の影響を強く受けて決定されると考える社会ネットワーク分析と，効用最大化のために自由な行為選択が行われることを強調する合理的選択理論は，学問的イデオロギーにおいて対極にあると言えるのである」（ibid., p. 175）．

事実，前節でコールマンのボートを紹介したが，それが第 1 章に記載されている大著『基礎』でも事項索引で「ネットワーク」はわずか 1 カ所（p. 318）に挙げられているのみである[8]．ただし，このこだわりは社会学の内輪の話であり，そんなことには興味のないパットナムはいとも簡単に信頼，規範に加えてコールマンが明示するのをためらったように見えるネットワークを自身の社会関係資本の定義に加えてしまった．

本題に戻り，合理的選択論とともに社会関係資本の概念を提唱した一連の過程について，コールマンの理解者であり，日本における数理社会学会の創設メンバーである盛山和夫は以下のように評している．

「コールマンの社会関係資本の概念は，ブルデューやリンらの『個人主義的な社会関係資本』の概念を越えて新しく『共同利益がよりよく達成されるしくみ』としての『集合主義的な社会関係資本』の理論を展開したものとして，画期的な重要性を持ったものである．……個人が自己利益のために利用する資源としてではなく，個人に働きかけ個人に影響するものとしての社会関係資本へと概念の意味が転換されるのである．ここから，『公共財のために働くよう人々を導いたりする社会関係資本』という概念が定立されるのである．……公共財の供給と密接に関連するものとしての社会関係資本の概念とその理論は，コールマンらしい議論のねじれによって，いわばけがの功名のような形で始まったのである」（盛山 2021, pp. 177-178）．

ここで盛山が指摘する「議論のねじれ」とは次のようなものである．

「このような概念化のなかで，規範的なものは社会関係資本の重要な構成要素とされる．つまり，なぜ合理的な行為者は義務を作り出すのかという問

いは，『社会関係資本が，合理的な行為者をして義務に従うように導くから』というかたちで答えられることになる．ここで，当初の問いは，合理的な行為者は何もないところからなぜ義務を作り出すか，であったことに注意しよう．それが，答えではいつのまにか社会関係資本という集合的なものが前提にされているのである．それを媒介したのは『社会に埋め込まれた個人』という（社会学的には当たり前だが，合理的選択理論としては首尾一貫しない）事実の確認であった」(ibid., p. 178).

つまり，意図せぬすり替えということであろうか．コールマンが経済学の合理的意思決定を基礎としているのに，その合理的意思決定によって規範が作られると導くのではなく，社会関係資本（特に規範と制裁）があれば合理的意思決定を覆して公共財を提供できると決めつけるという無理をしているという指摘である．たしかに，『基礎』を読むと，「外部性にさらされている人々が単純な取引を通してのその行為の制御を手に入れるというやり方では克服できないような外部性の存在こそが，規範発生の根底にある」(Coleman 1990, 邦訳 p. 388) としているが，その後で，「社会関係がある場合のみ，実効的であろう規範を存在させることも，その効果を発揮させることも可能になる」(ibid., 邦訳 p. 405)，「社会ネットワークの閉鎖性が規範と裁可のシステムを作り出し，タダ乗り行為を克服できる」(ibid., 邦訳 p. 432) など社会関係資本の形態の1つである規範の説明を同じ社会関係資本の形態であるネットワークにゆだねる記述がある．盛山の「議論のねじれ」という指摘を受け入れれば，コールマンが合理的選択理論を旗印にして，規範を合理的選択の結果であることを証明しようとした意図と逆の機序が示されている．

いずれにしても，外部性がほとんど生じない私的財の取引に準じた個人間のやり取りは基本的に「恩義と期待」に依拠する合理的選択で対応し，外部性が生じる，つまり公共財の世界は「制裁をともなう規範」で対応するという二分法，しかも両者の境目が曖昧な二分法が，コールマンの社会関係資本，そして今も私をはじめとした多くの社会関係資本論者が依拠している社会関係資本ということになる．

たしかに，コールマンはそれまでにない独自の社会関係資本の概念を理論的

に形成したことになる．ただし，盛山が指摘するようにもともと合理的意思決定，つまり効用の最大化，から出発したのに「コールマンらしい議論のねじれ」を伴うものとなり，それは常に社会関係資本という概念への「違和感」を生じさせこの概念を批判の対象とさせてきた．

いずれにせよ，コールマンの社会関係資本は，経済学と社会学をつなぎ，コールマンのボートが示すミクロとマクロ間の移行ができる，換言すれば私的財から公共財までも扱える概念として意図されたものなのである．

4——パットナムの社会関係資本論

コールマン同様，パットナムの著作は多数に上るが本書では1993年に上梓された『*Making Democracy Work: Civic Traditions in Modern Italy*』（邦訳『哲学する民主主義——伝統と改革の市民的構造』）と2000年の『*Bowling Alone: The Collapse and Revival of American Community*』（邦訳『孤独なボウリング——米国コミュニティの崩壊と再生』）の2冊に焦点をあてて検討をすすめたい．

Making Democracy Work

1993年上梓の『*Making Democracy Work*』は構成がおかしい．イタリアの州政府の地域間パフォーマンスの違いを研究して，最終的には社会関係資本の違いに起因すると主張するのだが，社会関係資本は同書の本篇185ページの最終章である第6章のほぼ冒頭167ページに突然出てくる．

パットナムは基本的な変数，たとえば制度パフォーマンスについては12項目からなる指標を作成し，かつ6回の一般市民対象の満足度調査，地域リーダーの満足度についての全国郵送法調査などの手厚い調査を実施して分析に臨んでいるのに，そのあとはたった4指標（団体参加率，新聞購読率，国民投票率，優先投票利用率）から市民共同体指数を作成し，制度パフォーマンスの地域差が市民共同体指数で説明されるとした後，市民的関与の起源を確認するためにイタリアの歴史の1000年にわたる解説に42ページを費やし，そのあと最終章で突然，その市民共同体指数の背景には社会関係資本があると指摘して終わる．

表 2-1　定義の比較

ジェームズ・コールマン	ロバート・パットナム		エリノア・オストロム	稲葉陽二
	Making Democracy Work	*Bowling Alone*		
「社会関係資本はその機能（function）によって定義される。それは単一のかたちをもつ存在ではなく、いくつかの異種があるが、それらに共通する要素が2つある。ひとつは、すべての社会関係資本は社会構造という側面を備えているという点である。もうひとつは、すべての社会関係資本が、個人であれ、団体という行為者であれ、その構造内における行為者の何らかの行為を促進するという点である。他の資本形態と同じように、社会関係資本は生産的なものであり、それなしでは不可能な一定の目的の達成を可能にする。ある行為を促進するうえでは価値ある社会関係資本であっても、他の行為の促進には役立たなかったり、むしろ有害であったりすることがある」（Coleman 1988, p. 209, 稲葉仮訳）.	「協調的行動を容易にすることによりより社会の効率を改善しうる信頼、規範、ネットワークなどの社会的仕組みの特徴」（Putnam 1993, p. 167, 稲葉仮訳）.	「個人間のつながり、すなわち社会ネットワークと互酬性の規範およびそこから生じる信頼性」（Putnam 2000, p. 19, 稲葉仮訳）.	「物的および人的資本に多様な形態があるように、社会関係資本に複数の形態が存在することは驚くにあたらない。我々は集合行為の研究において特に重要である社会関係資本の3つの形態を選んだ。(1)信頼性、(2)ネットワーク、(3)公式・非公式のルールすなわち制度（institutions）である。我々は社会関係資本を個人の集合行為を解くための個人の能力を高める、個人の特性および個人の関係性（relationships）としてである」（Ostrom and Ahn 2009, pp. 19-20, 稲葉仮訳）.	「心の外部性を伴ったネットワーク・信頼・規範など」（稲葉 2005）.

出所：筆者作成.

それほど重要ならなぜ社会関係資本を初めから詳細に検討しないのだとだれしも思うのではないか．その理由は，前節の注にも記したとおり，同書を半分以上書き終えた後からコールマンの社会関係資本の議論に気づいてとりいれたためとのことであった．まさに執筆途中で，社会関係資本の概念が魅力的であることに気づき，急遽追加したという感はいなめない．

　同書における社会関係資本の定義は表2–1に示すとおりである．参考までに，コールマン，パットナムが2000年に上梓した『孤独なボウリング』，エリノア・オストロム，筆者の定義も付している．

　パットナムの1993年の定義「協調的行動（coordinated actions）を容易にすることにより社会の効率を改善しうる信頼，規範，ネットワークなどの社会的仕組みの特徴」（Putnam 1993, p. 167より稲葉仮訳）をコールマンの定義と比較すると，コールマンの2つの要素，「社会構造であること」「その中にいる行為者の何らかの行為を促進する」が，前者がコールマンがあげた社会関係資本の具体的形態（信頼性に依存する恩義や期待，社会構造内の情報流通可能性，制裁を伴う規範）を含めて「信頼，規範，ネットワークなどの社会的仕組みの特徴」に替わり，後者が「社会の効率の改善」に替わっている．ただし，「社会」「社会的」という修飾が付加されているため，これらの変化は，コールマンの社会関係資本論が行為者（個人・団体）というミクロに基礎をおいていることを忘れさせて，社会というマクロ（またはメゾ）を強調している．また，「ある行為を促進するうえでは価値ある社会関係資本であっても，他の行為の促進には役立たなかったり，むしろ有害であったりすることがある」といういわゆるダークサイドに関する記述が消えている．

　パットナム自身はコールマンに依拠していると明記ないしは示唆している（ibid., p. 167における引用，p. 171）．しかし，1993年のパットナムの定義はコールマンのそれとは，ミクロよりマクロの強調，社会関係資本の負の側面の無視，という2点で大きく異なる．その結果，コールマンが意図していたミクロ・マクロ＝リンクあるいはコールマンのボートで社会システムを俯瞰するという点ではミクロレベルがないがしろにされた．

　ただし，パットナムは大きな貢献もしている．たとえば，鹿毛利枝子（2002）はパットナムが社会関係資本を論じたことについて，政治学上の3つ

第2章　社会関係資本とはなにか　43

の意義として以下のように指摘している．

・制度論に対する反論

「制度のパフォーマンスは，制度だけに依存するのではなく，制度が置かれた社会的コンテキスト——特に『ソーシャル・キャピタル』——にも依存する」（ibid., p. 110）．

・草の根ネットワークの政治的意義・機能の再発見

「長い間，政治学において光を浴びることのなかった，日常的な草の根のネットワークの政治的な重要性を再発見するものであったといえる」（ibid., p. 111）．

・シビル・ソサエティーの重要性の発見

「パットナムの研究を受けて，1990 年代以降，非営利セクターの研究は大いに刺激され，急速に発展している」（ibid., p. 111）．

鹿毛は以上の 3 点を政治学上の意義としているが，政治学のみならず，より広範な領域においても同様の影響を与えたのではないか．さらに，上記 3 点に加えて，私はパットナム（Putnam 1993）には以下のような付加価値があったと考える．

・コールマンの構造的定義をより計測可能な形で言い換え，社会関係資本の実証研究を促進させた．
・社会関係資本が集合行為のジレンマの解決に役立つという点を強調している点もその概念の簡潔な理解に役立った（ibid., pp. 163-167）．特に，この点は社会関係資本が外部性をもつ公共財としての性質に焦点をあてたという意味で社会の違和感とより密接につながっていた．
・地域の社会関係資本は，歴史的・文化的経緯によって規定される過去の反映でもあることを明示し，社会関係資本の過去と未来をつなぐ架け橋としての付加価値を明らかにした．

パットナムの自身の社会関係資本の実証分析は 2000 年の『*Bowling Alone*』

まで待たねばならなかったが，他の分野における，社会関係資本の実証研究が
パットナムの大胆ないわばコールマンの定義のパットナム流の要約版の定義に
よって後押しされた[9]．ただし，その一方で社会関係資本の負の側面の捉え方
が不十分であったため，社会関係資本は正の影響を持つものばかりを強調し，
その負の影響をないがしろにしている，という批判を招いた[10]．

Bowling Alone

2000 年に上梓された『*Bowling Alone*』は社会関係資本について『*Making Democracy Work*』と異なる定義をしている．

再び表 2–1 に戻り，今度はパットナムの 1993 年と 2000 年の定義を比較して
みよう．すでにみたように，1993 年の『*Making Democracy Work*』の定義
は，「個人」ではなく「社会」としてしまったので基本的に公共財の世界を論
じることとなり，私的財の世界（ネットワーク）は二の次のような印象を与え
た．また，「個人の行動を容易にする」ではなく「社会の効率を改善」として
しまったので，負の外部性を排除してしまい，概念の適用範囲を狭め，かつ正
の外部性が伴うことを前提としてしまった．

一方，2000 年の『*Bowling Alone*』の定義は「個人間のつながり，すなわ
ち社会ネットワークと互酬性の規範およびそれらから生じる信頼性」という表
現に変わっている．「社会的仕組み」ではなく「個人間の」となり，コールマ
ンの依拠するミクロレベルに立ち返った．また，「信頼」が「信頼性」に，「規
範」が「互酬性の規範」にかわり，これもミクロレベルからの理解となってい
る．また「社会の効率の改善」という表現がなくなり，社会関係資本が正の効
果だけ持つのではなく，負の効果を持つことを認める表現になっている．実際
に，同書第 1 章でパットナムは次のように記している．

> 「ネットワークと，それに付随する互酬性規範は，ネットワークの内部に
> いる人々にとっては一般的に有益であるが，社会関係資本の外部効果は常に
> プラスというわけでは全くない．例えば，ティモシー・マクヴェイが，オク
> ラホマ・シティでアルフレッド・P・ミュラー連邦ビルを爆破することを可
> 能にしたのも社会関係資本である」（Putnam 2000, 邦訳 p. 18)[11]．

『*Bowling Alone*』では州別ではあるが社会関係資本指数を作成し，他の変数との相関を詳細に検討している．また，基本的には州別に変数を検討しているが，世代別，年代別などの傾向を個票データから作成したものも用いており，記述的な分析では『*Making Democracy Work*』よりもミクロレベルにおりて考察している．総じてみれば，『*Bowling Alone*』はコールマンの社会関係資本に立ち返り，ミクロとマクロから社会システムの分析をおこない，ミクロ・マクロ＝リンクのための概念としての社会関係資本に立ち返っている．

しかし，コールマンが社会学と経済学を統合した社会システムを説明する理論として依拠した合理的意思決定の側面は希薄であり，むしろコールマンの社会関係資本から合理的意思決定を抜いた社会関係資本論の色合いが濃い．このため，パットナムの社会関係資本は集合行為のジレンマの解決のために有効であるがゆえに重要であるという『*Making Democracy Work*』で示唆されたメッセージは，『*Bowling Alone*』でも維持されている．言い換えれば，盛山が指摘した「コールマンらしい議論のねじれ」はなくなり，より単純で直截な概念となり，2000 年以降多くの領域で受容可能な概念として受け入れられ，社会関係資本をテーマとした研究論文数の爆発的な増加を招来した．

5──オストロムの社会関係資本論

エリノア・オストロムは 1990 年上梓した彼女の出世作で 2009 年のノーベル経済学賞の対象ともなった『*Governing the Commons*』ですでに 4 カ所にわたり社会関係資本に言及している（Ostrom 1990, pp. 36, 183–184, 190, 211）．その後，90 年代には世界銀行の主催する社会関係資本の専門家会議に参加し，晩年のほぼ 15 年間，熱心な社会関係資本の提唱者となった．本書では 1990 年に上梓されたこの『*Governing the Commons*』（邦訳『コモンズのガバナンス──人びとの協働と制度の進化』）と彼女の晩年の 2009 年に公刊された論文「社会関係資本の意味とその集合行為とのリンク」に依拠して彼女の社会関係資本論を検討する（Ostrom and Ahn 2009）．同論文による社会関係資本の定義は以下のとおりである．

46

「物的および人的資本に多様な形態があるように，社会関係資本に複数の形態が存在することは驚くにあたらない．我々は集合行為の研究において特に重要である社会関係資本の3つの形態を選んだ．(1)信頼性，(2)ネットワーク，(3)公式・非公式のルールすなわち制度（institutions）である．我々は社会関係資本を個人の集合行為を解くための個人の能力を高める，個人の特性および個人の関係性（relationships）としてみる．社会関係資本の関連した形態とそれぞれの役割はその概念が置かれた理論的枠組みによって提供される必要がある．我々は第2世代の集合行為理論を社会関係資本の展開のための構築手段と考えている」(ibid., pp. 19–20，稲葉仮訳，（　）内稲葉付加)．

　また，表 2–1 に立ち返り，この定義をコールマンとパットナムの定義と比較すると，規範の代わりに institutions という概念が用いられており，それは制度を具現したハードな組織というよりも，ソフトなルールであり，しかも非公式のルールまで含めた概念である（Ostrom 1992)．具体的には以下に示すオストロムの「設計原理」のように，どのような行動（ないしはアウトカム）が必要か，禁止されるか，あるいは認められるのか，もしルールが守られなければどのような制裁が認められているかを定めた「ゲームのルール」を定めたものを institutions としている（Ostrom and Ahn 2009, p. 28)．

　オストロムは灌漑施設を中心としたスイス，日本，スペイン，フィリピンの自主組織によるコモンズの自主運営による長期成功事例についての CPR（common pool resources)[12] の研究から，以下に示す，長続きする CPR の維持管理に関する8つのルール「設計原理」を抽出しているので，彼女の意味する institutions の具体的内容を知ることができる（Ostrom 1990, pp. 88–102)．

・明確に定義された境界が CPR 自体だけではなく，そこから資源を得る権利を有する個人・世帯についても定義されていること
・運用にあたっての資源運用ルールと現地の状況・資源供給ルールとが調和していること
・運営ルールの修正に大部分の利害関係人が参加できること

- 共有資源の状況と利用者の行動を監査するモニターが利用者同士であるか，利用者に説明責任をはたせる者であること（泉 2018, p. 138）
- 運営ルールの違反者に対する制裁はその深刻度と状況に応じて段階的になされること
- 迅速かつ低費用な紛争解決の仕組みがあること
- 利用者が自分たち自身の制度をつくる権利が外部の政府当局によって脅かされないこと
- さらにより大規模なシステムの一部をなす CPR については，上記の設計原理がそれぞれの段階で組み込まれていること

（Ostrom 1990, p. 90, 稲葉仮訳）

　この「設計原理」をみると従来のハードな制度ではなく，現場のソフトな制度であることがわかる．

　また，オストロムは，社会関係資本は集合行為を解決する個人の能力を高めるものだという（Ostrom and Ahn 2009, pp. 12-13）．個人が属する集団全員にとって協力すればより良い解に達することが可能なのに，個人の利益を優先させてしまい最善解に達しない状態に陥る問題を解決するために社会関係資本があるとする．

　また，彼女らの主張する第 2 世代の集合行為理論はマンサー・オルソン（Olson 1965）やギャレット・ハーディン（Hardin 1968）が唱えた，個人は彼らだけではこの集合行為のジレンマを解決できず，解決のためには外部の権威による規制，選択的なインセンティブの提供，あるいは私有化が必要であるとする第 1 世代の理論は誤りだとするものである．第 1 世代理論は無数の（atomized）利己的かつ完全に合理的な個人たちからなる世界を想定しているのに対し，第 2 世代理論はモデルの中核理論として複数のタイプの個人が存在することを認める．加えて，第 1 世代は非協力ゲーム理論に基づいていたのに対し，第 2 世代は行動ゲーム理論と進化ゲーム理論を用いていると主張する（Ostrom and Ahn 2009, p. 21）．

　また，オストロムは信頼が社会関係資本と集合行動を結ぶ核となるリンクであるとしている．個人に信頼性があり，互いにネットワーク化されていて，正

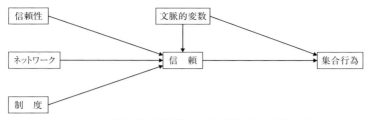

図 2-5　オストロム：信頼，社会関係資本の諸形態と集合行為達成とのリンク
出所：Ostrom and Ahn（2009, p. 22, Figure 2-1）より筆者作成．

直な行動に報いる制度の中にともにいるとき，信頼が醸成される．図2-5 に示されるように，社会関係資本（信頼性，ネットワーク，制度）が信頼を醸成し，その信頼が集合行為を容易にする（ibid., pp. 22-23）．

オストロムは信頼については次のように解説している．

「信頼は，エージェントが他のエージェントまたはエージェントのグループが，特定の行動をとるであろうとする評価に用いる主観的な確率の水準と定義している．したがって，信頼は，信頼される側が互酬行動をとらなかった場合の損害リスクを含めて行動をとることを容認している．信頼のもう1つの重要な側面は，信頼する側，される側，双方にとって，自分たちのウェルフェアを醸成する機会を提供することだ」（ibid., 99. 22-23, 稲葉仮訳）．

ここで，オストロムは社会関係資本の構成要素である，ネットワークと制度は信頼される側のインセンティブ構造を変化させるという．つまり，信頼する側とされる側との相互作用が繰り返しおきること，信頼される側の行動を観察する他のネットワークメンバーが存在すること，信頼される側への罰または報酬についてのルールと法があること，などを所与とすれば，信頼する側はされる側が直面するインセンティブ構造を知っていることになる．これらの要因の存在と機能について，信頼する側，される側の間に共通の理解があれば，双方が生産的な取引に携わることを促進する（ibid.）．つまり，この過程をとおして，社会関係資本（信頼性，ネットワーク，制度）から信頼が醸成され，さらに信頼が集合行為のジレンマの解決をもたらすという．

第2章　社会関係資本とはなにか　49

ここまでの議論からみれば，オストロムは徹底したミクロの現場からのアプローチで，コールマンのボートやミクロ・マクロ＝リンクまではたどり着かないようにみえる．しかし，以下のような個人の選好を導入するため，オストロムの社会関係資本はマクロレベルにも通用するものとなる．

　「信頼は常にすべて社会的相互作用構造に埋め込まれたインセンティブによって説明されうるわけではない．信頼される側の信頼性はしばしば信頼される側自身の特性から生まれる．……信頼される側の信頼性ないしは直面している構造的インセンティブについての情報を持たない場合，信頼する側は信頼される側が多様な個人の母集団を代表するものとみなす．これらのケースにおいて信頼を得たいとする個人（のイメージ）は，信頼する側の心の中に存在する母集団から生まれる．この仮説のなかでの母集団における信頼性のある個人の分布は，信頼される側の外見，服装，性別，年齢，言葉などの（もし実際に観測できるなら）信頼する側が観測可能な特性に基づくことになる」（ibid., p. 25, 稲葉仮訳，（　）内は稲葉付加）．

そして信頼される側についても以下のような考察をする．

　「我々は個々人の内面の価値観は，協調的行動の独立した原因であることを強調する．そして，信頼性はそのような非利己的な動機を基本的に意味するものとして用いる．ゲーム理論の用語では，信頼性は信頼される側の選好である．……換言すれば，それぞれの個人が，信頼に値する行動にあてる内部パラメーターの大きさは，個人間でさまざまである（Crawford and Ostrom 2005）．行動ゲーム理論（Fehr and Schmidt 1999; Bolton and Ockenfels 2000）はそのような動機の多様性を定式化するモデルを開発している」（ibid., pp. 25–26, 稲葉仮訳）．

さらに trustworthiness は信頼される側の選好の特性で人によって異なるとしなければ，一般的信頼は意味をなさない，つまりミクロからマクロへの移行が意味があるのは個人の選好がそれぞれ異なるからだという．

「選好としての信頼性を，協調的行動の独立した理由として認識しなければ，一般的信頼（generalized trust）の概念は意味を失う．山岸（Yamagishi 2011, p. 143）の定義を借りれば，一般的信頼は他者の信頼性と基準となる期待の水準である．しかし，我々は山岸の見解に必ずしも同意しない．もし信頼性が Russel Hardin（2002）のように，ネットワークと現在継続している関係性だけの効果であるのなら，"一般的"信頼とか信頼性水準の"平均"を理解するのは極めて困難である」(ibid., pp. 25-26, 稲葉仮訳).

より具体的には，母集団の信頼性は，個人の効用関数に利己的か利他的かでタイプ別の変数を導入するという．たとえば，完全に利己的な個人，他の形態の社会関係資本（つまり規範と制裁といった制度）がなければ信頼性を維持できない個人にはゼロ，他の形態の社会関係資本（つまり規範と制裁といった制度）がなくとも信頼性を維持する個人には1を割り振るといったモデルである(ibid., p. 27).

たしかに，コミュニティの成員全員が同じ効用関数で利得の最大化を図るのであれば，なにもコミュニティ全体の信頼の水準を測る必要はない．コールマンは合理的意思決定，つまり利得の最大化を誰しもが図るというモデルから出発しているから，コミュニティ全体の信頼性の水準はその成員である個人の信頼性を測ればよいということになるが，オストロムはその点を修正したことになる．

6——なぜ社会関係資本が必要だったのか

もう少し敷衍すれば，コールマンやハーディンなど合理的選択論者は，合理的意思決定に基づく確率で利得の最大化を図るように信頼を説明するが，これを大﨑は計算的信頼と呼ぶ（大﨑 2016）．一方，政治学では，コールマンやハーディンは想定してない道徳的信頼という概念がある（Uslaner 2002; Mansbridge 1999）．信頼は利得の最大化を図って意思決定されるものではないという主張である．計算的信頼論者と道徳的信頼論者は基本的に真向から対立してきたのだが，上記のオストロムの信頼／信頼性のモデルはこの計算的信頼と道

徳的信頼の双方を並立させて検討する試みとしてとらえることができよう[13][14].

　オストロムの社会関係資本論では信頼性は個人の選好に基づくものとし，合理的意思決定論から決別し，集合行為のジレンマの解決を具体的な共有資源の運営に焦点をあて検討した．理論的にも個別ケースの分析ツールとしても曖昧な点がなくなっている，と評価できる．

　いずれにせよ，コールマンがそもそも合理的選択論を導入したのは，経済学のようにミクロ・マクロ＝リンクを実現したかったからであり，同時に集合行為のジレンマを克服するためであった．この2つの目的は，パットナムにもオストロムにも，どちらを主眼とするかで差はあるものの，引き継がれていた．社会関係資本という概念は，ミクロ・マクロ＝リンクと集合行為のジレンマの解決を目的としたものと理解することができる．

　特に，集合行為のジレンマの解決には，ネットワークに加えて互酬制の規範とそれを補完する信頼（一般的信頼と特定化信頼の双方）が必須であった．三隅一人はこの機序を，繰り返しゲームのしっぺ返し戦略とその際に初回における相手に対する無条件の信頼（一般的信頼）を一般的互酬制と結びつけることによって説明する（三隅 2020）．三隅によれば，集合行為のジレンマの例として持ち出される囚人のジレンマについては，繰り返しゲームにおけるしっぺ返し（応報）戦略（初回は協力し，2回目以降は前回の相手の手と同じ手をとる）で最善解にちかづくことがロバート・アクセルロッドら（Axelrod and Hamilton 1981）の実験で知られているが，この戦略では，数土（2001）を援用して，初回については相手にたいして無条件の信頼，一般的信頼が求められるとしている．さらに人々の間に一般的な互酬制があれば，返礼がただちにできない場合に恩義が生じる．したがって，一般的信頼と一般的な互酬制は集合行為のジレンマの解決のための重要な社会関係資本であるとしている（三隅 2020, pp. 262-269）．

　すでにみた通り，パットナムとオストロムは一般的信頼は社会関係資本のアウトカムであり，信頼性が社会関係資本であるとするのだが，確かにしっぺ返し戦略の初手は，相手が見ず知らずの者である場合は一般的信頼が求められるので，一般的信頼も社会関係資本であると解釈もできよう．

いずれにせよ，ネットワーク，信頼，規範を別々に扱う狭義の社会関係資本としてのアプローチではなく，ネットワーク，信頼，規範を一体として扱う広義の社会関係資本としてのアプローチをとるべきであろう．

　ただ，ネットワーク，信頼，規範を一体として扱うことは外部性をもつ公共財を分析することであり容易ではないため，実際の実証研究は部分的な狭義の社会関係資本を用いることが一般的であった．特に個人や組織間のネットワーク（構造的社会関係資本でありかつ私的財として成立する社会関係資本）は，市場メカニズムが整備されていれば信頼，規範が希薄でも成立するので狭義の社会関係資本として多用された．たとえば，経営学における社会関係資本研究は基本的に私的財としてのネットワークの効率性をあげて，いかに付加価値を向上させるかが課題であるので，市場メカニズムがはたらく．つまり，集合行為のジレンマが生じる余地は小さい．同様に，社会疫学は国民全体の健康増進という社会的使命をもっており，その外部経済は大きいのだが，心身の健康の向上という個人的な利得が生じているのでミクロからみても基本的に社会参加の程度や頻度などのネットワークの分析で社会関係資本の影響を抽出することが可能である．つまり，私的財としてのネットワークを用いて社会関係資本の影響を分析することのほうが，信頼や規範などの認知的社会関係資本（公共財・準公共財がもつ外部性の分析を必要とする）よりは容易である．社会関係資本の実証分析は先人たちの努力によって切り拓かれてきたが，経営学と社会疫学が先鞭を切ったのは，ネットワーク，信頼，規範を一体として扱わなくとも，ネットワークだけで社会関係資本の効果をある程度確認できたからだともいえよう [15]．

　次章では本章で紹介した 3 人の碩学の比較を通じて，私の定義と社会関係資本の定義に関連した問題点の解説をしたい．

第 2 章　社会関係資本とはなにか　53

第3章

社会関係資本の定義に関する考察
3人の碩学からなにを学ぶのか

　第2章でコールマン，パットナム，オストロムの社会関係資本論を概観した．社会学，政治学だけではなく，オストロムのノーベル経済学賞受賞に示されるように経済学分野でも認められた碩学たちがなぜ社会関係資本という概念を必要としたのか．その一方で，経済学の分野では2003年の英国王立経済学会の学会誌 *The Economic Journal* の社会関係資本特集 [1] を契機に社会関係資本関連の論考はまるで潮が引くように減少してしまった．経済学では社会関係資本という概念がなくとも，経済活動の分析は行えるという判断であろうか．しかし，繰り返しになるがエリノア・オストロムは2009年，ノーベル経済学賞を受賞している．

　パットナム，オストロムの社会関係資本論はコールマンに基礎をおいているが，ミクロ・マクロ゠リンクと集合行為のジレンマの解決というコールマンが社会関係資本に託した2つの目的からパットナムはマクロへ，オストロムはミクロへと軸足を移して，ミクロ・マクロ゠リンクよりも，集合行為のジレンマの解決を主題にした．集合行為のジレンマの解決を主題にするということは，公共財の領域に踏み込んでいくということで，規範とサンクション（sanction）[2]，それと信頼がより重要になる．また，公共財の世界は基本的に外部性をともなう．言い換えれば，私的財のように市場メカニズムによって効率的な配分ができる世界ではない．ハーディンが「コモンズの悲劇」で描いた世界である．

表 3-1　社会関係資本論の比較

	コールマン	パットナム	オストロム	稲葉
コールマンのねじれ（合理的選択論との理論的整合性に矛盾あり）	あ　り	半ば無視	な　し	な　し
ミクロ・マクロ＝リンクが説明できるか	あ　り	マクロ中心	ミクロだがマクロに拡張可能	同　左
コールマンのボートが描けるか	ミクロを基盤に作成可能	マクロからの視点の拡張で作成可能	ミクロを基盤に作成可能	同　左
違和感を説明できるか（外部性への対応）	可　能	正の外部性の多寡によって可能だが限界があり，かつ誤解を招きやすい	負の外部性も含めて可能	負の外部性も正の外部性と同様に可能

出所：筆者作成.

1──なぜ私の定義にいたったか

　表 3-1 は以下の観点からコールマン，パットナム，オストロムの社会関係資本論を比較したものだ.

・合理的選択論との整合性に矛盾はないか
　コールマンは合理的選択論から社会関係資本を導出したかったのに，公共財≒集合行為については（規範への需要の検討など努力はしたが）結局社会関係資本の存在を前提としてしまった. 理論的には整合性に矛盾が生じてしまった. パットナムも集合行為のジレンマの解決に社会関係資本を用いるので，因果関係の取り方はコールマンと同じだが，彼はそもそも合理的選択論には無関心であるので，彼の立論上はねじれは問題ない. 一方，オストロムはすべてを合理的選択論で説明しようとしないので「ねじれ」は生じない.

・ミクロ・マクロ＝リンクとコールマンのボートが描けるか
　コールマンとオストロムはミクロが基盤にあるので，作成可能. パットナム

は集合行為のジレンマの解決が主眼であるので理論的にはミクロも含めた議論だが，実証研究ではマクロからの視点の分析が中心になるので，マクロからミクロへ，ミクロからマクロへの移行は実証と仮説で，ミクロレベルの分析は理論をナラティブに補完する形式をとっている．オストロムは基本的に小規模なCPR（common on pool resources：共有資源）運営における集合行為のジレンマの解決であるので，ミクロレベルでの分析であるが，マクロレベルへも拡張が可能．

・違和感≒外部不経済の説明はできるか

　パットナムは『孤独なボウリング』では負の外部性にも配慮したように1章で書いており，「第22章　社会関係資本の暗黒面」という章も設けているが，実質的には負の外部性にはほとんど配慮せずに正の外部性の有無によってのみ議論するので，限界があり，かつ誤解を招きやすい．コールマンとオストロムは負の外部性も含めて社会関係資本を論じることが可能．

　以上の検討に鑑みて，私は理論的には信頼性に計算的信頼だけではなく道徳的信頼も含めて検討可能なオストロムの2分法をとり，それに明示的に「心の外部性」を加え，ミクロ・マクロ＝リンクがより扱いやすいように，制度より広い概念である規範を社会関係資本の主要形態として含めて「心の外部性を伴った信頼・規範・ネットワーク」という定義に立ちいたった．この定義の特性について以下で補足解説したい．

2——「心の外部性」について

　序章で本書はミードの外部性の定義に基づくと述べた．稲葉（2005）の定義は，経済学でいう市場取引の当事者以外の第三者に与える影響だけではなく，経済取引ではない市場外の社会生活の上での行為の当事者以外への第三者への影響にまで拡張している．たとえば友人関係におけるやり取りはそのやり取りに関わっていない者への影響を与えるかもしれない．「外部性」は行為の当事者以外の第三者に与える影響で好ましい影響（正の外部性）と好ましくない影

響（負の外部性）があるので，これを明記することで社会関係資本の負の側面も分析対象になる．換言すれば，負の外部性を発生させる負の公共財（反社会グループの組織など）も分析の対象になる．

　さらに「心の」と追加することで，第三者が認識するか否かという条件を加えている[3]．負の外部性の典型である公害は本人の自覚がなくとも存在する負の外部性で，その被害については当事者の第三者が認知しなくともたとえば水俣病のように時間が経て第三者への影響が明らかになる．ところが，人間関係における外部性は，たとえば職場におけるハラスメントが常態化しているような職場では，ハラスメントの被害者以外の第三者にも何らかの影響があるはずだが，それを本人が認知しないと，個人レベルでは負の外部性とは認識されない．ただし，ここで留意すべきは，組織やコミュニティなどの文脈レベルでは，その構成員全員が負の外部性を認識しないというケース以外は，負の外部性が存在するということだ．したがって，個人的に負の外部性を認識していない者が構成員として存在していてもマクロレベルでは負の外部性のもとで生活することになる．この場合は第三者は単にそうした職場環境と理解して，それを受け入れて仕事をしていくことになるだけだが，社会レベルでは大きな負の外部性を生じていることもありうる．私の理解では上司が不正を働いているのにそれを隠す忖度が横行している職場などは，忖度をする部下は負の外部性を認識していないが，そのような部下ばかりではない社会全体で見れば忖度などの行為による負の外部性は存在しているかもしれない．

　私がここ数年言っている社会の理不尽，現場の理不尽，日本の違和感も大部分が認知されるところまでに至らない負の外部性によるものではないかという仮説をたてている．本書序章の冒頭で紹介したように，ピエール・ブルデュー『世界の悲惨』の日本語訳（第1分冊）の帯に「社会は，表立って表現されることのない苦しみであふれている」とあるが，さらに，それどころか，「社会は，目に見えない苦しみであふれている」のではないか，と記述したが，そうした事案を分析するには「心の」の部分が必須と考えている．「心の」とつけるのは2つの意味がある．1つは，非意識下のバイアスによって行為の当事者だけでなく，第三者も負の外部性を被るといったケースも含めるという意味である．社会にはさまざまな差別が存在する．通常，人は差別を否定するが，非

意識下のバイアスを持っている．これをマザーリン・バナージとアンソニー・グリーンワルドは自分自身のなかの「他人」と呼んでいるが，「心」にはこの自分自身のなかの「他人」も含めている[4]．「心の」のもう１つの意味は，負の外部性の代表例の１つである公害の有害物質と異なり，社会関係資本の外部性は，個人レベルでは当事者が認知しなければ外部性として成立しないからだ．ただし，特定の個人が認知していなくとも，それ以外の個人が認識しているケースがほとんどであり文脈（コミュニティや組織）レベルでは負の外部性が存在するのでミクロとマクロの乖離が生まれることが理解されずに誤解が生じやすい．また英語がネイティブの方々には直訳「externalities in one's mind」は awkward とのことで，欧文の場合は潜在的（latent）としている．

　いずれにしても「心の外部性」を導入することにより，非意識的なバイアスも含めた「目に見えない苦しみ」の元凶にも迫ることができるし，文脈的（contextual）効果つまり地域特性の違いを反映することもできる．ミクロでは認識されないが，マクロレベルでは確実に影響を及ぼす状況を伴い，地域間の違いは外部性を認識する構成員の比率の違いを反映する．たとえば自殺は個人ではその負の外部性を認識されていなくとも，社会全体には負の外部性を生じさせる．だから本人からの訴えがなくとも社会全体の問題として対処していくべきだという議論にも該当すると考えている．

　また，私は「心の」と付加することで，もう１つ大きな特性について規定できると考える．それは，外部性に対する人々の認知は，その時どきの社会の価値観により変化する．たとえばコンプライアンスの概念は日本の企業では1990 年代の中ごろから認識されてきたが，それ以前は賄賂もどきの贈答など今日のコンプライアスの規定に照らせば明らかな違反も日常茶飯事であった．つまり「心の」を付加することで，価値観の経時的変化も反映することが可能となる．

　「外部性」と「規範」「公共財」との関係でみれば，集合行為のジレンマの解決には経済学から派生してコールマンが依拠している合理的選択論からはずれて行動することが求められる．これは主に公共財の場合つまり正の外部性が生じる場合だが，少なくとも短期的には当事者にとって合理的でない選択をするので，そのためには規範とサンクション（オストロムの場合はローカルルールを

含む制度）が必要になる．つまり，公共財がもつ正の外部性を発揮させる（集合行為のジレンマを解決する）には規範とサンクションが表裏一体となっている．もちろん，個人のコネなどの私的財の場合も基本的な市場のルールが必要だが，何らかの市場メカニズムや信頼についても計算的信頼があれば，規範の必要性は低い．視点をかえれば，社会関係資本は地域レベルでスピルオーバー効果があると主張しているが，これは社会関係資本の外部性の効果による．地域ごとに異なる地域レベルの社会関係資本があるのが社会関係資本による分析の魅力だが，これは社会関係資本の信頼性の部分が計算的信頼だけではなく道徳的信頼を含めていることと，心の外部性を認めているからだ．さらに敷衍すると社会関係資本の醸成に教育が重要というのは，教育が道徳的信頼と負の外部性の認知能力に影響を与えるからと理解できる．

3——外部性がおよぶ範囲

ただし，外部性の及ぶ範囲について，つまり実証対象の範囲の妥当性については従来から疑義が呈されてきた．これは大変重要な点だが，経済学でも外部性の及ぶ範囲についての詳しい分析，理論は曖昧であった．社会関係資本論でも同様に今までは曖昧であった．コールマンも学校内やエジプトの市場やブルックリンの宝石仲買人の世界などでの外部性など身近な範囲を扱っているかと思えば，エルサレムの治安の良さといった大都市単位での外部性の話をしている．また，パットナムの分析は『*Making Democracy Work*』でも『*Bowling Alone*』でも州単位で，この場合は州全体に外部性が及ぶと考えていることになる．その一方で，オストロムは基本的に小規模な CPR（common pool resources）を扱っているので，CPR を運営する組織が社会関係資本の影響が及ぶ範囲だ．

このように研究対象によって変幻自在に扱っている，要するに恣意的に扱っていたわけだが，この曖昧性は計量地理学で MAUP（可変地域単位問題）とよばれ，社会関係資本でいえば，社会関係資本の影響はどのような文脈（たとえば，国，県，市町村，旧村，町丁目，学校区）をとるかによって大きく左右され，どのような社会関係資本が，どのような文脈（地域や空間）でどのような事象

に関連しているかを，特に文脈に焦点を当て解明する努力がなされてきた[5]．従来は個人のネットワークの把握が難しいので物流ネットワークなどで分析に適切な範囲を抽出して分析するとか，逆に回答者の位置情報を得て，彼らの社会関係資本と周辺の犯罪データを分析し，社会関係資本と犯罪が対応している範囲を見出すとか，空間分析と称して自治体（町丁目まで含む）とその周辺の自治体（町丁目）をシステマティックに差し替えて最も適切な分析単位を見出すなどの努力がなされてきた．また，SV スブラマニアンは米国での人種隔離教育の影響が従来頻繁に用いられてきた郡単位での分析では明確に現れないのに，州単位で分析すると明確な対応がみられるとし，これは米国では人種隔離教育がジム・クロウ法によって郡単位ではなく州単位で決定されたからだとしているが，この論文の主旨は分析範囲の妥当性の検証の必要性であった（Subramanian et al. 2009）．

　また，介入プログラムの成果の近隣へのにじみ出し効果も検証されている．たとえば，REPRINTS は 2004 年より，東京都健康長寿医療センター研究所の藤原佳典がはじめた，シニア世代による子どもたちへの絵本の読み聞かせを主な活動とした，学校支援ボランティア活動である．2021 年現在で関連団体を含め 17 地区 600 人を超える活動になり，NPO 法人りぷりんと・ネットワークは 2020 年第 1 回「アジア健康長寿イノベーション賞コミュニティ部門」優秀事例に選ばれるまでになった（稲葉 2022）．この REPRINTS について，村山ら（Murayama et al. 2019）はより長期的にみて，社会関係資本を醸成する可能性を見出している．彼らは REPRINTS が 2004 年から活動している川崎市多摩区で，20–84 歳の 891 票を用いて個票レベルと多摩区内の地区レベルの2 つのレベルのマルチレベル分析を，地域における信頼を被説明変数として実施した．この調査によれば社会関係資本の構成要素の 1 つである近隣の人々に対する信頼について地域レベルで REPRINTS プログラムの継続期間が長い地区ほど，近隣信頼が有意に高いこと，世代階層では 20–39 歳層を参照群として，40–59 歳層と REPRINTS の主要な参加者である 60 歳以上層が有意に近隣信頼が高かったことをみいだしている．つまり，REPRINTS に長期にわたり接している地域の居住者ほど，REPRITS への参加の有無を問わず高齢者層ほど近隣の信頼でみた社会関係資本が醸成されている．これらの結果から，彼らは

第 3 章　社会関係資本の定義に関する考察　61

「本研究の結果は，高齢者と子どもの間で継続的に行われている世代間交流プログラムが，地域住民の間の信頼を強化し，地域の世代間の結びつきを強めることを示唆している．さらに，本研究では，プログラムの継続時間が地域社会の社会関係資本のレベルを反映している可能性が示された」（Murayama et al. 2019, 稲葉仮訳）としている．つまり，信頼には近隣へのにじみ出しが生じうる．

4──なぜ信頼性ではなく信頼なのか

第2章でみた通り，パットナムは 2000 年刊行の『*Making Democracy Work*』では信頼（trust）を社会関係資本としていたが，2000 年刊行の『*Bowling Alone*』では信頼性（trustworthiness）を社会関係資本とし，信頼はそのアウトカムであると変更し，オストロムも同様に信頼性は社会関係資本，信頼はそのアウトカムとした．しかし，私は基本的にオストロムの定義を踏襲しているが，信頼性だけではなく信頼をも社会関係資本に含めている．これは，信頼には信頼する側と信頼される側の2つの立場があり，信頼する側はtruthfulness，信頼される側は信頼性 trustworthiness が求められるがその両者を含めて信頼として考えるほうが集合行為のジレンマへの対処の理論的構築が容易だからだ．

たとえば，アクセルロッドは繰り返し囚人ゲームではしっぺ返し（応報）戦略が結果として協調的な行動をとることを証明した（Axerlrod et al. 1981＝2022）．この戦略は相手と同じ対応をそのまま返すので2回目以降は相手の信頼性に関する情報はなくてもよいが，初回は相手についての情報が全くないなかで意思決定をすることになる．つまり特定の相手ではなく世間全般に対する信頼である一般的信頼によって意思決定をするので，しっぺ返し戦略でも初手では一般的信頼が求められる．

また，一般的信頼の果たすメカニズムについて論じたものに山岸俊男による「信頼の解き放ち理論」がある（Yamagishi and Yamagishi 1994; 山岸 1998; Yamagishi 2011）．この理論の私の理解は，アメリカのように関係流動性の高い社会では，関係基盤[6]の組み替えを円滑に実施するためには日頃から直接

関係のない人々に対しても気配りして，つまり一般的信頼を形成しようとする，というものであった．ここまでの議論には全く異論がないのだが，日米間の一般的信頼格差（米国の方が日本より高い）を説明しようとするロジックで矛盾があるのではと感じる．私の議論は後で説明することとして，一般的信頼という概念の理解をより深めることができると考えるので，山岸の理論を掘り下げることにしたい．以下では，まず，山岸のロジックを紹介する．

山岸の信頼の解き放ち理論

　山岸は信頼と安心の区別をする．相手が自分を搾取する意図を持っていないという期待のなかで，「安心（assurance）」は相手の自己利益の評価にねざす部分であり，「信頼（trust）」は相手の人格や相手の自分に対してもつ感情についての評価に基づく部分であるとする（山岸 1998, p. 39）．換言すれば，信頼は社会的不確実性が存在しているにもかかわらず，相手が自分に対してそんなひどいことはしないだろうと考えることであり，安心はそもそもそのような社会的不確実性が存在しないと感じることであるという（ibid., p. 40）．山岸はこの定義を踏まえて以下の6つの命題を提示する（ibid., p. 84）．命題の中にあるコミットメント関係とは「特定の相手とだけ付き合うこと」であり，機会コスト（opportunity cost）は，経済学の用語で，いま行っている行為をやめて代替的な次善の行為をした場合のコストである（Stiglitz and Walsh 2002, 邦訳 p. 770）．現実にはすでに何らかの行為をしているのだから，機会コストは実際には支払いが生じている費用ではないし，当事者が作りだすものではなく当事者をとりまく経済的・社会的環境から（経済行為の場合は市場から）提示される．なお，山岸の理論には取引費用という経済学の概念も提示されるが，これは経済学では「金銭的であれ，時間であれ，不便さであれ，取引を行うために（購入価格を上回って）支払う追加的な費用」と定義されており（ibid., p. 781），機会コストと反対に，当事者本人に現実に生じている費用で，繰り返しになるが，金銭的な支出だけではなく余計に費やした時間，不便さも含むことをあらかじめ念頭においていていただきたい．以下，山岸が提示する6つの命題である．

命題1　信頼は社会的不確実性が存在している状況でしか意味をもたない．つまり，他人に騙されてひどい目にあう可能性がまったくない状況では，信頼は必要とされない（山岸 1998, p. 61）．

命題2　人々は社会的不確実性の生み出す問題に対処するためにコミットメント関係を形成する（ibid , p. 76）．

命題3　コミットメント関係は機会コストを生み出す（ibid., p. 81）．

命題4　機会コストが大きい状況では，コミットメント関係にとどまるよりも，とどまらない方が有利である（ibid., p. 82）．

命題5　低信頼者（他者一般に対する信頼である一般的信頼の低い人）は，高信頼者（一般的信頼の高い人）よりも，社会的不確実性に直面した場合に，特定の相手との間にコミットメント関係を形成し維持しようとする傾向がより強い（ibid., p. 84）．

命題6　社会的不確実性と機会コストの双方が大きい状況では，高信頼者が低信頼者よりも大きな利益をえる可能性が存在する（ibid., p. 84）．

　山岸によれば，社会的不確実性が高い社会は一般的信頼への必要性が高まりその水準が高くなり，社会的不確実性が低い社会は一般的信頼の水準が低くなる．不確実性の高い社会は高い一般的信頼をつうじて人々をコミット関係の「固定した関係の呪縛からの解放」する効果，つまり一般的信頼には「信頼の解き放ち」効果があるとする（ibid., pp. 84-86）．さらに山岸は不確実性の高いなかで，一般的信頼が高水準となる説明として，進化ゲームのフレームワークを援用し，一般的信頼が相手の信頼性を的確に判断する能力である社会的知性と共進性があるからだとする．社会的不確実性と機会コストがともに大きい環境への意識的な適応行動としての認知的資源への投資の結果として社会的知性が発達するが，その過程の副産物として一般的信頼も育まれるとする（ibid., p. 182）．

　この山岸の「信頼の解き放ち理論」は1990年代前半までは一般的信頼を調査すると，日本より米国の水準が高いという，日本人が持っていた一般認識と反する調査結果をどう説明するかが基本的なリサーチ・クエスチョンとなって構築されたものだ．米国で一般的信頼水準が日本より高いのは社会的不確実性

が米国の方が高く，その一方で特定の相手との関係を維持するのにともなうコミットメントの機会コストが高いので，米国では人々が一般的信頼を高位に維持するからだとし，その一方，日本は社会的不確実性が低い安心社会で，信頼は不要であるため，信頼の水準がアメリカより低いのだという．この理論と実証の基礎を提供した山岸の論文（Yamagishi and Yamagishi 1994）ではこの理論の帰結に違和感はもってもそのロジックには納得した研究者が多かった．しかし，山岸（1998）で上記の6つの命題を改めて提示されると，彼が基本的に社会の普遍的な意思決定理論を見出そうとする合理的選択論に依拠していることに鑑みると，その6命題のロジックに違和感を覚える部分が多い．

信頼の解き放ち理論への疑問 [7]

　山岸は基本的に合理的選択論にもとづく計算的信頼の世界を扱っているので，合理的選択を超えた道徳的信頼を除外している．山岸の理論が合理的選択論に依拠していると理解した場合の，上記の山岸の6命題について私の解釈・疑問を以下に述べる．一番の疑問は，機会コストを重視しているが，その機会コストの実現に伴う取引費用が命題にはいっていないことだ．

　また，機序も分析対象によって変化するので，変数が少ないのに難解である．たとえば，この議論は社会的不確実性と信頼との関係を重視しているのだが，山岸の定義による低信頼国の日本と高信頼国のアメリカの説明に用いる機序が異なる．アメリカでは社会的不確実性が高いからコミットメント関係を形成するというのだが，日本はコミットメント関係を強固に形成しているから社会的不確実性がゼロになるという．日本はまず強固なコミットメント関係をきずいているから，その結果，社会的不確実性がゼロで信頼は必要ない安心社会だという．一方，アメリカについては，逆に社会的不確実性が高く，（それなら本来は日本以上にコミットメント関係は強固であるはずだが）かつ機会コストが大きいので（なぜそうなるのかは不明，機会費用実現にともなう取引費用増と比較しなければ不明のはずだが）機会費用を利益として実現するためのコミットメント関係解消による不信を補填するために信頼を必要とする社会であると使い分けている．上記の命題1に依拠するのなら，米国も日本も社会的不確実性を縮減するために同様にコミットメント関係を構築しており，さらに米国のほう

表3-2 山岸の6命題を合理的選択論から解釈する

山岸の6命題	6命題を合理的選択論とした場合の解釈
命題1　信頼は社会的不確実性が存在している状況でしか意味をもたない。つまり、他人に騙されてひどい目にあう可能性がまったくない状況では、信頼は必要とされない。	山岸は道徳的信頼は対象としないので、こうした捉え方も可能。社会的不確実性と信頼へのニーズとの間には正の相関があるとも読める。
命題2　人々は社会的不確実性の生み出す問題に対処するためにコミットメント関係を形成する。	社会的不確実性への対処は保険や保証の購入などの制度の利用もあるが、コミットメント関係の形成もあり得よう。ただし、日本が社会的不確実性の低い安心社会ならコミットメント関係は不要になるがそれでよいのか。
命題3　コミットメント関係は機会コストを生み出す。	不正確。機会コストは社会・経済全体の利益率に規定されるので、コミットメント関係の形成と機会コストは無関係。
命題4　機会コストが大きい状況では、コミットメント関係にとどまるよりも、とどまらない方が有利である。	不正確。機会コストの多寡ではなく機会コストがコミットメント関係による取引費用の変化分を上回ればコミットメント関係にとどまるよりも、とどまらない方が有利。
命題5　低信頼者（他者一般に対する信頼である一般的信頼の低い人）は、高信頼者（一般的信頼の高い人）よりも、特定の相手との間にコミットメント関係を形成し維持しようとする傾向がより強い。	命題1と命題2に矛盾。命題1より高信頼者は高い社会的不確実性に、かつ命題2から低信頼者は低い社会的不確実性に対応しているので実性に対応する可能性が大、そもそもコミットメント関係形成の必要性が小さいはず。特定の相手との間にコミットメント関係を形成し維持しようとするのは、関係離脱に伴う取引費用が（山岸の例が示す針子本マジンの起動のように）高くなると、低信頼者は関係離脱に対応すればするほど必要は高信頼の水準よりも低いのに、なぜ離脱コストは高信頼者よりも高いのか高いの説明が必要。
命題6　社会的不確実性と機会コストの双方が大きい状況では、高信頼者が低信頼者よりも大きな利益を得える可能性が存在する。	可能性としているので読めないではないが、なぜ、高信頼者の機会コスト離脱による取引費用の変化分との差が低信頼者よりも高いのかの説明が必要。合理的選択論を前提とするなら、機会費用と取引費用の変化との比較によってコミットメント関係に残留か、解消かを決めるので、低信頼者よりも高信頼者の水準、信頼の水準と利益の多寡との関連は不明。

出所：筆者作成。

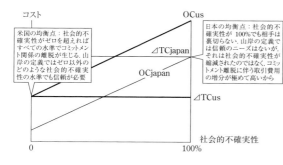

図 3-1 取引費用を明示的に導入した信頼の解き放ち理論：針千本マシンつき「安心」のケース
出所：山岸（1998）を参考に筆者作成．

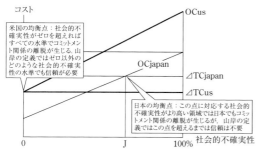

図 3-2 取引費用を明示的に導入した信頼の解き放ち理論：針千本マシンがない場合
出所：山岸（1998）を参考に筆者作成．

が社会的不確実性が高いと判断しているのに，どうして日本だけ社会的不確実性が無視できるほど小さくなる安心社会になりうるのか不明である．

表 3-2 に示した私の解釈を踏まえて山岸のロジックを図示すると図 3-1 のように書ける．図 3-1 は山岸の「針千本マシン」つき（相手が裏切れば罰として針千本をのます装置を相手の身体に埋め込んでいる）ケースである．1990 年代半

第 3 章　社会関係資本の定義に関する考察　67

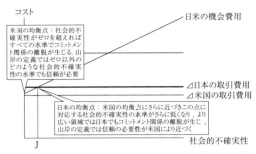

図3-3 日本の構造改革＋日米間の貿易・資本移動の自由化の進展を明示的に導入
出所：山岸（1998）を参考に筆者作成.

ばまでの，山岸の日本は安心，米国は信頼社会のモデルである．できる限り山岸の説に忠実に構築し，命題に明記されていない部分，①コミットメント関係離脱に伴う取引費用の増分を追加，②かつ機会費用が取引費用の増分を超えないと機会費用の実現＝コミットメント関係の離脱はしないことを明示した．図3-2は私が考える1990年代半ばまでのモデルで針千本マシンなしのケース．図3-3は私が考える2020年ごろの状況を表すモデルで，日本経済が米国水準にまで国際化し，機会費用だけでなく，取引費用も日本が米国の水準に近くまで収斂していると想定している．

　なお，図3-1から図3-3までの3図すべて，コミットメント関係離脱にともなう費用は，取引費用に含まれると想定し，かつ取引費用の関係離脱による増加分を正で一定としているので，取引費用は社会的不確実性の増加関数であると仮定している[8]．また，これらの3図には取引費用ではなくコミットメント関係解消に伴う取引費圧の増分を描いていることに注意されたい．同様に，機会費用も社会的不確実性をリスクと捉え，機会コストはリスクと正の相関がなければ市場経済が成立しないという一般的な理解に基づき社会的不確実性の増加関数としているが，これはコミットメント関係とは無関係である．強いコミットメント関係の解消が困難であるため実現できない利益があるとすれば，それは，機会コストではなく，取引費用が高いからだと想定している．より具体的に言えば，反社会組織から離脱して新しい途を歩もう（機会費用の実現）としている人物は機会費月が高いのではなく，コミットメント関係から離脱する

コストが高いのであって，それは機会費用ではなく取引費用である[9]．また，そう想定しないと，山岸のいう「日本社会はやくざ型コミットメント関係が強固に形成された社会」（山岸 1998, p. 117)[10] であるはずの日本の取引費用が「やくざ型コミットメント」を形成したため米国を下回ることになってしまい，日本のほうが完全競争に近い社会となってしまう．これではとても 1990 年代前半までの現状に合わないからだ．この点は，次節でより詳しく検討する．

さらに敷衍すれば，やくざ型コミットメント関係を形成して得られる取引費用の削減は，ミクロレベルの話で，そのやくざ型コミットメントの周囲にいる部外者には迷惑，つまり負の外部性を与えているはずだから日本社会全体でみれば，この大きな負の外部性が「やくざ型コミットメント社会」である日本の取引費用をマクロレベルでは押し上げていると考えるほうが，山岸の論旨に沿うことになる．

また，図 3-1 では社会経済活動の自由度が米国の方が高いと想定して，機会費用の水準は米国のほうが高い（$OC_{US} > OC_{JAPAN}$）と想定している．機会費用がコミットメント関係解消にともなう取引費用の増分を上回る点でコミットメント関係の解消が生じるとすると，日本では針千本マシンを装着されている者は「やくざ型」取引費用の増加（$\varDelta TC_{JAPAN}$）が極めて高いため（針千本マシンを起動されたらほとんど確実に死んでしまう）社会的不確実性が 100% に達しても，コミットメント関係からの離脱は生じない．一方，アメリカではコミットメント解消に伴う取引費用の増加（$\varDelta TC_{US}$）は小さいため社会的不確実性が日本よりはるかに低い点でコミットメント関係の解消のメリットが生じ，山岸の定義による一般的信頼への必要性が生じる．

山岸はこの状態を日本は安心，アメリカは高信頼であるという（山岸 1998, p. 39）．しかし，日本の均衡点は山岸が「安心」と定義する社会的不確実性がゼロの点ではなく，その正反対の社会的不確実性が 100%，つまりどのような不確実性の水準でも絶対に裏切りが生じない点である．これは，山岸の「針千本マシンによる安心社会である日本」はコミットメント関係の形成で社会的不確実性が縮減されたのではなく，離脱に伴う取引費用の増加が「自分の死」という法外に高いもので，かつ機会コストが低いから離脱が生じないだけだ．確かに，山岸のいう信頼を必要としないが．それは「安心社会」ではなく選択肢

が死以外にない恐怖社会だ.

　もちろん, 理屈としてはコミットメント関係離脱に伴う取引費用の増分が針千本マシンほど高くつかないケースでかつ当事者同士の裏切りがないケースを考えられないわけではない. 山岸が用いるもう1つの比喩, 悪徳商人と悪代官の例では, 確かに当事者同士だけを考えれば, 裏切りの要素がない社会的不確実性がゼロの「安心」の世界もあろうが, この場合も当事者以外の人々も含め社会全体からみれば役人と商人が信頼できないという負の外部性を生み, 社会全体では不確実性を高めるかもしれない.

　図3-2では機会コスト実現のために要する日本の取引費用の増分（$\triangle$TC$_{\text{JAPAN}}$）が針千本マシンよりずっと低い世界を描いている. ここでのポイントは日本も社会的不確実性に晒されるが, 取引費用の増分が米国よりは高い（$\triangle$TC$_{\text{JAPAN}}$＞$\triangle$TC$_{\text{US}}$）ため, コミットメント関係離脱が生じる社会的不確実性の範囲（図3-2ではJから100％）が米国（社会的不確実性の水準にかかわらずコミットメントからの離脱が生じる）よりは狭いことだ. つまり, 山岸のいう信頼への必要性が米国ほど高くないので, 山岸が説明しようとした, 高信頼の米国, 低信頼の日本が顕在化する世界となる.

　以上から明らかなことは, 信頼が不要の安心社会はフィクションであり, それどころか針千本マシンの世界は装着された側からすればコミットメント関係離脱が死を招く恐怖社会だ. 私は1990年代前半の日本は社会的不確実性がゼロの安心社会ではなかったと考える.「安心社会」の日本はもともと存在しないのだ.

　図3-3では, 構造改革でコミットメント関係からの離脱に要する日本の取引費用の増分がほぼ米国の水準にまで低下し, 機会費用も日米同じ水準に収束する世界を想定している. 機会費用はいわば世界平均の期待収益率であり自由貿易かつ資本移動が自由で完全競争である世界では各国同一水準に収束すると想定している. 日米の間の機会費用は同水準になったというモデルである. この場合は, 日米それぞれの取引費用を機会費用が上回り新たな行動をとることが可能になる点が両国間で接近し, 新たな行動をとる機会コストと取引費用の均衡点に対応している社会的不確実性の水準は, 日本の水準が米国のそれに近づく. つまり, 山岸のいう信頼への必要性が日本でも生じてくる. 関係流動性で

いえば，かつては日本の関係流動性は米国より低かったが，1970 年代以降外圧により日本の構造改革が実施され企業統治の仕組みも含め国際標準に向けた制度改革などにより日本の取引費用が低下し米国の水準に近づき社会的コミットメント形成の取引費用の増分がほぼ米国の水準まで低下する世界を描いている．この場合は，取引費用と機会費用の均衡点が日米でより接近し，山岸の定義する信頼の必要性が日米でほぼ同水準となる．つまり，山岸の主張する日本は安心社会，米国は信頼社会とするモデルから，日本が米国型の信頼社会へ変化し，計算的信頼の必要性が米国並みの水準に変化したというモデルである．

　ただ，図 3-3 に示す変化は，合理的な選択が行われれば信頼水準にかかわらず達成されるもので，一般的信頼は信頼の解き放ち理論のいうような，それをつうじて人々をコミットメント関係の「固定した関係の呪縛からの解放」する主体とはなっていない．一般的信頼は低関係流動性を突き崩すドライヴィングフォースではなく，信頼性を醸成する効果を通じて側面から，「解き放ち」効果がある．つまり，オストロムとパットナムが社会関係資本のアウトカムとする一般的信頼だが，むしろ逆に彼らが社会関係資本の諸形態の 1 つとする信頼性を醸成する可能性があるから，私は信頼性だけではなく，一般的信頼を含めた信頼を社会関係資本としている．換言すれば，機序が信頼性→一般的信頼ではなく，一般的信頼→信頼性，であるから一般的信頼を社会関係資本としているのである．

取引費用と機会コストの再考

　本章の目的は私の社会関係資本の定義の解説であるが，山岸の「信頼の解き放ち理論」から結城らの関係流動性，さらに社会関係資本につながるロジックの形成が重要なので，もう一度，取引費用と機会コストについて考えたい．

　取引費用　通常，信頼される側の信頼性（trustworthiness）と信頼する側の信頼（trustfulness）という形の社会関係資本は取引費用（transaction cost）を削減する．また取引費用は市場が不完全であるほうが高くなる．経済学では，市場における完全競争の要件の 1 つは売り手と買い手が情報を共有していることだが，現実の取引ではそのようなケースはほとんどない．通常売り手のほう

が，取引の対象となる財・サービスについて買い手より詳細な情報を保有している．したがって，情報不足を補完するため買い手は売り手から品質保証を購入することもある．金銭の貸し借りでも，借りる方が自身の事情について貸し手である金融機関よりも熟知しているので，銀行は情報不足を補うために融資の際には借り手を審査する．また，取引に際しては，詳細な契約書を作成することもある．購入する商品の品質保証料，銀行の審査，契約書の作成などに要する費用は，情報が買い手と借り手の間で共有されていれば不要だったが，市場が完全競争ではないために生じる追加コストでこれを取引費用という．重要な点は，買い手が売り手を信頼していれば取引費用をかけないでも売買が成立することだ．信頼は相手に信頼性があると見込むから成立するので，相手の信頼性にある程度裏打ちされた信頼があれば取引費用を削減することが可能である．

　ただ，注意しなければならないのは，これは財・サービスの取引で，いわばミクロの取引費用の話である．やくざ型コミットメント関係は確かに仲間内の不確実性を削減するという意味で仲間内の取引費用を削減するかもしれないが，周囲には間違いなく迷惑をかける負の外部性を生じさせる．また，取引費用には金銭的支出のみならず，そのための時間や心理的費用も含まれる（Stiglitz and Walsh 2002, 邦訳 p. 64）．つまり，組織内部の構成員の立場からみても，離脱するときに余計に要する時間や心理的費用も取引費用である．また，社会全体では間違いなく負の外部性を生じさせる．日本に反社会勢力（やくざに限らない）が多数構築され，それらが抗争をはじめた状況を想起してもらえば，そのような社会全体では，やくざ型コミットメント関係は負の影響をもつことは明らかであろう．

　また，上述したように，徒党を組むこと（コミットメント関係の形成）による構成員間の不確実性を縮減したとしても，個人レベルの取引費用は，針千本マシンのように離脱のコストを含めれば結局高くつくことも十分あり得よう．

　機会コスト　すでに山岸の信頼の解き放ち理論を紹介する際に述べたが，機会コスト（opportunity cost）は，経済学の用語で，今行っている行為をやめて代替的な次善の行為をした場合のコストである（ibid., 邦訳 p. 770）．つまり，

逆説的に聞こえるかもしれないが，「今やっている行為」についての「代替的な次善の行為からみた今やっていることの潜在的価値」である．現実にはすでに何らかの行為をしているのだから，機会コストは実際に支払いが生じている費用ではないし，当事者が作りだすものではなく当事者をとりまく経済的・社会的環境から（経済行為の場合は市場から）提示される．「人はすべてを持つことらぁ，できん．何かを選ぶことは何かを捨てることじゃ」[11]という言葉の「何かを捨てること」のコストをさす．したがって，何らかの行為，もしくは何もしていなくとも，ましてや，やくざ的コミットメントの有無にかかわらず機会コストはいつも生じている．私を含め多くの経済学の教師は機会コストの例として，学生たちに「この授業に出なければ，アルバイトで収入を得られたはずで，それを機会コストという」と説明している[12]．山岸の理論によれば，利益Aより高利益のBという2つの選択肢があるとき，高利益Bを選択できないのは，日本のコミットメント関係が強固であるためAからBに乗り換えができないから機会コストが高いというが，機会コストはもともと市場全体に存在しているのだから，それを実現したいという意図があるのに実現できないのは，実現のための取引費用が高すぎるためであり，機会コストではなく，やくざ型コミットメント関係から生じる取引費用が高いからだ．

　第1章で関係流動性という概念を紹介し，それが歴史的・文化的経緯との関連が指摘されている点についても言及した．山本・結城（2019）によれば，トロッコ問題にたいする犠牲者が少ない選択肢を選ぶべきだという日米間で倫理的判断に違いはないが，実際に実行に移す行動意図が日本は低いという．これはアメリカ人よりも日本人の方が関係流動性得点が低く，変更に対するポジティブ評判期待が低い，換言すればネガティブな評判を気にすることと関連しているとしているが，この研究成果はとても興味深い．この文脈を当てはめれば，高い機会コストが市場や社会から提示され，現状から離れる行動意図があれば挑めたのに，それが実現できないのは，個々人がもつ関係基盤がしがらみに配慮せざるをえない低関係流動性によるものが多く，それを自由な選択が可能なより関係流動性が高い関係基盤に変更するコストが高いという意味で取引費用が高い，換言すれば関係流動性が低いことが原因であり，機会コストの問題ではない．

いずれにせよ，取引費用の水準は米国よりも日本の方が高かったが，1970年代以降外圧により日本の構造改革が実施され企業統治の仕組みも含め国際標準に向けた制度改革などにより日本の取引費用が低下し米国の水準に近づくにつれ取引費用の日米格差は縮小し世界一律に日米同一水準に向かったと考える方がより現実的であろう．コミットメント関係は取引費用を縮減する効果があるとすれば，日本のほうがコミットメント関係の構築に米国よりも注力するのは，日本の市場の閉鎖性が高く取引費用が米国よりも格段に高かったからである．社会全般に対する一般的信頼ではなく特定のグループ内での内輪の信頼（特定化信頼）の構築が重要であったので，日本の一般的信頼の水準が低かったのではないか．むしろ，取引費用の弊害に対処するために，まず仲間内の信頼である特定化信頼を構築したと考えるほうが実態を反映しているのではないか．取引費用が高い例はいくらでもあげられるのだが，残念ながら具体的な取引費用の推計は困難であるためここでの記述は推測の域をでないのだが，それぞれ，日本は仲間内の特定化信頼，米国は社会全体にたいする一般的信頼を構築することが合理的選択であったというべきではなかったか．

　しかし，すでに本書の第1章でのべたように，米国が日本より高信頼という構図は1990年代後半以降今日にいたるまで，失われている（図1-4）．1995年以降の一般的信頼水準の日米間の差の解消は，米国の信頼水準の大幅低下によって同水準になったためで，前節でみた山岸の理論に沿った展開では，1990年代後半以降の米国における一般的信頼の大幅低下は説明できない．合理的選択論による山岸の定義の信頼論（計算的信頼）には限界があるのかもしれない．

　ここでも第1章で紹介した関係流動性の39カ国比較調査（Thomson et al. 2018）の結果は示唆に富んでいる（図1-3）．この調査では，関係流動性は，過去に厳しい自然・社会環境の下にあった場合ほど，また稲作のような相互の助け合いが必須の食料生産を採用していた場合ほど低い傾向にあるとしている．この調査では，関係流動性は日本が39カ国中最も低いのだが，第1章でも述べたとおり米作といわれても，国民経済計算（GDP統計）で過去20年間，農林水産業の比率は1%にすぎず，そのなかで米は農業生産額のわずか2割弱（2020年度）にすぎない．しかも，この調査の回答者はFacebookで募集しているので，回答者の平均年齢は31.6歳（SD＝12.5）と，母集団である日本全

体の平均年齢[13]と比較すると，大幅に若く，かつ母集団でも1%にも満たない農業従事者比率は，回答者でみればさらに低い可能性がある．そうした推測ができる状況のなかで，国民平均より若いSNS利用者でも，過去の生活を規定した農業のあり方が，現在でも影響を与えていることに驚く．ロバート・パットナムは『*Making Democracy Work*』で，社会関係資本の重要性を明かすため，イタリアの歴史を1000年もさかのぼって詳述したが，39カ国関係流動性調査の結果も関係流動性が過去の農業や自然災害／人災がいまだに影響を与えていることを示唆している．関係流動性は私の理解では構造的社会関係資本であるネットワークの結束型と橋渡し型とのバランスを表した指標だが，構造的社会関係資本もそれぞれの国々の歴史的・文化的経緯から規定されていることを物語っている．

　結局のところ山岸の理論は，関係流動性を軸に展開したほうがわかりやすい．歴史的・文化的経緯から関係流動性が規定され，高関係流動性である方が，山岸がいうように，一般的信頼へのニーズが低関係流動性の環境下よりも高いので，一般的信頼のなかで計算的信頼に基づく部分はたしかに日本より米国の方が高いかもしれない．事実，上記の関係流動性の39カ国比較調査でも関係流動性が高い社会の人々は，低い社会の人々と比べて，より主体的に人助けをしたり，自分の秘密を共有するなど，より積極的に対人関係に関わる．また，他者に親密性を感じやすい，自尊心が高いなど，人間関係の獲得と維持に必要と考えられる心の働きが強い（ibid.）．関係流動性は社会関係資本からみれば構造的な社会関係資本であるネットワークのうち結束型（低関係流動性）と橋渡し型（高関係流動性）とのバランスであり，この概念を用いれば「針千本マシン」「信頼を必要としない安心」「やくざ型コミットメント関係」という極端な概念に頼る必要はなく，むしろより適切に日米間の違いと問題の所在を明らかにしてくれる．また，関係流動性をもちいたトロッコ問題に関する日米比較研究が示唆するところでは，基本的な判断ではなく，行動に移す決断がレピュテーションをとおして日本が低いということであり（山本・結城 2019），日本の経営者が常に受け身な経営をして行動に移れない現状をとてもよくとらえているのではないか．

集団レベルの信頼は個人レベルの平均値ではない

社会関係資本の構成要素である信頼は実証研究ではほとんどの場合，個人レベルの信頼を計測し集団レベルの信頼は個人レベルの信頼の平均値を用いている．それは，国別比較や地域別比較の指標として有用であり，私も用いている[14]．

しかし，オストロムによれば，合理的選択論に基づく計算的信頼だけを対象としても，集団レベルでの一般的信頼は個人の一般的信頼の平均値ではない．なぜなら，ミクロレベルの個人の一般的信頼に加え，集団レベルでは構成員の間に生じる外部性が付加されてくるからだ．さらに個人の一般的信頼には計算的信頼だけではなく計算ずくではない道徳的信頼も存在しているが，道徳的信頼は教育や格差などの社会経済状況・歴史文化的要因から，個人の選好を形成し計算的信頼を下支えする．道徳的信頼の提唱者であるエリック・アスレイナーは，一般的信頼はむしろ特定の個人への信頼性とは関係なしに，幼少期の家庭環境や教育によって規定されるとしている（Uslaner 2002, p. 110）．さらに敷衍すれば，山岸も指摘するように，一般的信頼が逆に信頼性を育む（山岸1998, pp. 159, 189）[15]．一般的信頼の米国における低下も合理的選択論（計算的信頼）から離れた，道徳的信頼の低下によるものかもしれない．また，山岸が，信頼が不要な安心社会とした1990年代半ばまでの日本でも，実際には一般的信頼の標準的な質問である，「たいていの人は信頼できると思いますか，それとも，用心するにこしたことはないと思いますか」に3割以上の人々が肯定的に回答していたのは，山岸の理論からすれば計算的信頼から離れた道徳的信頼が存在したからだということであろうか．すでに述べたように，コールマンやハーディンなど合理的選択論者は，合理的意思決定に基づく確率で利得の最大化を図るように信頼を説明し，これを大崎は計算的信頼と呼ぶ（大崎 2016）．一方，政治学では，コールマンやハーディンは想定していない道徳的信頼という概念がある（Uslaner 2002; Mansbridge 1999）．信頼は利得の最大化を図って意思決定されるものではないという主張である．計算的信頼論者と道徳的信頼論者は基本的に真向から対立してきたのだが，第2章で紹介したオストロムの信頼／信頼性のモデルはこの計算的信頼と道徳的信頼の双方を並立させて検討する試みとしてとらえることができよう．計算的信頼だけではなく，道徳的

信頼を認めると，信頼される側の信頼性だけではなく，信頼する側の trust-fulness としての信頼が，集合行為のジレンマの解決により重要になる．

　この信頼する側のもつ信頼（trustfulness）は社会全般に対する信頼である一般的信頼であるが，道徳的信頼だけではなく計算的信頼としての信頼する側を扱っている繰り返しゲームや山岸の信頼の解き放ち理論でもしめされるように，社会関係資本に一般的信頼を含めることが理論構築からみて自然である．

　さらに言えば，集団レベルの信頼が個人レベルの信頼の合計値や平均値ではないからこそ，コミュニティ単位の信頼の水準を社会関係資本の構成要素として捉えることに意義がある．つまり，信頼性というミクロレベルの概念に加えてマクロレベルの世間全般に対する概念も包摂する信頼を含めることでミクロ・マクロ＝リンクの分析も容易になる．

　いずれにせよ，山岸の実証研究と理論が結城らの関係流動性理論を生み，私の社会関係資本の理解を深めた．彼の日本社会にかけた思いは，私を含めた多くの人々に共感をもって受けいれられ，その学徳は，逝去された後も，より深化し，より広範に及んでいる．

5——規範か制度か：規範のもつミクロ・マクロ＝リンク機能

　前節までの山岸の「信頼の解き放ち理論」に関する議論で，やくざ型社会の負の外部性に言及したが，この社会全体への負の外部性をどう抑制するかは，集合行為のジレンマの解決問題であり，まさに碩学たちが社会関係資本という概念を持ち出した理由で，社会関係資本のなかでも規範／制度が必要となる問題である．私の定義では，社会関係資本の一形態として記してあるが，本来，詳細な説明が必要になる概念であるので，ここでは，規範について私見を述べていきたい．すでに第2章で説明したように，オストロムらの定義では，代表的な社会関係資本の構成要素の例として，コールマンやパットナムがあげていた規範ではなく，制度（institutions）をあげている．オストロムとアンはこの制度については以下のように述べている（Ostrom and Ahn 2003, 2009; Ahn and Ostrom 2008）．

第3章　社会関係資本の定義に関する考察　77

「われわれは，Douglass North（1990）の見解，個人が全ての組織・組織間の調整（arrangement）活動を組織するために用いる自分たちの活動 'ゲームのルール'，を採用する」（Ahn and Ostrom 2008, p. 74）.

「制度とは世帯から国際的なレジームにまで及ぶ，多様な組織形態における個人の集団が用いる共通の理解，同意にもとづき課される取り決め（pre-scriptions）である」（ibid., p. 84）（いずれも稲葉仮訳，（　）内は稲葉付記）.

コールマンも「規範とは，行為——自分自身の，他者の，またはその両方——に対する期待であり，どの行為が正しいか，または間違っているかを言い表すものである」（Coleman 1987=2020, 邦訳 p. 29）として，かつ「規範には賞罰，すなわち定められた行為を実行することに対する何らかの報酬（たとえば，特に懸命にプレーしたアスリートへの，チームメイトからの承認と名声），または，禁じられた行為を実行することに対する何らかの罰（たとえば，宗教的な食事規範を無視した仲間への非難・不承認）が伴われる」（ibid., p. 30）としているので，オストロムらの制度は，コールマンの規範に限りなく近い．両者は実質同じと考えることもできるが，私は2つの理由から制度ではなく規範としている．第1に，規範のほうがミクロ・マクロ＝リンクの概念として制度より理解が容易であること，第2に規範の方が，集合行為のジレンマ解決に重要な役割を演じる外部性の理解により密接に関連している，からである．

　第1の理由であるが，規範はそもそも，ミクロ・マクロ＝リンクの状態でなければ，生じない．規範はミクロレベルの個人の行為から生じて，マクロレベルで他者のコンセンサスをえて規範となり，それをミクロレベルの個人へ適用するものであるから，必然的にミクロ・マクロ＝リンク状態で生じる（図3-4）．オストロムのいう制度はこれに限りなく近いが，CPR（比較的小規模な共有資源）の維持管理に関する8つのルール「設計原理」を含めたオストロムの制度の全体像について説明を聞いていない者には，制度といわれると個人レベルではなくマクロレベルを想起させる．社会関係資本は個人レベルでも，コミュニティを含む団体レベル，社会全体のマクロレベルでも存在するマルチレベルな概念だが，規範という概念のほうが，社会関係資本が多層に及ぶ特性を制

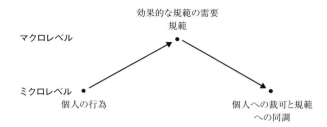

図 3-4　規範の出現におけるミクロ・レベルとマクロ・レベルとの関係
出所：Coleman（1990, p. 245, 図 10-1）に筆者加筆.

度よりわかりやすく示していると考える.

　第 2 に，規範のほうが外部性の分析には，マクロレベルを想起させる制度よりは，個人レベルでの外部性の分析がより容易である．この点は，規範に関するコールマンの説明を援用したい．なお，上で紹介したコールマンの記述は彼が 1987 年に発表したものだが，3 年後に公刊した『社会理論の基礎』では規範について次のように述べている.

　「ここでは，ある特定の行為に関して規範が存在するのは社会的に定められるその行為の制御権を当の行為者が保有しているのではなく，他の人々が保有しているときである，と定めよう．……この事態は，その行為の制御権を他の人々が保有することについて，社会システム（ないしその下位システム）のなかでコンセンサスができていることを意味している」（Coleman 1990, 邦訳，上 p. 374）.

　「法的に定義されるような権利ではないし，権威者が定める公式の規則のもとづく権利でもない．それは，むしろ非公式な権利，つまり社会的に定められる権利である．そのような権利は，法的に定められた権利の隙間に存在することもあれば，規範と法律が対立するときのように，法的に定められた権利と真っ向から対立することもある」「この定義は非常に限定的で，たぶん狭義の定義である」（ibid., p. 375）.

　規範とはなんらかの行為[16]に対して適用され，それを適用される対象とな

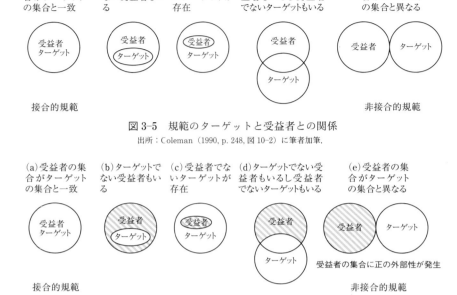

図 3-5　規範のターゲットと受益者との関係
出所：Coleman（1990, p. 248, 図 10-2）に筆者加筆.

図 3-6　規範のターゲットと受益者との関係：稲葉の解釈による外部性の視点を付加
注：斜線部分は規範から正の外部性を得，白い部分は規範から負の外部性を被る．ただし，ケース(a)では集団外に外部性が生じることはあっても集団内部では外部性は生じない．受益者とターゲットの集合が一部重複しているケース(d)は図 3-7 を参照．
出所：Coleman（1990, p. 248, 図 10-2）に筆者加筆.

る集合（ターゲット）と受益者の集合がありうる．規範は対象となる行為を減少させる禁止的規範とその行為を奨励し増やす命令的規範の2種類があり，個人が自分自身に課す規範もあるが，一般的には会社やコミュニティなどの集団・団体の内外で生じる．コールマンは受益者とターゲットとの間の関係を例示している（図 3-5）．まず，受益者集団とターゲット集団とが一致しているケース（図 3-5a）をコールマンは接合型と呼んでおり，両者が分かれている場合（図 3-5e）を非接合型と呼び，両者の中間の形態として，接合型だがターゲットでない受益者もいるケース（図 3-5b），受益者でないターゲットが存在しているケース（図 3-5c），ターゲットでない受益者もいるし受益者でないターゲットもいるケース（図 3-5d）の5つのケースが示されている．

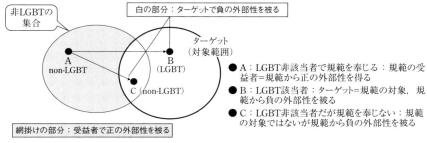

図3-7 受益者集団とターゲットが一部重複するケース
出所：戸川和成作成フォーマットをもとに筆者作成．

　この5つのケースは規範の外部性の整理にも有益である（図3-6）．外部性は行為の当事者以外が影響を受けるのだから，受益者集団とターゲット集団とが一致しているケース（図3-6a）では，集団外への2次的影響を除いて考えれば1次的には外部性は生じない．集団の全員が規範の対象となることを受け入れ，それに従う．潜在的に自分も裁可の対象になる可能性があるので，現在は規範による裁可を受けていなくとも，また裁可を受ければ自分に不利益になる可能性があっても，規範を受け入れている状態である．コールマンはこの形式を接合型と呼んでいるが，この場合は，集団の構成員の間では合意がなされているので，外部性は集団の外に対して生じる．反対に，受益者集団とターゲット集団とが分かれている場合（図3-6e）は規範の外部性は受益者集団に生じる．ちなみにコールマンはこのケースを非接合型とよんでいる．

　たとえば，LGBT（性的少数者）を許さないという規範は，その対象となる集合と規範を課す集合はわかれている（図3-6e）．逆にLGBTを認めるという規範は，対象となる集合と規範を課す集合がおおむね一致している．LGBTを許さないという規範を奉じる集団は，LGBTの人々に自分たちの規範を課す（LGBTを迫害する）ことによって，自分たちの思い込みに過ぎないにせよ社会をより健全な方向に向けたという正の外部性を享受する．逆に，彼らにとっては，LGBTを認める規範を奉じる集団は集団外へ負の外部性を発生させるので好ましくないということになる．

第3章　社会関係資本の定義に関する考察　81

しかし，実際の世界はより複雑である．図3-5と図3-6のなかのケースd
のように，受益者でないターゲットもいるし，ターゲットでない受益者もいる．
図3-7はこのケースdをより詳しくみたものである．LGBTでない人たちで
も，LGBTを迫害する集団（図3-7のAなど規範の受益者で網掛け部分）と
LGBTを支持する人々（図3-7の受益者でターゲットと重なる部分で白色部分に
いるB）に分かれる．この場合，正の外部性はLGBTでない人々でLGBTを
許さないという規範を奉じる者たちだけに生じることになる．ただし，この場
合は，逆に読むことも可能である．つまり，LGBTであるがLGBTを認めな
いとする規範を受け入れ，そうした立場をとることに便益を認める人々も図3-
6のケースdに読みとることも可能である．LGBTのケースではないが，男女
別姓を認めないとする規範を持つ集団のなかで，それに同調する女性議員など
はこの範疇に入るのかもしれない．この場合権力が大きい集団に同調すること
により，より権力に近づくというメリットを得るという意味では正の外部性を
求めているのかもしれない．

　視点を変えて，受益者と規範の対象となる集合が一致している場合も，ター
ゲットでない受益者が存在するケース（図3-6b）や受益者でないターゲット
が存在するケース（図3-6c）がある．たとえば前者の例としてはコロナ禍での
マスク着用の規範は，着用が求められていた当事者だけではなく，在宅ワーカ
ーなど着用が求められていなかった人々にも蔓延の防止措置から安心感と感染
リスクの逓減という正の外部性を生じさせた．また，受益者でないターゲット
が存在するケースとは，インバウンドの日本への外国人観光客などがあげられ
る．この場合は外国人旅行者に日本の地域の規範への遵守をもとめることで，
住民に正の外部性が生じる．

　実際の世界では，適用される規範が禁止的か命令的（奨励的）かによって異
なるし，規範の適用はそもそもターゲット以外の集団に外部性が生じることを
期待しているのだが，外部性には当事者にとっても望ましい正の外部性と望ま
しくない負の外部性の両者があり，場合によっては同じ集団のなかで正の外部
性を受ける者と負の外部性を受ける者が混在するケースもありえよう．上述の
LGBTをめぐる規範も，正の外部性を被る人々もいれば，負の外部性が生じ

る人々もいて，日本という大きな集団をとれば，規範の影響がサブグループの間では正負あり得ようし，個人でも相対立するグループ両方に属して，異なる規範のはざまで悩む人もあり得よう．実際の世界はさらに複雑である．コールマンは規範について正の外部性を強調し「利益を生み出すために努力してもらう必要がある人ばかりにその利益が行かないように強制する力をもった社会規範や制裁を備えている社会構造では，そのような構造内に含まれるすべての人に利益をもたらすことになる」(Coleman 1988=2006, 邦訳 p. 231) と述べている．

この理解でいけば，正の外部性をともなう規範は，集団の構成員全員に，ネットワークを介することなしに，あまねく影響を与え社会を変える魔法の粉のような存在だといえるかもしれない．しかし，現実の世界は複雑であり，規範が対立し，その結果負の外部性と正の外部性が衝突することも起こる．社会関係資本も正の外部性ばかりならよいが問題は負の外部性を生じさせる社会関係資本（ネットワーク，信頼，規範）が存在することだ．次章では社会関係資本の持つ負の外部性を，格差と絡めて検討していきたい．

第4章

社会関係資本のダークサイド

　さて第3章までは，3人の碩学の社会関係資本論を紹介し，それにもとづいて私がどうして独自の社会関係資本の定義にたどり着いたか説明した．私の定義は「外部性」を含めることで，正の外部性と負の外部性を明示的に取り入れることができ，社会関係資本のダークサイドを直接対象にすることができる．また，「心の」とつけることによって，非意識的なバイアスも含めた「目に見えない苦しみ」の元凶にも迫ることができるし，文脈的（contextual）効果つまり地域特性等の違いを反映することもできる．くわえて，「心の」と付加することで，外部性に対する人々の認知は，その時どきの社会の価値観により変化する状況も扱うことができる．

　以下では，この「心の外部性」をより詳細に分析するために，経済学の凸性と非凸性という概念を導入して，正の外部性を凸性，負の外部性を非凸性に結びつけて説明する．初めに，多少唐突に見えるかもしれないが，環境問題の負の外部性を，大企業と個人企業が対峙するケースでの理不尽から始めたい．

1──社会関係資本の負の外部性にたいする弱者泣き寝入り仮説

　すでに本書の序章で，「外部経済（不経済）とは，当該事案へ直接または間接にその決定をした人々やグループとは完全に合意していない人々に便益（被害）を生じさせる事案である」（Meade 1973，稲葉仮訳）というジェイムズ・ミードの定義を紹介し，これを本書の外部性の定義とした．ミードはノーベル経済学賞を受賞した高名な国際経済学者であるが，彼の定義は経済だけでなく社会全般における様々な行為に適応できるものである．ただし，経済学では社

会全般ではなく市場活動に焦点をあてたより狭い定義がなされている．たとえば，外部性を扱った古典的な論文としてティボール・シストフスキーの「外部経済の2つの概念」では生産関数や消費関数における説明変数に当事者以外の外部の主体がコントロールしている状態をさして技術的外部性とよんでおり，これが経済学では一般的な外部性の定義として知られている（Scitovsky 1954）．「外部性とは他の経済主体に影響を与えるある消費・生産活動が，市場価格の形成に反映されていないことを言う」（林 2013, p. 407）という定義がより分かりやすいかもしれない．より平易なことばでいえば，経済行為の当事者以外の第三者が影響をうけてしまうケースを外部性といい，良い影響の場合を外部経済ないしは正の外部性，悪い影響の場合は外部不経済ないし負の外部性とよんでいる．いずれにしても経済活動に関連してみれば，市場メカニズムが成立しないか，うまく機能しない場合に外部性が発生していることが多い．外部性に関連して市場が成立しないケースとしては，①財産権の定義・行使が難しい，②取引費用を含む市場運営のコストが高すぎる，③買い手と売り手の数が少なすぎて，市場が成立しない，④適切な情報が得られない，⑤スタートアップコストが高すぎて，短期的には採算をとることが難しい，⑥フリーライダーの排除や消費の競合性がない純公共財，排除性か競合性のどちらかが欠けるが準公共財（共有資源やクラブ財）などのケースがあげられる（Cornes and Sandler 1996, pp. 41-42）．以下，少し長くなるが，経済学からみた，簡易な静態的部分均衡の外部性分析について概説し，そこから得られた結果を社会活動へ拡張して考察し，外部性を含めた場合に社会関係資本がどのような特性を担うのか検討したい．なお，外部性についても多数の論考が発表されており，私はそれらすべてに精通しているわけではない．したがって，本章の外部性に関する考察は基本的にリチャード・コーンズとトッド・サンドラー『外部性，公共財，およびクラブの理論』と林貴志『ミクロ経済学 増補版』に依拠している（Cornes and Sandler 1996; 林 2013）．

2——凸性と非凸性

コーンズらによれば市場が成立しない理由の多くに該当するのが，非凸性

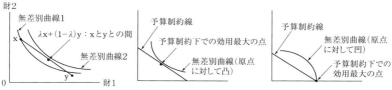

図 4-1 凸性と安定解／非凸性と端点解
出所：林（2013, p. 38, 図 3-7）を参考に筆者作成.

(nonconvexity）が生じるケースである（Cornes and Sadler 1996）．19 世紀後半にまでさかのぼる古い話で誠に恐縮だが，経済学は限界概念の導入で大発展を遂げた．消費者は予算制約の下で自らの効用を最大化し，その点を集めて需要曲線が導出され，一方，企業は技術制約の下で，利益を最大化し，その点を集めて供給曲線が導出される．需要と供給の均衡点で消費者が自らの効用を，企業は利益を，それぞれの予算制約と技術制約の下で最大化し，かつその均衡点は市場の参加者の効用と利益を最大化し，そのバランスを崩すと市場参加者の効用や利益が減少するという点，提唱者の名をとってパレート最適な点が実現する．この消費者と企業，それぞれにとっての最適点は凸性（convexity, 2 つの同等に望ましい選択肢が存在する場合は，両方の中間のほうが，より望ましいとする）[1] があると得やすい．これは 2 つの同等に好ましい選択肢があった場合，不確実性がある場合は不確実性を回避する行動を意味し，「間（あいだ）をとることがのぞましい」（林 2013, p. 37 （ ）内は稲葉付記）という価値判断をあらわしている．投資行動で分散投資を進めるのはこの凸性を前提にしているともいえよう．また，時点間をまたいだ消費行動でも，今年と 10 年後に大型消費をするよりも，その間をとって毎年分散して消費を行う方が効用が高くなり短期的変動を抑えることができるという考え方である[2]．

ここで無差別曲線だけ考えると，図 4-1 にしめされるように，無差別曲線 1 上に x と y の 2 点があるとき，凸性を前提にすると x と y の中間点 $\lambda x + (1-\lambda)y$（ここで λ は 0 から 1 の間の任意の値，ただし 0 と 1 は含まない）のほうがより望ましい，つまり中間点のほうがより高い効用がえられるので無差別曲線 2 の上にある．換言すれば，凸性を前提とすると，この場合は無差別曲線は原

点にたいして凸になる.

　消費者の最適点は，2次元では無差別曲線（同じ水準の効用をもたらす2財の組み合わせ）と予算制約線の接点で得られる．無差別曲線が原点に対して凸であると凸性（2点の間のほうがより好まれる．つまりの2点の間の組み合わせの方がより高い効用が得られる）がえられ消費者にとっての最適点がえられる（図4-1B）．しかし，たとえば無差別曲線が原点に対して凹であると，2財のうち1財だけで効用が最大化される，いわゆるコーナーソリューション（端点解）が生じる（図4-1c）．換言すれば，凸性には，穏健な価値判断が含まれているが，非凸性にはより極端な判断が含まれている．無差別曲線が凸性をもっていれば，無差別曲線が予算制約線と接する点で効用が最大となる．なお，その点は無差別曲線の接線の傾き（限界代替率）が2財の価格比である予算制約線の傾きと一致する．

　消費者と同様に供給側の企業は，所与の技術と資源を用いてX財とY財の組み合わせである生産可能性曲線が描け，限界技術代替線との接点（限界変形率）で利益が最大となる．2財のケースで図をえがくと図4-2のようになる．

　このモデルで消費者は1人に代表され，その消費者が企業を所有しているとすれば，消費者と企業両者の効用最大化，利益最大化について図4-2のように表すことができる．これを代表的個人モデルとよぶが，企業と消費者両者が効用と利益を最大にする点は無差別曲線の接線の傾き（限界代替率）と企業の生産可能性フロンティアの接線の傾きである限界変形率が一致する点で，その点に予算制約線の傾き，つまり2つの財の価格比とも一致する（図4-1）．このような均衡点がえられるのも凸性を仮定しているからにほかならない．逆に，凸性が保証されない世界では，ミクロ経済学で描いた需給均衡，さらに均衡点におけるパレート最適が保証されないことになる．基本的に外部性のある世界はこの凸性が部分的にせよ成立していない非凸性（nonconvexity）を持つことが多い．以下では，公害に関する経済学からの知見を社会関係資本の負の影響に応用して検討したいが，その前に，経済学からみた非凸性が起こす問題を代表的な負の外部性である公害に関する具体的な静学的モデルを使って，多少長くなるが，敷衍したい．

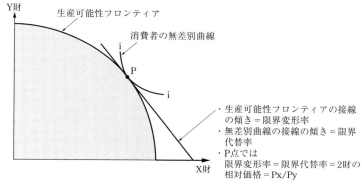

図4-2　代表的個人モデル：消費者と生産者の最適点
出所：林（2013, pp. 234-238）より筆者作成．

ケース1　公害被害者泣き寝入りケース

　図4-3は，石炭火力発電所からのばいじん被害を被る洗濯店の生産可能性フロンティアをあらわしている．X軸はばいじん量をとってあるが，ばいじんは電力会社が石炭火力発電所で発電する際に排出されるので，発電量1単位に対しばいじん1単位を生むと仮定すれば，X軸は発電量（ばいじん発生量）とも読める．また，Y軸に洗濯サービスの供給量をとっており，洗濯店にとっては発電所からのばいじん量は洗濯サービスの提供量に負の影響を与える．ばいじんの排出量がCの水準に達するとき，洗濯サービスの生産量（Y）がゼロになるため，その水準を超えると洗濯店は操業をやめてしまう．したがって，X軸のCを超えて発電つまり公害の排出をされると洗濯店の生産量はゼロであるので，生産可能性フロンティアのかたちは正確には電力（ばいじん）の生産量が原点からCまでは，生産可能集合の上限である生産可能性フロンティア曲線ACの上にあるが，電力（ばいじん）の生産量がCを超えると発電量の上限NまではX軸上に移り，曲線AC＋X軸上のCNという形態をとる．通常の生産可能曲線なら曲線ACで終わってしまい，凸性を持つのだが，CNというおまけがついているので2財の間をとることが選好されない．その結果，コーナーソリューションに陥ってしまう．

　たとえば，生産可能性曲線は供給側の企業の話だが，消費者側の選好である無差別曲線をも織り込み，無差別曲線がPで生産可能性フロンティアと接す

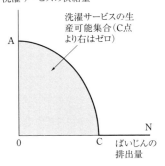

図4-3 公害被害者泣き寝入りのケース
出所：Cornes and Sandler（1996, p. 47, 図3-2）より筆者作成.

るとすれば，Pがパレート最適でそこで生産すればよいようにみえる．しかし，このケースでは生産可能性曲線におまけCNがついている，つまり非凸性があるため，そうはならない．なぜならば，電力会社からみれば，発電量をCより増やせば洗濯店を廃業に追い込むことができ，公害の被害者が存在しなくなり公害などなかったことになるから，Cを超えて発電するインセンティブがある．つまり，生産可能性曲線上ではなくおまけのCNの部分で洗濯店の生産はゼロ，電力の生産量はCN上のどこかという決着になる．これは公害被害者が泣き寝入りするケースである．

ケース2 ばいじん排出許可証を洗濯店が電力会社へ販売するケース

電力会社が力ずくで洗濯店を廃業へ追い込むのではなく，政府が介入して洗濯店は煙害を補償してもらうためにばいじん排出許可証を電力会社に売ることが許されたらP点の操業は実現するのであろうか．残念ながら，そうなってもPでの操業は実現しない可能性が高い．この場合は，図4-4に注記しているように洗濯店は洗濯サービスからの収入に排出許可証販売からの収入のダブルインカムとなるが，P点における洗濯サービスからの利益をこえる許可証販売利益が得られる場合は，操業を止めて許可証販売に注力するかもしれない．図4-4では洗濯店は洗濯サービス1単位で利益1単位をえて，また，ばいじん排出量1単位が電力生産量1単位に対応し，排出量1単位あたり排出許可証を

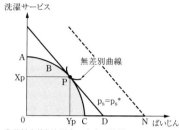

洗濯店がばいじん排出許可証を販売
s:ばいじんの排出量, p_S:洗濯店が販売するばいじん排出許可証の価格. 縦軸に洗濯サービスの供給量.
洗濯店の利益　$\Pi_0 = (p_0 y_0 - w l_0) + p_S s$
電力会社の利益　$\Pi_1 = (p_1 y_1 - w l_1) - p_S s$

y_0, y_1, l_0, l_1は洗濯と電気の販売量と投下された労働量.
p_0, p_1, wは洗濯サービス, 電気, 労働の価格 l_0を所与, 洗濯$y1$単位が利益1単位と仮定. 洗濯店はばいじんの量だけ補償され$p_S S$の収入をえる.
P点で最適とすると, 洗濯店はばいじん1単位にたいしてP*sを受け取り0Yのばいじんを容認し, 0Xの洗濯を行うようにみえる. しかし, 洗濯店はこのばいじんの価格では操業を止めても0Dの水準を超えて排出許可証を売れば, 操業するよりも利益がでる. 公害がゼロの場合の洗濯収入を上回る排出許可証販売収入が0Dの右側で得られるので, 洗濯をやめてできるだけ許可証を販売しようとする. その結果, 確かに洗濯店への補償はなされても, 公害はそのままで, 洗濯店は公害を容認して廃業してしまう (Corems and Sandler 1996, p.47).

図 4-4　ばいじん排出許可証を被害者である洗濯店が電力会社へ販売するケース
出所：Cornes and Sandler（1996, p. 47, 図 3-2）より筆者作成.

価格 P_S^* で販売と仮定すると, 許可証の価格は1以上でなければ洗濯店は公害の排出を認めるインセンティブがないので, $P_S > 1$ である. 限界変形率は最適点では洗濯からの利益1と許可証の価格 P_S の比であるから洗濯店の許可証販売からの利益は図で示している 0Y・排出許可証価格 P_S^*, つまり 0D である. 洗濯店は公害がなければ 0A の利益をえていたので, P点では洗濯からの利益は 0X に減少するが, ばいじん排出許可証を P_S^* で販売するので, 販売費用をゼロとすれば $P_S^* \cdot 0Y$ の利益を得て, 合計では洗濯からの利益 0X とばいじん排出許可証からの利益をえて, 公害がなかった場合の利益額を上回る利益を得る. それどころか, 洗濯店は発電量（石炭火力のばいじん）がCを超えればもともと操業を止めることになっていたわけであるから, たとえばCを超えて許可証の販売が認められていれば, 最大量の公害を許容して許可証収入を増やし, 洗濯店を閉じてしまうほうが洗濯店の利益最大化になる. この場合は, 洗濯店への補償はおそらく過剰になされたかもしれない. それどころか, 許可証の本来の目的である公害発生量の抑制は達成されず, 発電所が排出できる最大量のばいじんがばらまかれることになってしまうかもしれない. 生産可能性フ

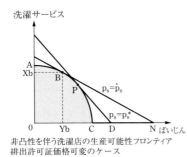

洗濯店がばいじん排出許可証の価格を変動させる
s：ばいじんの排出量，P_S：洗濯店が販売するばいじん排出許可証の価格．縦軸に洗濯サービスの供給量．
洗濯店の利益　$\Pi_0 = (p_0y_0 - wl_0) + p_S s$ （1）
電力会社の利益　$\Pi_1 = (p_1y_1 - wl_1) - p_S s$ （2）

y_0, y_1, l_0, l_1は洗濯と電気の販売量と投下された労働量．
p_0, p_1, wは洗濯サービス，電気，労働の価格

l_0を所与．洗濯y1単位が利益1単位と仮定．洗濯店はばいじんの量だけ補償され$p_S s$の収入をえる．

許可証の価格がゼロならば，洗濯店は許可証を発行しないでAで生産．許可証が有料となると最適となるB点まで操業するが，B点に達すると洗濯業による利益がどのような操業水準でも排出許可証の利益より下回るので一気に排出量の上限のN点に移行して，排出許可証の販売に特化して洗濯業は廃業してしまう．結局，最適価格での均衡点は実現しない．

図 4-5　ばいじん排出許可証の価格が可変であるケース
出所：Cornes and Sandler（1996, p. 47, 図 3-2）より筆者作成．

ロンティアがAPCという凸性だけで貫徹しておらず非凸性をもたらすCNが付随しているので，この場合もCN上の点，つまり2財（この場合は洗濯サービスと電力（公害））のうち1財だけが選択される可能性が高い．公害抑制政策が逆に過剰補償による公害の蔓延を招く．

ケース3　ばいじん排出許可証の価格を可変としたケース

さて，ケース2で記述されているP点であるが，これは消費者の選好をあらわす無差別曲線をも加味したパレート最適点だが，実際にはこの点に達するはるか以前の洗濯サービス量で洗濯店は排出許可証からの利益に特化し本業の洗濯業から退出してしまう蓋然性がたかい．図4-5に示されるように，排出許可証の価格を可変として価格設定をばいじん市場に任せると，洗濯店の利益最大化は公害がなかった，したがって排出許可証からの利益がゼロであったときの洗濯からの利益とばいじん排出許可証からの利益との比較で決まる．公害の排出量が低い状態での許可証の価値は洗濯店の消費者としての選好を加味した排出許可証価格P_S^*よりも低い．しかし，洗濯店は公害の水準がCに達した点で廃業してしまうが，Cを超えて排出許可証を販売できるのなら，P点での均衡価格P_S^*に達する以前，図4-5ではB点に達すれば，公害がない場合の

洗濯からの利益を許可証販売からの利益が上回り，洗濯業を廃業して排出許可証の販売に特化してしまう蓋然性が高い．非凸性があると最適点での解（実際には実現しないのだが）に達する以前にコーナーソリューションにとんでしまう可能性がある．さらにこのケースが示唆するのは，消費者の選好を加味した限界代替率＝限界変形率の点よりも生産量が低い点（限界代替率＞限界変形率の点）で廃業が生じてしまう．つまり，消費者の選好などははなから無視した点で洗濯サービスの供給量と排出許可証の価格が決まってしまう可能性が高いということだ．

大気汚染などの公害のように負の外部性のある場合は，経済学の教科書では，①政府による割り当て，②課税（ピグーが考えたのでピグー税といわれる），③外部性の内部化（権利の付与・売買）などを対応策として挙げている（小塩 2016; 林 2013; Stiglitz and Walsh 2002）．

理論的にはその通りなのだが，②のピグー課税や③排出権などの公害から守る権利や公害を出す権利の売買は理論上の最適点の実証は困難であるので，理論的適正水準をこえて過剰に補償をえて廃業し，どちらも公害は一向に抑制されないという結果を招きかねない．被害者の泣き寝入り同様，排出権の付与も結局極端な結果を招来しかねない．

ケース４　セットアップコストが高いケース：集合行為のジレンマ

ここまでは負の外部性の属性としての非凸性を扱ってきたが，非凸性が生じるケースは他にも多数ある．たとえば図 4-6 はセットアップのための固定費が高すぎて操業ができないケースを示している．図 4-6 は縦軸に当該財の生産量 Y，横軸にその生産のために必要となる財 X の投入量をとって生産可能性集合を描いたものである．この場合，生産可能性フロンティアは生産量がゼロの 0A の部分を含めた生産可能性集合の外縁（原点 0 から A，さらに P）になるので，公害の場合と同様，非凸性を示している．図にはさらに，生産される財 Y とその生産に投入される財 X との間の消費者の無差別曲線も描いてある．図の P 点は限界代替率＝限界変形率のパレート最適点で生産者からみても消費者からみても望ましい．しかし，これは実現しない．最適点の接線 PB の傾きは生産される財 Y と生産に投入される財 X との相対価格を示しているが，

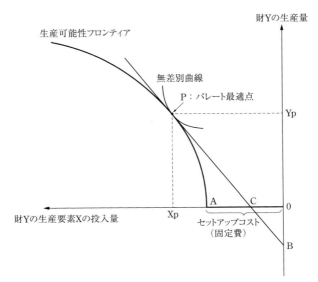

図 4-6　セットアップコストが高いケース：集合行為のジレンマ
出所：Cornes and Sandler（1996, p. 47, 図 3-1）を参考に筆者作成.

傾きが 1 以上になっている．この相対価格は最適点 P の生産量 Yp の価値が，それに要した生産要素投入の価値（図では Xp）に換算して 0C 分不足，生産される財に換算すれば 0B 分不足している[3]．つまり，この相対価格では Yp の生産をするためには，生産者は生産される財に換算して 0B 分の損失を被ることになる．これは固定費が高すぎてそれを賄う生産量が得られなければパレート最適が実現しないケースで，大規模な装置産業であったかつての電力業や通信業が該当する．この場合は，政府が価格決定に介入して固定費負担を軽減する施策をほとんど世界中で実施してきた．

　結論の先取りになるが，このケースを公害のケースのあとに紹介するのは，固定費が高いケースという集合行為のジレンマ，特に 2 次的フリーライダー問題についても援用できるのではないかと考えるからだ．平和な生活をしてきたネズミたちのコミュニティに，ある日突然狂暴な猫が侵入してきたケースを例にとろう．ネズミたちが会議を開き，長老が猫の首に鈴をつけたらよかろうという．ネズミたちは皆，それはよいアイディアだといったが一体だれが猫の首

に鈴をつけるのだと悩む．自分がやらなくとも，誰かほかのネズミがやってくれればよいのではと思うので，だれも自分からやるという者はいない．下手をすれば，命を落とすということで代償が高すぎる．これが集合行為のジレンマの2次的フリーライダー問題であるが，私は，ネズミたちが置かれた状況は図4-6に表現されたケースに酷似していると考える．個人から見ると解決のためのコストが高すぎるのだが，これはギャレット・ハーディンやエリノア・オストロムをはじめとしてコモンズの悲劇を扱う論者たちがつとに指摘してきたところである（Hardin 1968; Ostrom 1990）．つまり，集合行為のジレンマは社会的には最適解が分かっているのに，それを現実のものとするには個人的には犠牲が大きすぎる状況である．ここでのポイントは最適解はアイディア関係者だれしもが理解しているのに，個人的にはその最適点に向けて行動を起こすインセンティブが欠けていることで，図4-6のケースは，ほうっておけば供給側の企業が過小供給，過大な利益を得ようとする自然独占のケースであるが，これを防ぐために政府が料金設定に介入していた[4].

外部性を通常の社会活動を含めた定義に拡張した場合の含意：社会関係資本の負の外部性にたいする弱者泣き寝入り仮説

さて，以上は外部性を経済活動だけに限って考察したものだが，外部性の定義をさらに，社会活動も含めて考えた場合は上記の考察はどのような含意を持つのだろうか．猫の首に鈴をつけようとするネズミたちの寓話の一般的教訓は，いくら良いアイディアでも実行が不能なら意味がないということと理解できるが，社会関係資本の観点からこの寓話を解釈すれば，話し合いによって最適解を実現する（非凸性を凸性に戻す）努力を示唆していると解釈できるのではないか．ネズミたちが話し合って衆知を結集し，猫の行動を分析し，最もリスクが小さいチャンス（たとえばネコが熟睡しているとき）や，猫がよろこんで自分から鈴を首に巻いてしまう（たとえば鈴の輪にマタタビをつけておく）など協力してこの集合行為のジレンマを克服する．つまり相手の立場を尊重した話し合いができる環境があれば，ネズミたちが互いに信頼しあい，お互いさまの互酬性の規範を発揮すれば，社会関係資本の正の外部性が実現し，集合行為のジレンマが解決するかもしれない．

寓話から離れて，より一般的に論じよう．外部性に関連して市場が成立しないケースとして，①財産権の定義・行使が難しい（空気など純粋公共財などのケース），②取引費用を含む市場運営のコストが高すぎる，③買い手と売り手の数が少なすぎて，市場が成立しない，④適切な情報が得られない（情報の非対称性），⑤スタートアップコストが高すぎて，短期的には採算をとることが難しい（自然独占など），⑥準公共財を含めた公共財など，のケースをあげたが，社会活動の場合はほとんど上記の6つのいずれかに該当するのではないか．そもそも市場メカニズムが適用できないケースがほとんどである．つまり，通常の社会活動は，もちろん合理的選択論が対象とする行為のように市場に準拠して行われる社会活動もあろうが，ほとんどの行為は外部性を生むと考えられる．

　洗濯店（公害被害者）の生産可能性フロンティアが非凸性をもつケースの静学的部分均衡を検討したが，この分析は，本書の冒頭に紹介したピエール・ブルデューの『世界の悲惨』日本語訳（第1分冊）の帯にある「社会は，表立って表現されることのない苦しみであふれている」状況の説明にも援用できる．
　パワハラ[5]，モラハラ，セクハラ，いじめなどのさまざまなハラスメント，一見取るに足らないこまごまとした不正，意図せずに場合によっては潜在意識に潜む偏見や差別によって相手をきずつける多様なマイクロアグレッション[6]や不適切なステレオタイプ[7]，本人が気づかないうちに陥る社会的孤立・孤独，さらには貧困などはいずれも「表立って表現されることのない苦しみ」である．
　社会関係資本では個人レベルだけでなくマクロレベル，その中間のメゾ（組織やコミュニティの単位）レベルとマルチレベルでの分析を行い，メゾレベル，特にコミュニティや個人がおかれている状況をさして文脈（context）レベルというが，上述の望ましくない状況は，特定の個人間で第三者への影響がないケースもあろうが，ほとんどは特定の文脈，換言すれば過去から現在までの経緯を反映した社会関係資本のなかで生じる．
　ハラスメントは従来から存在する社会関係資本のなかで生じるから，より一層当事者を傷つける．こまごまとした不正も職場などの特定のネットワークのなかに身を置いている者がそのネットワークを舞台に行うことが多く，だから

こそ，行為の当事者は不正を行っているという自覚さえない．本書の序章の違和感の１つ「裏金づくり」に関与した国会議員たちの「修正すればよいのだろう」はその典型であろう．潜在意識に潜む偏見や差別さらには自己欺瞞はまさに社会がなければ存在しないので，それが無自覚なうちに表出するマイクロアグレッションもすぐれて社会的現象でその背景には社会関係資本がある[8]．当事者の自覚がないままに陥る社会的孤立・孤独も，本人のおかれた社会に問題があることが多く，その意味では社会関係資本が関連しており，個人の問題としてあつかうだけでは改善しないことが多い．

　いずれにせよ，ハラスメント，些細な不正，潜在意識に潜む偏見や差別によって相手を傷つけるマイクロアグレッション，本人でさえ気づかないで陥る社会的孤立・孤独，は上述の市場が成立しないケースのなかで，①権利の定義・行使が難しい，②取引費用を含む市場運営のコストが高すぎる，に該当するもので，それに抗するには，争う権利の所在も不明確で，争う場も被害者からはよくわからない，またそれらが明確でも，仕返しも含めコストが高いか，あるいは社会的には些細な事柄として処理されるので被害者としては逆に被害を主張しにくい類の事案であり，まさに「表立って表現しにくい苦しみ」である．

　また，洗濯店と電力会社の事案のように，被害者が加害者と比し社会的弱者であるケースが多い．大気汚染などの公害については，補償をすることが法的にも確立しつつあるが，社会的弱者が被るささいな苦しみにはそのような補償制度などないことが普通である．必然的に，上記の公害のケース１のように被害者が泣き寝入りすることになり，被害者が当該事案が生じた文脈から退場（学校から退学・転校，会社から退職・転職，最悪の場合は自殺）して事案そのものが存在しなかったとして処理される．

　なお，上記の公害のケース２と３はより悪質ないじめのケースに援用できる．公害のケースでは公害を排出する側が被害者であり洗濯店からばいじん排出許可証を買うように設定したが，結果的には被害者である洗濯店は許可証の販売に特化し，洗濯店をたたんでしまうという結論であった．この設定を洗濯店と電力会社の立場を逆にして，もともと電力会社にばいじんの排出権があり洗濯店が電力会社からばいじん排出権を買って，ばいじんを減らしてもらうとしても結論は変わらない[9]．いじめの場合は被害者が加害者へ金銭を与えていじめ

をやめてもらうというかたちにしても，加害者側は過大ないじめをすることで
より多くの報酬をえられるから，図4-3のN点までやれる限りのいじめをし
てしまうインセンティブが存在し，その結果，いじめの被害者はいじめの現場
から何らかの形で逃げるほかなくなる．

　いずれの場合も，均衡点など存在せずに被害者の退出という極端な形で決着
がつく蓋然性が高い．まさに「表立って表現されることのない苦しみ」として
葬り去られ，その結果「苦しみがあふれる」．さらにその過程が繰り返される
負の循環メカニズムが今日の社会にはビルトインされている．私はこのメカニ
ズムを我々庶民がもつ「日本の違和感」の原因の1つと考える．

　経済学の外部性の議論を一般の社会活動に援用して検討した．その際に用い
た凸性とは，ようするに2つの同等に望ましい選択肢がある場合に両者の間を
とることがさらに望ましいということであるから，大変穏やかな選好を前提に
している．逆に非凸性（図4-3〜4-5で言えばX軸上のCNの部分と図4-6の0A
の部分）があると均衡点が得られなくなる，つまり凸性を失うとその穏やかな
選択肢が放棄され極端に走るということを意味している．残念ながら，外部性，
特に負の外部性は非凸性を伴いやすい．社会関係資本に鑑みれば，社会関係資
本のなかの規範が凸性を維持できる形で，いわば選択肢の中間をとることの方
が望ましいとする社会の理性を維持するように機能できるかにかかっている．
しかし，残念なことに社会関係資本の規範が負の外部性，つまり凸性を否定す
るようなものであることも多い．言い換えれば，社会関係資本の規範について
は，経済学で言えば凸性の維持に資するような規範と非凸性をもたらす規範と
に分けて考える必要がある．普通のことばでいえば，我々が生活している実社
会では，協調が難しくする規範と，協調がより好ましいとする規範，好ましい
社会関係資本の規範と好ましくない規範がせめぎ合っている．

3──社会関係資本の負の外部性，悪用，格差

　まことに残念なことに，社会関係資本の根幹を形成するネットワークそのも
のが負の外部性の発生源となるケースは多数存在する．特に，企業や役所など
ヒエラルキーが明確な組織の社会関係資本には社会関係資本を悪用するケース

が多く注意する必要がある.

　従来の社会関係資本の影響を扱った論考の大部分は正の外部性を扱っていた.しかし,実際には負の外部性を持つケースも多く,特に問題なのは,社会関係資本は同じネットワークでも正・負の両面を持つケースが多いこと,つまり社会関係資本が二面性を持つことだ[10].

　ある特定のグループのメンバーになると,そのグループに出入りしているだけで,特定の行為をすることなしに有用な情報などが手に入るようになることがある.これはメンバー間では協調的な外部性が発生しているということだが,社会からみればそれが好ましい外部性とは限らない場合がある.むしろ,その社会関係資本が持つ外部性そのものがネガティブな効果を持つケースもある.過去の実証研究によれば,結束型社会関係資本は結束を強化する外部性を持つ傾向があるが,裏を返せば,ネットワークの規範に服さない者は村八分にされる可能性があることが指摘されている.また,社会関係資本の「持ちつ持たれつ」「おたがいさま」といった互酬性の規範があまりに強すぎると,かえって社会の寛容度を低下させる側面がある.このほか,特に結束型社会関係資本の場合は「しがらみ」の弊害がある.この「しがらみ」は以下で詳説するが,結束型社会関係資本と一体で,しかも広範にみられる.

　橋渡し型社会関係資本は,結束型社会関係資本よりも「しがらみ」の影響は少ない.しかしその一方,橋渡し型社会関係資本は,情報の伝播や評判の流布において強い外部性を持つとされているが,インターネット上での根拠のない噂の流布のように,場合によっては悪用される可能性がある.目的や価値観を共有すれば誰でもバックグラウンドを問わずにそのグループに参加できるということは,退出も容易な場合が多く,「おたがいさま」とか「持ちつ持たれつ」といった互酬性の規範が通用しないことが多く,メンバー間の協調性を欠くことが多くある.

　さらに社会関係資本自体が偏在していると,格差拡大を助長することも考えられる.加えて,社会関係資本は他人の犠牲の上に,地位や権益といった資源に近づく手段として利用しうる.さらに悪いことに,権力を持っているグループが,他のより弱いグループの社会関係資本を制限したり,阻害したりすることもできる(Field 2003).

要するに，社会関係資本はメリットも多いが双刃の剣でもある．犯罪を社会関係資本で抑制することはできるが，逆に犯罪を助長することもある．不祥事の温床になるケースもあるだろう．不平等さえも助長しかねない．社会関係資本の有用性をより高めるためには，そのダークサイドの理解も必要になる．

社会関係資本のダークサイドについての6つの切り口

本節では社会関係資本の定義に立ち返って，そのダークサイドを扱う6つの基本的な切り口の提供を試みる．6つの切り口とは，①すべてのクラブ財としての社会関係資本が潜在的にその組織に加わっていない者に対し負の外部性を持つこと，②多少奇異に響くかもしれないがクラブ財が組織のメンバーにも負の外部性を持ちうること，③外部性を市場へ私的利益のために内部化（社会関係資本の悪用）すると社会全体が悪影響を被ること，その結果④社会全般への信頼など公共財としての社会関係資本が，クラブ財・私的財としての社会関係資本の負の外部性により裏されること，⑤社会関係資本の偏在（格差）による規範の適用の不公平，その結果⑥社会全体に生じる経済社会格差の一層の拡大，腐敗の亢進，一般的信頼の低下をもたらす不平等の罠，である．

【①　すべてのクラブ財としての社会関係資本が潜在的に負の外部性を持つ】

何らかのグループや組織を形成することによって生じるクラブ財としての社会関係資本，たとえば自治会や，ボランティアグループなど社会的に正当な目的を持ち公益に資すると評価される組織の中で形成される社会関係資本でも，基本的にそのグループに参加していない者を排除するものであるから，たとえ意識されていなくても，潜在的に負の外部性を持つ．換言すれば，学校や会社でのいじめのように，グループは，メンバー以外の他者を排除する組織に変質する可能性が常にあり，その意味で潜在的に負の外部性を生じさせる力を常に持っている．これは，結束型の閉じた組織だけではなく，外部に開かれた橋渡し型のネットワークでも，政府のお友達人事のように目的に応じて閉じた組織に変更することは常に可能であり，その際に他者を排除する過程が負の外部性を発生させることになる．高官が自分の身内を自らが裁量権をもつ公的役職につけるのは，本来外部に開かれた公募でおこなう人事を突然閉じた組織に変更

して，身内以外に門戸を閉ざすもので，社会全般に負の外部性を生じさせる．これは社会関係資本の濫用・悪用の例である．

【②　クラブ財としての社会関係資本がそのメンバーにも負の外部性を与える】

　上記はクラブ財がメンバー外に負の外部性を持つ可能性を論じたものだが，クラブ財がメンバー自身へ負の外部性を持つ場合もある．ある組織のメンバーに対する「組織からの外部性」は概念上矛盾しているように思われるかもしれないが，企業や役所などヒエラルキーが明確な組織でかつ当事者が組織からの離脱に社会経済的事情から困難を感じるケースで生じるもので，大企業や中央官庁など大組織では常にみられる．たとえば何らかの違法行為の当事者となってしまったり，あるいは当事者ではなくとも違法行為を認知した者は，組織のメンバーでありながら組織からの負の外部性をうける．私はこれをしがらみが持つ負の外部性としている．いわゆる「しがらみ」が持つ負の外部性とは，それが悪いことであることを知り，かつ個人的には不本意であっても，つまり個人的には参加者に負の外部性を生じていてもそのネットワークにとどまらざるをえないケースである．

　2020 東京五輪・パラリンピック贈収賄事件に関し贈賄側の KADOKAWA の第三者委員会（ガバナンス検討委員会）による 2023 年 1 月 23 日付調査報告書を読むと，収賄側の高橋治之理事からの時代劇の悪代官を彷彿とさせるようなあまりに露骨な要求に驚く（KADOKAWA ガバナンス検証委員会 2023, pp. 77–78）．さすがに社長までが違和感を感じ，事前に同社の知財法務部から贈賄にあたる可能性を再三にわたり指摘されながら，つまり，コンプライアンスの仕組みは機能したのに，角川歴彦会長が承認したといわれると，社長を含めだれも贈賄資金の支払いを止められなかった．同報告書には従業員の発言として「トップがコンプライアンスを強く意識していないといけないと思う．どれだけ現場が研修をうけても，上がコンプライアンス違反を指示してしまったら一社員にはそうそう覆せない」（ibid., p. 79）と記載されている．組織に問題が生じた場合の個人としては，意見を述べて対応を求める（voice）かやめるか（exit）の 2 つが考えられるが，現実には沈黙（silence）し自分の意にそぐわなくとも組織の指示に従うという対応もありうる．しかし，当事者となってしま

った社員だけではなく，直接贈賄にかかわらなかった社員も強い負の外部性を被ったことは間違いない．

　従来私はこの「しがらみ」の例としてパリで横行していたロマの窃盗団のメンバーが個人的には本意ではなく，負の外部性が生じていても窃盗を働かざるを得ないといった反社会的ネットワークに生来置かれているケースを紹介していたのだが，通常は健全なネットワークが，ある特定の事柄については負の外部性を生じさせる場合のほうが圧倒的に多数ではないかと思うようになった．KADOKAWA の社員だけではなく，末端の真面目な職員に公文書の改竄を強要し自殺に追い込んだ財務省や，担当部署の人員を大幅削減されしかも十分な台数の試験車両が用意されないなかで時間的なプレッシャーを与えられ認証試験の不正が発生したダイハツ工業のケース（ダイハツ工業株式会社第三者委員会 2023, pp. 100-117），どれも不本意ながら談合，汚職，不正に関わってしまった担当者は後者の事例である．

　繰り返しになるが，談合や事案にかかわった担当者は，個人的には不本意であってもその組織の一員という社会的ネットワークに参加した以上，個人的に負の外部性が生じていても不正に参加せざるを得ない．しかも，この場合は当該ネットワークの外にいる個人（国民）にも外部不経済が生じるが，その悪影響は不正等が露呈しない狼り目に見えない．さらに，たとえ露見しても，現場の責任とされ，コンプライアンスを踏みにじった経営者と政治家をはじめとする原因を作った本当の当事者まで責任を追及することが難しい．

　また，これらの事案のように深刻なものではなくとも，インサイダーから見た場合に逸脱的な言動を示すアウトサイダーは同じ言動を示すインサイダーよりも受容されやすい「インサイダーゆえの排除，アウトサイダーゆえの受容」はクラブ財としての社会関係資本がそのメンバーにも負の外部性を与えるケースの 1 つであろう（浦 2021）．

【③　外部性を私的利益のために市場へ内部化（悪用）すると社会全体が負の外部性を被る】

　社会関係資本の持つ「心の外部性」の特徴は 5 つあり，そのなかで，市場に内部化しないことに価値があるという特徴がある（稲葉 2008, pp. 13-17）．通

常，外部性は制度的工夫により市場に内部化できる．公害なら，排出者に課税するか，補助金を出してやめさせるかの施策がある．市場に内部化させる対応は，資源配分の効率性の観点からも妥当である．しかし，社会関係資本における外部性は，他者の無償の好意に基づく「心の外部性」だからこそ，多くの場合は内部化しないことに大きな価値がある．社会関係資本の外部性は，市場で内部化してしまうと人の心を踏みにじることになり，社会関係資本そのものを毀損させてしまう可能性が高い．したがって，社会関係資本における外部性は市場に内部化はできるが，むしろ市場を補完するものとして内部化しない方がその社会的価値を維持できるケースがある．

　この点を社会関係資本のダークサイドに当てはめて考えると，通常は健全な正の外部を持つ社会関係資本を，個人や組織が私利のために内部化すると，社会全般に対しては負の外部性を発生させる，とみることができる．職場のネットワークを利用して試験や昇格で（国民を含めたネットワーク外の人々の犠牲の上で）特別扱いを受ける．政治家が国費を使った公的行事に自らの後援会のメンバーを多数招いたり，役人に自らの行為に有利な証言をさせその後昇進させたり，自らに不利な公文書を改竄したりするのは，この典型例である．本来は業界の親睦を目的とする組織を談合に用いたケースもこれに該当する．

　また，経営者は社内のネットワークの外部性を私的に内部化して利益を図ることもできる．アメリカのエンロン社では，2001 年経営危機が現実のものとなりつつある時期に，健全な社内ネットワークを利用して，経営者は従業員には自社株の購入を勧める一方で，自分たちは売り抜けていた（大島・矢島 2002）．これらは個人が私的にネットワークの外部性を内部化しようとするものだが，個人だけではなく，組織も同様でいわゆる派閥による裏金づくりもこの範疇に入る．いずれも本来正の外部性を持ち，市場に内部化しなくとも協調的行動を促す性質があるネットワークを個人や組織の私利を図るために内部化しようとすると，社会全般には負の外部性が発生する．

【④　クラブ財・私的財としての社会関係資本に起因する負の外部性が公共財としての社会関係資本＝社会全般への信頼を壊す】

　公共財としての社会関係資本は負の外部性を発生させることが少ないが，ク

ラブ財や私的財としての社会関係資本の負の外部性により毀損する．クラブ財としての社会関係資本に他者の排除性があり，排除の対象となった個人や組織の反発を招き，社会が分断され，社会全般への信頼（公共財としての社会関係資本）は毀損する．個人や組織レベルの社会関係資本が，社会全般の信頼としての社会関係資本である一般的信頼と従来の規範の両方を壊す．たとえば，中国，ロシアのような覇権主義国家ではいたるところに監視カメラが設置され権力者のネットワーク（クラブ財としての社会関係資本）が社会全体への信頼，つまり公共財としての社会関係資本を壊す．

【⑤　格差との関係：規範適用の不公平】

　残念ながら，社会関係資本としての規範の適用は対象者が保有している権力の多寡によって不公平が生じうる．コールマンはこの点について次のように述べている（Coleman 1990）．

　　「権利と資源の……分布が非常に不均等であるならば，それは特定の行為者たちの利害関心が他の行為者たちの利害関心よりも重視されることを意味している．このとき，力を持つ行為者は非接合的な（受益者と規範の対象となる集団が異なる）規範を課すことで，力のない行為者の行為を支配することができよう．また，自分たちの行為を抑えるために課される規範を効果的に排することや，その規範を執行するための制裁に抵抗することもできよう」（（　）内は稲葉付記，ibid., 邦訳 pp. 405-406）．

　　「ターゲット行為者になりうる者が，規範の保持者が属する社会システムにおいて特別に高い地位や強い権力を持っていると，裁可が行使されにくくなる」（ibid., 邦訳 pp. 447-448）．

　　「ある社会システムのなかでより大きな権力を持つ行為者は，小さな権力しか持たない行為者に比べて，規範によって拘束される程度が小さい，ということである．実際，規範を守らない高位の人物のためには，制度化された言い訳や免除が存在している．地位の高い人物の場合は，単に変わった人と

いわれるだけのことでも，同じ行動を地位の低い人物がすると，厳しい制裁を引き起こすことになる．別の方向からみると，自分よりも地位がかなり下の人物に裁可を行使するには，ほとんど費用が掛からない，ということがある」（ibid., 邦訳 p. 448）．

要するに，権力の分布が不均等な社会や組織においては，権力者の意向でいかようにも規範の適用が操作される．規範の適用の不公平は腐敗を伴う．

【⑥　社会関係資本の偏在によって社会全体に生じる格差拡大と不平等の罠】

規範適用の不公平を指摘したが，社会関係資本の偏在が社会全体の格差の拡大を助長することも十分考えられる．エリック・アスレイナーは，不平等が信頼の毀損を通じて腐敗を生み，それがまた不平等を激しくするという「不平等の罠」の仮説を提示している．不平等が存在すると，人々は自分たちの仲間内だけを信頼し，自分たちのグループ外の人々は信頼しなくなり，社会全般に対する一般的信頼が壊れる．それどころか，グループ外の人々を騙すことにさえ道徳的痛痒を感じなくなる．そして，さらに腐敗がまた不平等を拡大させる．つまり，不平等→信頼の喪失→腐敗→不平等の一層拡大，という「不平等の罠」が生まれる，としている（Uslaner 2008）．

社会関係資本の負の外部性：加害者と被害者に分けたまとめ

本節では表 4–1 に示した稲葉の社会関係資本の分類と社会関係資本の外部性の 2 つの観点から分類を呈示したい．まず，前節の議論を負の外部性の出し手（加害者＝発生源）と受け手（被害者）との関係から整理する．社会関係資本の定義で，社会関係資本は 3 つのレベル（ミクロ，メゾ，マクロ）における，3 つの財（私的財，クラブ財，公共財）を包含している概念とした．

現実にはメゾレベルは家庭，学級，学校，職場，居住している地域などさらに無数のグループに分けることができるが，表 4–1 では議論の簡略化のため，メゾグループはひとくくりにしている．加害者は個人，メゾレベルのグループが考えられ，被害については，被害者と負の影響を受ける社会関係資本が考えられるので，表 4–1 の行には負の外部性・社会関係資本の悪用・社会関係資本

表4-1 出し手（加害者）と受け手（被害者）から見た社会関係資本のダークサイド

ダークサイドの種類	発生（加害者）	具体的内容	原因となるSCの種類	被害者	毀損するSC
負の外部性反社会的活動	グループ	目的と活動内容が公益に反する、暴力団など	クラブ財	マクロの国民	一般的信頼
負の外部性しがらみ	グループ	目的と活動内容が公益に反し、やめたいのにやめられない	クラブ財	マクロの国民、グループ外の人々	一般的信頼、一般的互酬性、他者のネットワーク
			クラブ財	グループのメンバー	個人のグループに対する信頼
悪用	個人	コネの悪用	私的財	マクロの国民	一般的信頼
SCの外部性の内部化	グループ	グループ内ネットワークの濫用（意識的）談合	クラブ財	マクロの国民、グループ外の人々	一般的信頼、一般的互酬性
		グループ内ネットワークの濫用（無意識）公務を通じた知人へのちょっとした便宜の無償提供	コミュニティの一員としてのクラブ財	マクロの国民、グループ外の人々	一般的信頼
SCの偏在	個人	孤立（ネットワークが作れない）社会的孤立、ひきこもり	クラブ財	個人、国民	SC全般
	グループ	グループ外の人々を疎外、村八分	クラブ財		
不平等の罠	経済格差	不平等が信頼の毀損を通じて腐敗を生み、それがまた不平等を拡大	特定グループのクラブ財	特定のグループ以外の国民	一般的信頼、一般的互酬性

出所：筆者作成。

の偏在などの内容と加害者，列には被害者と被害を受ける社会関係資本の種類を掲げている．

　要約すれば，社会関係資本のダークサイドは，以下の 4 つにまとめることができる．第 1 に，基本的にクラブ財としての社会関係資本の持つ排除性の弊害であり，第 2 に，クラブ財として社会関係資本を形成するグループや組織のメンバーにも負の外部性が発生する．第 3 に，社会関係資本の悪用が経済的資本のそれと異なるのは，社会関係資本の正の外部性を個人や組織が私利のために内部化（悪用）して，社会全体の公益を犯す負の外部性を生じさせるからである．しかも，第 4 に第 3 の社会関係資本の悪用は，社会関係資本の偏在とあいまって社会を分断し社会全体の信頼（一般的信頼）を壊す不平等の罠を生じさせる可能性がある．

　これらは社会全体の制度変革をもとめるものだが，個人の立場からは何ができるのだろうか．個人の立場からは，自分の社会関係資本のポートフォリオにダークサイド（負の外部性）をもつようなネットワークをできるだけ作らず，そうした可能性があるネットワークを排除していくか，排除できない場合は常に自己監視を怠らないことが必要だということなのだが，そもそもそれができるのなら問題がない．多くの場合はそれができないから「生きづらさ」を感じるのだが，少なくとも「生きづらさ」はは個人に起因する問題ではないケースが多いし，自分の社会的つながりを俯瞰的に客観視することができれば「つらさ」の正体を突き止めることができるかもしれない．

4——社会関係資本と経済格差

凸性の含意

　本章では経済学の選好の凸性という概念を紹介した．2 つの選択肢がある場合両者の中間点をとることがより望ましいとする，まことに穏健な考え方である．さらに負の外部性はこの凸性に極端な選択肢を付加した非凸性を生じさせることが多いとした．より議論が複雑になるが，前節では社会関係資本のダークサイドのなかに負の外部性を生む社会関係資本があることを指摘したが，これはこの非凸性を生じさせるものと理解することも可能である．逆に社会関係

資本の正の外部性はこの非凸性を凸性に修復する機能があるといえるかもしれない．つまり，社会関係資本には正の外部性を生じさせるものと，負の外部性を生じさせるものの2つがあるが，前者は非凸性を凸性に修復するものであり，後者は非凸性を生じさせるものかもしれない．

　第2章でコールマン，パットナム，オストロムの3人の碩学による社会関係資本論を紹介した．彼らの理論にもとづいて，社会関係資本という概念をもちいたのは，ミクロ・マクロ＝リンクが可能な概念で個人から社会全体までを俯瞰できること，グループの全員で協力すれば最適解に達することができるのに個人では目先の利害に執着して次善以下の解に陥ってしまう集合行為のジレンマの解決のためであるとした．これを凸性の視点をいれて考えると，凸性を崩す負の外部性を社会関係資本自体がもつことがあること，それに対して正の外部性をもつ社会関係資本，具体的にはグループの意思決定は意見を異にするにしてもメンバー同士の話し合いで決定するという規範，その規範を維持するメンバー相互の信頼，意思の疎通を可能にするネットワーク，があればフリーライダー問題，コモンズの悲劇などの集団行為のジレンマを回避（非凸性から凸性に戻す）ということではないのか．社会関係資本がしばしば批判の対象となる原因の1つにはこの社会関係資本の二面性を無視して論じてきたことにもあると考える．

　いずれにしても，もともと穏健な凸性を壊すような非凸性によるコーナーソリューション（端点解）に陥ることを避けたい，普通のことばでいえば，反対派を力で排除することなどせず互いに議論をし，ナチスドイツが優生学に基づくと称してユダヤ人を根絶やしにしようとしたような極端な結論に走る現象が生じないようにしなくてはならない．そのためには非凸性が生じる原因を探る必要がある．すでに非凸性が生じる6つの状況をあげたがこれらはいずれも経済学でいう市場の失敗のケースである．しかし，社会的行為は市場外でも生じ，むしろそのほうが深刻な問題を招来するので，市場の失敗以外の市場外の社会的要因を検討する必要がある．元凶となる要因はさまざまなものがあろう．佐藤嘉倫らは制度が現状に合致せず，それが非正規労働者の困難，失業者，とりわけ長期失業者の「社会的排除」，母子家庭の困窮，移民先の社会への適応が賃金の上昇につながらず，むしろ下降をもたらす「負の同化」などを生んでい

ると指摘している（佐藤・木村編 2013）．私もその通りであると考えるが，制度が本当に困窮している人々を救えないのは，その背後に経済格差が存在しているからではないかと考えている．経済格差があると社会の分断や二極化が生じ，2つの選択肢がある場合両者の中間点をとることがより望ましい（凸性）とする，穏健な考え方がとりにくくなり，極端な選択肢（非凸性）に走ることが過去の歴史を振り返るとごく普通に生じているからだ．実際，先行研究でも経済格差が社会関係資本を棄損するとするものが多い（Zak and Knack 2001; Uslaner 2002; Field 2003; Wilkinson 2005; Uslaner 2008; 与謝野 2011）[11]．

4つの仮説

これらの先行研究をうけて私は以下の4つの仮説を設けて実証研究を試みた．

仮説1 経済格差は，私的財としての社会関係資本（個人のネットワーク）への影響については富裕層と貧困層では異なる．格差が拡大しても，富裕層はより豊かなネットワークの外部性を享受できるが，その一方で，貧困層にとっては経済格差の拡大が個人的ネットワークを壊す．

・経済的不平等は貧困層の社会的コンタクトの質を劣化させるかもしれない．貧困層の側には富裕層とのコンタクトをもつ強いインセンティブが存在するが，富裕層は自分たちより低い階層と接触するインセティブに欠ける．貧困層の社会的コンタクトは同じ階層に限られる傾向があり，彼らの社会関係資本の一層の劣化につながる（Uslaner 2002; Field 2003）．
・経済的不平等は情報の非対称性を拡大するかもしれない．持たざる者は彼らが得ることのできる情報の質・量ともに不利な立場に置かれる傾向がある．一方，富裕層はもっと恵まれた状態にあることが多い．富裕層は，貧困層を利用し，搾取することができるかもしれない．これが，貧困層の富裕層に対する不信を助長し社会関係資本の毀損を招く（Field 2003）．
・過度な経済的不平等は人々の将来に対する期待を損なわせるかもしれない．人々は将来についてより悲観的になり，前向きな気持ちをなくすかもしれない．階層社会の下では，人々は，将来に関して悲観的になり，階層間の協力をする

理由を見出せない（Uslaner 2002）.

仮説2 経済格差は，クラブ財としての社会関係資本（仲間内の信頼や規範）は強化するが，その一方でグループ外に対する信頼や規範を毀損する.

・経済的な不平等は社会の構成員の間の力関係を明確にし，富裕層と貧困層との間の社会的距離を増大させ，対立的な社会関係を生み，両者の協調行動を困難にさせる（Wilkinson 2005）.
・所得・資産の格差が大きいコミュニティよりもより平等なコミュニティのほうが，構成員が同じ価値観を共有することが容易である．逆に，同じ価値観を共有することが困難ならば階層間の協同作業への努力がそこなわれる（Uslaner 2002; Wilkinson 2005）.
・経済的不平等は持たざる者たちの自尊心を傷つけ，富裕層との共同作業を行うという意欲を失わせるかもしれない（Uslaner 2002）.

仮説3 経済格差は公共財である一般的信頼を毀損する.
　上記（仮説2）に関する指摘は（仮説3）にも該当するが，取引費用の観点からの以下の指摘も（仮説3）の具体的な経路に該当しよう.

・不平等に起因する情報の非対称性が増すと取引における監査の必要性が高まり，コミュニティ全体としての取引費用が増大する．取引費用は社会関係資本の状態をしばしば反映しているが，基本的な因果関係はその逆で，取引費用が高ければ高いほどより争うことが多く，したがって，社会関係資本に悪影響が生じる（Zak and Knack 2001）.

仮説4 仮説2と仮説3が成立すれば，不平等が社会関係資本の構成要素である一般的信頼を毀損し，その結果人々は自分たちの仲間内の特定化信頼は増すが，自分たちのグループ外の人々のことは信頼しなくなり，グループ外の人々を騙すことにさえ道徳的痛痒を感じなくなる腐敗を招き，さらに不平等を拡大させる．つまり，不平等→信頼の喪失→腐敗→不平等の一層拡大，という「不

平等の罠」を生む．

・「もし，富の偏在が激しいと，両極端にいる富める者と貧しい者は，互いに共有するものがなく，人々は自分たちと同じグループの人々とだけつながる．不公正だという認識を持ち，それが他のグループに対する否定的な固定観念を生み，信頼の醸成をより困難にする．（中略）不平等は他人への信頼を低める．信頼はすべて自分たちのグループ内への内向きなものとなり，異なったバックグラウンドを持つ人々を騙すことに対する道徳的痛痒をほとんど感じなくなる．こうして不平等は，人々を内向きにさせ，人を利用することに対する抑止力を失わせ，間接的に腐敗を醸成する」（Uslaner 2008, p. 52，稲葉仮訳）．

・「腐敗は特定の人々に他の人々が持っていない特典を与える．腐敗は，資源を一般大衆からエリート，通常は，貧乏人から金持ちへ移転させる．これは市民へ余計な税を課すのと同じであり，公的な支出のための財源を減らす．腐敗した政府は，公務員の賃金を削る．（中略）また，公務員は大衆に仕えるのではなく，私服を肥やすことに精力を費やす」（ibid., p. 24，稲葉仮訳）．

私の仮説実証のこころみ

表4-2は私による上記の4つの仮説実証のこころみの結果をまとめたものである．経済格差は所得格差と資産格差に分けられ，都道府県単位でみれば資産格差のほうが所得格差よりも社会関係資本との間に大きな関連しかも負の関連がみられることがわかっている（Inaba 2008；稲葉 2013）．また，市町村別総務省納税データ（総務省）より，西川雅史，宮下量久が算出した市町村別ジニ係数で経済格差をとらえると，所得格差と社会関係資本の構成要因との対応がより強くかつ広範に見られる（Inaba et al. 2015；稲葉 2016a）．つまり，格差問題はコミュニティ単位で捉える方がより的確に検討できるかもしれない．ただ，表4-2に示されるようにジニ係数でみた所得格差との相関係数は団体参加や近所づきあいなどの構造的な社会関係資本が高く，ついで認知的な社会関係資本のなかの仲間内の信頼（特定化信頼）との関係が強いが，一般的信頼や互酬性については低くかつ符号条件が安定せず頑健な結果を得られていない．

仮説1「経済格差は，私的財としての社会関係資本（個人のネットワーク）

表 4-2 所得格差（ジニ係数）と社会関係資本との相関

出所	稲葉 (2013)				稲葉 (2016a)	Inaba et al. (2015)	稲葉・戸川 (2020)
格差計測単位	都道府県　n=47				市町村　n=150	市町村　n=99	都道府県　n=47
SC計測単位	個人 n=10,438				個人 n=5,174	個人 n=3,575	個人 n=23,883
	ジニ係数						
	年間収入	貯蓄現在高	住宅・土地	耐久消費財	納税者所得	納税者所得	納税者所得
一般的信頼	NS	NS	NS	NS	NS	NS	因子信頼　-0.294^{**}
一般的互酬性	NA	NA	NA	NA	NA	NS	NA
特定化互酬性	NA	NA	NA	NA	NA	NS	NA
特定化信頼	NS	NS	NS	NS	NA	NS	NA
近所の人々	NS	-0.262^{*}	NS	-0.276^{*}	-0.354^{***}	-0.461^{**}	NA
家族	NA	NA	NA	NA	NS	NA	NA
親戚	NA	NA	NA	NA	-0.217^{***}	NA	NA
友人・知人	NA	NA	NA	NA	NS	NA	NA
職場の同僚	NA	NA	NA	NA	NS	NA	NA
ネットワーク　つきあい	NS	NS	NS	NS	NA	NA	因子つきあい　-0.529^{***}
近所づきあいの程度	NS	-0.282^{*}	-0.285^{*}	-0.343^{***}	-0.441^{***}	-0.462^{**}	因子つきあいを構成
近所づきあいの人数	-0.283^{*}	-0.37^{**}	-0.461^{***}	-0.41^{***}	-0.397^{***}	NA	因子つきあいを構成
友人・知人とのつきあい	NA	NA	NA	NA	NS	NS	因子SNS/友人　NS
親戚・親類とのつきあい	NA	NA	NA	NA	-0.328^{*}	NS	因子つきあいを構成
職場の同僚とのつきあい	NA	NA	NA	NA	NS	NS	NA
ネットワーク　団体参加	-0.272^{*}	-0.394^{***}	-0.48^{***}	-0.42^{***}	NS	NA	団体参加　NS
地縁的な活動	-0.257^{*}	-0.446^{***}	-0.473^{***}	-0.492^{***}	-0.378^{***}	-0.494^{**}	因子団体参加を構成
スポーツ・趣味・娯楽活動	NS	-0.351^{**}	-0.278^{**}	-0.574^{***}	NS	NS	因子団体参加を構成
ボランティア・NPO・市民活動	-0.448^{***}	-0.562^{***}	-0.441^{***}	-0.341^{**}	-0.311^{***}	-0.392^{**}	因子団体参加を構成
その他の団体活動	NS	-0.369^{*}	-0.369^{*}	-0.252^{*}	-0.252^{*}	NA	SNS

注：NS：統計的に有意でない，NA：該当なし．***1% 水準で有意（両側），**5% 水準で有意（両側），*10% 水準で有意（両側）．

への影響については富裕層と貧困層では異なる．格差が拡大しても，富裕層は
より豊かなネットワークの外部性を享受できるが，その一方で，貧困層にとっ
ては経済格差の拡大が個人的ネットワークを壊す」については，仮説の後半部
分と矛盾しない実証研究結果は得られているが，仮説 2 から仮説 4 までを支持
する結果を得られていない．

　ただし，経済格差の負の外部性を被るのは貧困層であり，したがって社会的
には少数派になる．貧者で声なき声しかもたない社会的弱者への影響が社会全
体の問題として認識されるには時間がかかるので，経済的不平等が変化の遅行
指標に見えるのではないか．特に日本のように一億総中流という意識が一般化
していた社会ではジニ係数でみた経済格差の負の外部性は存在してはいても個
人レベルでは認識はされることが少なく，かつ格差が自分たちの存在を脅かす
問題との認識にいたる，つまり当事者が社会問題と捉えるのには時間を要する．
また，フローの所得格差では税制があるので一応捕捉が可能であるが，ストッ
クの概念である資産格差は一般的には可視化できない．自分の富をひけらかす
のは，基本的に成金 [12] であり，本当の富者は本当の富者としか付き合わない
から自分の富をひけらかすメリットなどなく，極力隠す．私の経験だが，本務
校であった日本大学は軽井沢に研修所があるので，毎年夏に，そこでゼミ合宿
を実施していた．別荘をかまえる富裕層は通常は車を利用するのだが，夏は渋
滞を避けるために新幹線を利用する．駅の待合室で富裕層の婦人たちの会話が
耳に飛び込んできた．

　「あそこの嫁は賢い．ご主人が亡くなるとすぐ，絵画 [13] を隠した」
　「いえいえ奥様，それはダメ．税務署のために，何枚か残しておかないと」

　経済格差，特に資産格差の実態は容易に把握できず，大部分の国民が気づか
ないうちに進行する．また，資産格差は統計上の数値として顕在化する部分が
少なく，顕在化するのはごく一部であり，顕在化も実際の格差の発生より遅れ
るのではないか．理論上，経済格差，特に資産格差は，先行指標という仮説を
たてたが，それが社会問題化するには時間がかかり，統計もその実態を把握し
きれず，その悪影響の真の姿を捉えられていない．しかも，一部にすぎない顕

在化した格差をとらえるのも格差の発生より遅れる．したがって，遅行指標になるのではないかと考えている．

　パットナムは社会関係資本と経済格差との間には理論的には以下の3つの可能性があるとしている（Putnam 2000, p. 359，邦訳 pp. 444–445）.

可能性1　社会関係資本は平等をつくりだしているかもしれない．社会関係資本は，人種的マイノリティや労働者階層など持たざる者たちの主要な武器であった．したがって，緊密に結び付いたコミュニティはより平等な措置をとることができる．

可能性2　（不）平等が社会関係資本をつくりだして（壊して）いるかもしれない．富と権力の大きな格差は，広範な参加と共通の価値観によるコミュニティの統合を阻害する．逆に，平等はコミュニティの構成員間の協調的行動を容易にさせてソーシャル・キャピタルを高めることができる．

可能性3　社会関係資本と平等は，大戦争などの，他の外部からの同一要因によって醸成されるのかもしれない．

　しかし，パットナムは基本的に可能性の1と2が相互に循環することを念頭に置いているのにその可能性を含めておらず，また正の外部性をもつ社会関係資本のみを論じているので，負の外部性も含めれば以下の6通りに，可能性が設定できる．

可能性4　社会関係資本は不平等をつくりだしているかもしれない．社会関係資本の偏在が不平等をつくりだしているかもしれない．

可能性5　不平等が社会関係資本をつくりだしているかもしれない．富と権力の大きな格差は，特定のグループに依存する必要を高め，恩顧主義的な社会関係資本を醸成するかもしれない．

可能性6　経済的格差（平等）が社会関係資本を棄損（醸成）し，それがさらに経済的格差を拡大（縮小）させるかもしれない．

　さらに，可能性6は正の外部性の循環と負の外部性の循環の双方を含めて相

互的に作用するとより複雑になる．また，社会実装も考慮すると，ネットワーク，規範，信頼など社会関係資本のどの部分がどのように格差と関わっているかを明らかにする必要がある．特にグループの持つ社会関係資本をクラブ財としているが，この内容は多岐にわたる．また，個人の選好が合理的ではない部分を認めると文化的・歴史的な地域の特性をも考慮に入れる必要があるのだが，ジョン・アーリが指摘するように近年では人々が地域をこえて容易に移動する（Urry 2007）．そもそも経済格差は所得ではなく資産で見るべきなのだが個人の資産を捉えるのは困難である．加えて，SNS の普及，IT の発展に裏付けられた AI の普及と経済格差の関係も明らかにしなければならない．もちろん，機序を特定するのも困難がともなう．

したがって，現状では社会関係資本と経済的格差との関係を完全に特定することはなされていない．しかし，社会関係資本がそもそも集合行為のジレンマの解決を目指しており，この分野では多くの実証報告があること，を頼りに類推することは可能であろう．

まず，個票ベースのパネルデータが得られるようになり，因果関係の類推がほぼ可能になった社会疫学の分野では，団体参加や近所づきあいなどの構造的社会関係資本（主にネットワーク）が個人の主観的健康や抑うつと関連しており，機序もパネルデータの取得により社会関係資本が身体と心の健康の維持に有効であることがほぼ実証されている．ただし，構造的社会関係資本と経済格差との関連は，必ずしも明確ではない．

格差と社会関係資本との関連を明確に実証することは，上述のように困難であった．ただし，AI と IT 機器の画期的な発展から，あらたな分析手法が可能になりつつあり，7000 万人をこえる人々の SES（経済社会的地位）を推計し，序列を作成することさえすでに行われている（Chetty et al. 2022a, 2022b）．格差と社会関係資本についてもより明確な答えをだす可能性も増してきたように思う．次章ではこの分析手法の進歩について検討していくことにしたい．

第**5**章

測り方と分析の仕方の進歩
計算社会科学の出現

1——実証研究には個人のパネルデータが欲しい

　因果推論はスナップショットデータ（一時点の横断データ）では何をやってもどのような手法を駆使しても仮説と矛盾しない結果が得られたということに過ぎない．健康の分野でいえば，社会関係資本である様々な団体参加，広範なネットワークの形成，それにともなう信頼と規範の醸成が健康に資するというのが社会関係資本論者の仮説だが，逆に健康だから社会関係資本が形成できるのだと言われてしまう．10 年ほど前の話だが，私はニュージーランドのオークランド大学医学部での社会関係資本の研究会に参加していた[1]．研究会で社会関係資本が健康に資するとする議論をしていた講師へ，途中から参加した現地の大御所教授が，最後に講師へ "You are completely wrong." と言い放ったのをいまでも鮮明に記憶している．

　その当時は，ようやく，マルチレベル分析が一般化した段階で，介入研究における操作変数による分析の導入期であった．日本でも健康領域での社会関係資本研究の先駆者たちが，因果関係の確定に四苦八苦していた[2]．介入の効果では無作為化試験（randamized controlled trial: RCT）が必要だという主張もなされていた．ただ，確かにそれは因果関係の確定に一歩近づくにしても，RCT をしたからといって，全く同じ人間が被験者群と参照者群を演じ分けるわけではないので，いわゆる因果推論の根本問題が残り，完全に因果関係が確定するわけではない（表 5-1）．

　そもそも，実験室での操作で介入群をつくれる世界と違い，社会科学は

117

表 5-1 因果推論の根本問題

	介入対象であった場合の結果	介入対象でなかった場合の結果	
介入対象群（介入群）	観測可能 ①	観測不能 ②	①と②を比較したいが②のデータがない
介入未対象群（対照群）	観測不能 ③	観測可能 ④	

注：RCT でも以下の観測不能な部分，因果推論の根本問題が生じる．
出所：星野（2023, シート 13）を参考に筆者作成．

RCT になじまないケースが多い．たとえば，介入を行う対象群と介入を行わない参照群を比較するのだが，介入が望ましいと考えるのなら全員を介入対象とすべきではないかという倫理的問題がある．換言すれば，治療などの介入は介入対象からのニーズがあるから対象になるので，それをランダム化して介入対象者を決めるという理屈は通じにくい．また，同質の母集団のメンバーをランダムに介入対象と非介入対象に分けるなどということを，学校などの閉じた組織内ならともかく，普通の社会の枠組みのなかでそんなに簡単にできるはずもない．たとえできたとしても，セレクションバイアスがないかが常に問われる．また，たとえば，企業が顧客に対する値引きの効果を，顧客を分けて実施することは企業に対する顧客の信頼を損ねてしまうかもしれない．

　要するに無作為化が難しいので，RCT がはなから不可能な場合もある．そこで，医薬品の効果の推論に用いられていた，介入実施群と介入未実施群（参照群）両方で背景要因（共変量）が同じ被験者をマッチングして両群を比較可能にする傾向スコア（propensity score）マッチングを導入しようという話になっていった．これは，簡単に言ってしまえば表 5-1 の介入実施群と参照群の中から傾向スコアマッチングで同じ傾向の者同士を組み合わせることによって両群の被験者を同じとみなしてしまって欠測値をなくしてしまおうというやり方と理解している．ところが，この場合もマッチングするための背景要因の決定が重要になる．

　幸い同じ個人を追跡するパネルデータを近藤克則が主宰する日本老年学的評価研究が 2010 年代にはいり本格的に収集するようになり，RCT と傾向スコアマッチングを合わせる方式に近似したデータが入手可能になった．少なくとも，差分の差法（DID: difference-in-differences）に傾向スコアマッチングを併用した分析 PSM-DID（propensity score matching DID）が可能になった．これは，

簡単に言えば，表5-2に示すような分析である．介入群のデータで介入した場合のデータ①と介入しない場合のデータ②の比較をして正確な介入効果（①－②）を測定したいのだが，表5-2の②が欠けているので，この部分を何とか捕捉したい．幸い，事前のアウトカムは介入群，対照群双方のデータが，表でいえば⑤と⑥があり，対照群については介入しない場合の事後測定データも存在する（表の④）．観測値がない②のデータは介入群と対照群の共変量が同じと仮定すれば，とても簡単に言ってしまえば，②－⑤＝④－⑥であるから，介入した場合の介入群の事前測定データと事後の測定データの差（①－⑤）から対照群の事後から事前の差（④－⑥）を引いた差分の差（①－⑤）－（④－⑥）は（①－⑤）－（②－⑤）と書き換えることができ，つまりは，①－②になる．これは，「もし介入を受けた場合の平均」から「介入を受けなかった場合の平均」の差を介入群に即してあらわしたものであるから，まさに介入の効果である．差分の差である（①－⑤）－（④－⑥）はいずれも測定値があるので，これを計算すれば，①－②の値が明らかになる．つまり，本当に知りたい介入群の「介入を受けなかった場合のデータが得られないので，正確な介入効果がわからない」という，表5-1の因果推論の根本問題をクリアしたことになる．もちろん，介入群と対照群が同じ母集団から無作為に抽出されたか（つまり共変量は同じか）についてはやはり問題が残るが，差分の差を計算すれば，限りなく真の値に近い介入効果に近づくことができる．

表5-2の仕組みでの分析が可能となるパネルデータを得るようになってJAGES（Japan Gerontological Evaluation Study, 日本老年学的評価研究）などから多数のより因果関係の特定に近づく論文が発表されるようになった．とくに，高齢者の生活における社会関係資本と健康との関連は，社会関係資本があるから健康であるという機序を支持する推計が多くみられるようになった．幸い，これらの成果をまとめたレビュー論考も気鋭の研究者から発表されているので是非参照されたい（Uchida et al. 2023）．

ただし，パネルデータについては，繰り返し回答してくれる回答者の特性が逆セレクションバイアスを生じているという批判はある．毎回同じ調査に回答してくれる几帳面で公共心のある人，ないしは高齢者の場合は歳を重ねても調査票に回答することができる健康な人が中心になることも十分に考えられる．

表 5-2　DID 分析の仕組み

	介入した場合のアウトカム	介入しない場合のアウトカム	事前のアウトカム
介入群	事後測定データ　①	観測不能　②	事前測定データ　⑤
対照群	観測不能　③	事後測定データ　④	事前測定データ　⑥

出所：星野（2023, シート 13 および 133）を参考に筆者作成.

それでも，ここ数年の研究成果の蓄積から判断して，私は健康に関する限り，社会関係資本が心身の健康に資すという点，特に高齢者については，もはやほぼ異論がない段階に達したと評価している．いずれにせよ，多少屈折したコメントになるが，上述のニュージーランドの大御所にもう一度ご高説を求めたいところである．

2──できれば時系列の悉皆データが欲しい

　社会関係資本の実像をとらえるには社会関係資本に特化した個人のパネルデータが欲しいという願いは，JAGES を主宰する近藤克則と多くの協力者の獅子奮迅の活躍で，日本の高齢者の健康福祉の分野ではかなえられつつあるが，さらに他の領域でも時々刻々の変化を追える，できれば悉皆データが欲しい．しかし，これはつい最近までは夢のまた夢であった．ところがこれが，現実に可能になった．

　たとえば，金子勝・児玉龍彦（2022）によれば，20 世紀までは「生物学は，顕微鏡で個別の細胞をみることはできるが分子の測定は，すりつぶして何千何万個の平均値でしか知ることができなかった」．しかし 21 世紀に入りそれを 1 個ずつの細胞でみることができるようになり，DNA や RNA の配列と量だけでなく DNA や RNA の修飾もみることができるようになり，細胞が勝手に分化していくのではなく，分裂するたびにまわりの細胞と相互作用しつつ RNA を作る転写ネットワークを変化させ安定化していくことが分かってきたという（ibid., pp. 36-37）．また大阪大学の谷口正輝によると，1 個ずつの細胞をさらにそれを構成する 1 分子単位で計測ができるようになったという．彼によればこれまでの計測技術は，1 モル中の粒子数は 6.02 の 10 の 23 乗であるという 1811 年のアボガドロ数の発見にもとづき，1 モルを単位に 6.02 の 10 の 23 乗

という多数の粒子の平均的挙動を計測してきたのだが，AIの発展もあり，1分子ごとの挙動を明らかにする1分子計測技術が可能になっているというのである（谷口 2023）．

ひるがえって，社会科学における研究方法にも，同様の変化が生じ，個人の挙動のリアルタイムの悉皆調査が可能になりつつある．計算社会科学の出現である．この分野の懇切丁寧な教科書[3]であるマシュー・サルガニックの『ビット・バイ・ビット』を読むと，4000万人の納税記録を用いたラジ・チェティらの研究「機会均等の国はどこにある？——アメリカにおける世代間移動の地理学（Where is the Land of Opportunity?）」が紹介されており，所得階層の世代間移動率の地域差について「世代間移動の活発な地域では，人種間のすみわけや所得不平等の程度が低く，小学校の質が良く，社会関係資本が豊富で，家族がより安定しているということを見出した」（Salganik 2018，邦訳 p. 19，強調は稲葉付加）とあるではないか．これはまさに私が果たせなかった課題の実証である．さらに日本版の計算社会科学の優れた教科書（鳥海編著 2021）の第1章で，笹原和俊は，従来の社会シミュレーションを超えたデジタル時代の学際的な学問領域としての計算社会科学を初めてうたったものとしてデビッド・レイザーらの論文（Lazer et al. 2009）を紹介し，その冒頭の言葉 "We live in the network" を，「計算社会科学が探求すべき問題の本質が凝縮されている」と評している．さらに笹原は以下のように敷衍している．

　「個人と社会は『作りつつ作られ，作られつつ作る』相互依存的で動的な共進化の関係にある．したがって，人間や社会の理解のためには，社会的ネットワーク社会的相互作用の理解が本質的であり……」（笹原 2021, p. 2）．

としている．私からみれば，これは社会関係資本そのものの研究目的である[4]．

3——1200万円のスナップショット[5]

統計学は全体像を把握する学問だと理解している．限られた数の標本から母集団の特性を捉える．1000程度のサンプルがあれば，人口10万人以上の集団

の特性を全国レベルまで過不足なくとらえられるとするのが,「伝統的」統計学であった. もう過去のものになりつつあるが, テレビ局や政治家たちが一喜一憂していた全国レベルの視聴率調査や世論調査も, サンプル数は1000から2000に過ぎない. もともと, 社会関係資本は仮説の羅列であったので, 実証を必要とし, それに先人たちが挑んできた. パットナムの『哲学する民主主義』(原語のタイトルは『民主主義を機能させる』)では, イタリアの州政府の効率の違いが社会関係資本に起因するとし, その代理変数として, 客観的な統計データに基づいて州別市民共同体指数を作成している. 同様に, アメリカにおける社会関係資本の毀損をテーマとしてパットナムが2000年に刊行した『孤独なボウリング』でも, 14の指標を合成して州別社会関係資本指数を作成している. これらは基本的に団体参加率や選挙権の行使率, 新聞の購読率などの客観的な1次統計であり, これらの1次統計から2次統計として州別の社会関係資本指数を算出しているのだが, 社会関係資本の規範や信頼, ネットワークの計測には不十分で, 個人から直接データをとる必要があった. したがって, この分野の研究者は独自に調査を実施してきたのだが, 社会調査は郵送法のサーベイでも聴き取りインタビューでもとんでもなくコストがかかる.

　本書の第1章で社会関係資本のこれまでの計測手法を紹介しているが, 図1-1で3つの社会関係資本の全国郵送法調査を例としてあげている. このうち2010年調査(4000票送付, 有効回答1599票)と2013年調査(1万票送付, 有効回答3575票)は私の個人調査であるが, 間接費も含めた調査費用はそれぞれ約500万円, 約1200万円であった. 調査の実施は専門の調査会社に委託しているのだが, 自前で何カ所もの自治体調査を実施してきた経験に照らせば, これらの費用は他の調査と比較しても決して高くはない. 調査対象の自治体を無作為抽出し, 2013年調査の場合では全国に分散している100カ所もある調査対象として抽出された自治体から住民基本台帳の閲覧許可を得て, スタッフが往訪し, 無作為にそれぞれ指定された数の標本を抽出し, 転写する. この際のやり方は自治体によりまちまちだ. また, 閲覧には1件(姓名, 性別, 生年月日, 現住所の4項目)あたり自治体が指定する閲覧料を支払う. 閲覧料が平均300円/件とすれば1万票抽出で300万円かかる. また, 調査票の作成, 印刷, 製本, 封入, 郵送も人件費と郵便代がかかる. 途中で督促はがきを出せばそれ

だけで印刷費用込みで 50 万円以上を要す．さらに回収した調査票からデータを調査実施主体（この場合は私）の指定したフォーマットに入力し，1 次のデータクリーニングを実施して結果をまとめる．だれがやってもコストがかかる大作業である．2013 年調査は有効回答が 3575 票であるから，1 票あたり 3000 円以上を要したことになる．しかも，得られたデータは特定の時点におけるもので，いわば社会関係資本にかんする日本全国のスナップ写真 1 枚を入手しただけである．研究費集めに四苦八苦している貧乏研究者には，1 枚 1200 万円のスナップ写真に心が震えた．

さらに 2018 年から 2019 年にかけて，WEB 調査を 4 本，経済実験を 1 本実施する機会を得た．

WEB 調査 4 本のうち，私が直接実施した 2 本は，それぞれ有効回答 5000 票と 1000 票であり 2 本合計間接費用込みで約 150 万円，有効回答 1 票あたり約 250 円であった．設問数は上記の 2010 年／2013 年調査とほぼ同数である．経済実験は，東京大学のご厚意で専用の経済実験施設を借用させていただき，被験者 249 人で約 500 万円（被験者への謝金と実験用アルゴリズムの開発費が大半を占めるが，その他間接費用をも含む）であった．

4——計算社会科学の登場

過去 10 年間の一番大きな変化は，情報通信技術（ICT）の革新によるイノベーションの民主化であろう．さらに，コロナ禍はその普及を促進した．個人の挙動のリアルタイムの悉皆調査が可能になりつつあると述べたが，リアルタイムの悉皆調査までいかなくとも，演算能力の飛躍的発展を背景とした ICT の高度化により ICT 利用の単位コストが大幅に低減し，とくに 2010 年代にはいり個人でもさまざまな情報発信，それに伴う経済活動が可能になっている．私の友人は個人でネット上でラジオ放送をしているし，私自身も Zoom で毎月研究会を主宰し数十人から 100 人程度の参加者をえている．対面でもながらく実施してきたものだが，コストは対面方式の 10 分の 1 以下である．前節で長々と私の実施してきた調査のコストについて述べた．WEB 調査はネットへのアクセスができる者が対象であるため，回答者のセレクションバイアスがあ

ると批判され，比較的高学歴の若年層，高所得層に偏ったサンプルになり，結果の代表性に問題があると言われ続けてきた．しかし，これもスマートフォンの普及，高齢者の WEB アクセスの普及により，代表性の欠如という批判は的外れになりつつある．

　そしてなによりも，WEB 調査はコストが従来の郵送法に比し大幅に低い．上述の私のつたない経験からでも，郵送法調査から WEB 調査への移行で，データの収集コストは 1 件 3000 円以上から 250 円程度へ，控えめにみても，12 分の 1 以上低減した．本末転倒で邪道なコメントではあるが，WEB 調査でも理論的仮説どおりの分析結果が得られるようになったのは事実である．また，WEB 上での人々の情報のやり取りが普通の日常で行われるにしたがって，国際的なジャーナルも WEB 調査にもとづく分析結果でも採択するようになった．

5——計算社会科学の定義

　経済実験も，上述の紹介例では当該実験専用のアルゴリズム開発費も含んでいたが，専用の実験施設からはなれ，スマホないしは PC で実験が可能になれば，大幅にコスト削減が可能であり[6]，すでに被験者 4000 人規模での実験も実施されている．すでに触れた，マシュー・サルガニックの『ビット・バイ・ビット』は，その第 4 章「実験を行う」で「変動費用ゼロのデータを作る」という節があり，アナログな実験とデジタルな実験のコスト構造比較の簡単な概念図が提示されている〈Salganik 2018, 邦訳 p. 193〉．横軸に被験者数，縦軸に費用をとって，アナログ実験の費用曲線は固定費に被験者数に正比例した変動費を足した直線，つまり被験者数の増加に応じて費用が増加する．一方，デジタル実験は固定費のみで変動費がゼロなので，被験者数が増加しても費用は変わらないという図が掲載されている．私はこの図を計算社会科学自体の定義に用いたい．すなわち「計算社会科学とは，ネットワークを中心とした社会科学の分析に必要なデータのデータ単位あたりの費用を低減させる技術を用いた社会関係の社会科学分析を行う研究領域である」と．

　上述のサルガニックの教科書を読むと計算社会科学の基礎に調査コストの低減というメリットがあることは間違いない（ibid., 邦訳 pp. 100–101, 110, 142,

185–186, 192–198, 218–219）．費用といってしまうと下世話だと思われる向きには，次のように言い換えてもよい．「計算社会科学とは，調査手法の革新によって人間の相互関係によって成り立つ社会研究の民主化を招来する科学領域である」（Hippel 2005）．

　もちろん，このような門外漢からの定義は受け入れられないかもしれないが，専門家の計算社会科学の定義もさまざまである．日本版の計算社会科学の教科書である『計算社会科学入門』をみると，さまざまな定義が紹介されている（鳥海編著 2021）．

・「人間の相互関係によって成り立つ社会をデータに基づいて解明していく学問」（鳥海，p. I）．
・ビッグデータやコンピューターの活用が可能にするデジタル時代の社会科学（笹原，p. 1）．
・「大規模データやシミュレーションなどの高度な計算技術を用いた社会現象の分析」「ここでいう『計算』は，機会学習を含むデータサイエンス，ネットワーク分析，エージェント・ベース・シミュレーション，および，いわゆるビッグデータを用いた社会現象の分析など，ある程度高度な計算技術をさす」（上東，pp. 289–290）．

　これらの定義は『計算社会科学入門』の著者らによるものであるが，同書は計算社会科学の先駆者らの定義も紹介している．

・「社会科学とコンピュータサイエンスの融合領域であり，Web 上の観察データ分析，仮想実験室実験，コンピューターモデリングの三つの手法によってなされるもの」（Watts 2013, quoted by 岡田・山本，p. 189）．
・「コンピュータが可能にする人間行動と社会的相互作用の研究」，特徴としてオンライン相互作用のデジタルトレースの分析，バーチャルラボ，計算モデルとシミュレーションの三つの方法論を用いる（Michel Macy 計算社会科学に関する国際会議第 1 回大会基調講演，quoted by 笹原，p. 5）．

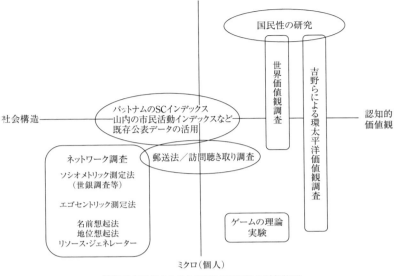

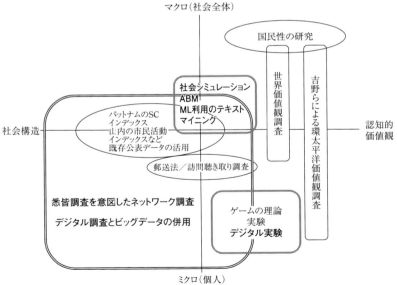

図 5-1　従来の SC の計測法 vs. 計算社会科学を含めた SC の計測法
出所：鳥海編著（2021），Salganik（2018）を参考に筆者作成．

また，瀧川（2018）も以下のように定義している.

・「大規模データを収集および分析する性能を用いて，個人および集団行動のパタンを明らかにする新たな学問分野」（瀧川 2018, based on Lazer et al. 2009），より詳しくは「a）デジタルな観察データ（オンライン上の行動，IoT 等により取得された物理的世界での行動，デジタル化された歴史資料や行政記録を含む），b）オンライン上の実験・サーベイデータ，c）エイジェントベーストモデリング等による分析，等を用いて，社会現象のリアリティとメカニズムの解明を試みる社会科学とコンピュータサイエンスの融合領域」（瀧川 2018）.

　2015 年 6 月にフィンランドのヘルシンキで計算社会科学の第 1 回国際会議（International Conference on Computational Social Science, IC²S²）が開催されて以来，毎年世界的なワークショップが開催され，2021 年に学会（The International Society for Computational Social Science）として組織された[7]. 日本の学会も計算社会科学研究会が IC²S² から半年後に設立され（鳥海編著 2021），2021 年 3 月に計算社会科学会（Society for Computational Social Science of Japan）に名称変更している[8].

6──ビッグデータを用いることについて：ラジ・チェティらの論考の懸念

　私は 2022 年 8 月 1 日に *Nature* 誌電子版に掲載されたラジ・チェティらの 2 本の論考にくぎ付けになった[9]. 「社会関係資本 I──計測と経済的階層移動との関連（Social capital I: measurement and associations with economic mobility）」（Chetty et al. 2022a）と「社会関係資本 II──経済的なつながりの決定要因（Social capital II: determinants of economic connectedness）」（Chetty et al. 2022b）の 2 本である. これらの論考の内容については，第 6 章で詳細に紹介するので，ここではこれらの論考を読んでの懸念を指摘することとしたい. 計算社会科学そのものへの懸念でもあるからだ.
　上記の論文に惹かれたのは，1 つには経済学会では，米国でも英国でも，1999 年から 2002 年にかけて，経済学の大御所が大西洋の西と東でほぼ同時に

第 5 章　測り方と分析の仕方の進歩　127

否定的な態度を表明して以来，真正面からタイトルに social capital をいれた論文は，信頼性の測定や開発経済学以外では，極めてまれであったからだ [10].

　ただ，それ以上に，これらの論文の倫理的側面をどう査読したのだろうと気になった．もちろん，*Nature* 誌であるから，適切な識者の査読を経たことは間違いない．実際，投稿されてから公開まで 11 カ月を要しているし，本論考以前にも全米経済研究所（NBER）のワーキングペーパー（Chetty et al. 2018, revised in 2020）として発表されていた論考をベースにしていたのでそれらを含めれば十分な検討期間があったといえよう．しかし，それでもこうした大規模データ，しかも私企業が収集したデータの扱いについて違和感を覚えた．どのような尺度からみても実証に用いたデータは膨大である．すでに 4000 万人の納税データを用いたチェティらの研究「機会均等の国はどこにある？──アメリカにおける世代間移動の地理学（Where is the Land of Opportunity）」に言及したが，2022 年 8 月発表の 2 本の論文が依拠するデータ数はさらに膨大だ．2 本の論考の最初の 1 本「社会関係資本 I」の冒頭の要約に，「Facebook の 210 億の友人関係のデータを用いて，米国の ZIP コード（郵便番号）別に 3 種類のソーシャル・キャピタルを測定・分析した」（Chetty et al. 2022a, p. 1）とある．さらにたたみかけるように，本文の冒頭第 2 段落に「ここでは米国における ZIP コード地域別社会関係資本のあらたな計測を構築し公表するために，25 歳から 44 歳の 7220 万人 [11] の Facebook ユーザーの社会ネットワークに関するデータを用いた」（ibid., 稲葉仮訳，注は稲葉付記）とある．ちなみに 2020 年米国国勢調査では，25 から 44 歳の人口は 8702 万人であるから，同年齢階層の 83% を網羅していることになる（Blakeslee et al. 2023）．すでに紹介した，私が 1200 万円の国費（国民の税金）を費やして 1 万人に質問票を郵送し，3575 票の有効回答を得た調査（有効回答率 35.75%）のことを思うと，比較するべきものではないが申し訳なさと，同時に自分がみじめになった．そのような私の個人的寂寥感をあざ笑うかのように，チェティらは続いて，「本稿に続く第 2 稿では，高校別，大学別の社会関係資本のデータを公表する」（Chetty et al. 2022a, p. 1）とあるではないか．さらに驚くことに 22 人もいる共著者のうち 4 名が Facebook を運営する META に属していることだ．つまり，Facebook の協力が得られれば，210 億の友人関係データ，7220 万人のデ

128

ータが得られ，かつ高校別，大学別分析まで可能になるのだ．逆に言えば，Facebook の協力なしには何もできない．私の研究者としての寂寥感，敗北感は今度は一市民としての Facebook に対する恐怖感に変わった．

　個人の感傷はさしおいて，いったいどうやって，Facebook の 25–44 歳のユーザー，つまり高校生でも大学生でもない年齢層の個人データを，個別の高校，大学と紐づけて社会関係資本のデータを作ることができるのか．また，チェティらの最初の論文「社会関係資本 I」は個人データから，①社会経済階層（SES）別に高階層と低階層に分け，両階層間の交流状況，②友人ネットワークの範囲，③ボランティア活動の比率などの市民活動への参加，の 3 つを社会関係資本として，これら 3 変数が SES 階層間の移動にどう結びついたかを見ているのだが，そのなかに親の SES の高低と，子どもらの階層間の移動を紐づけている．いったいどうやって親子関係まで特定したのか．2 編の論文には膨大な付論があり，懇切丁寧な説明がなされているのだが，それでも腑に落ちない．また，後編の「社会関係資本 II」ではたしかに全米 1 万 7525 校の 3 分の 1 以上の個別の高校，同じく全米 2586 校の 8 割以上の大学について個別の社会関係指標まで計測している [12]．いずれにせよ，チェティらは Facebook ユーザーの個人データから，いったい何種類のデータを得たのか [13]．当のユーザーたちは自分たちのデータがこのように利用されることを知っていたら本当に承認しただろうか．

　なお，これらの論文のほぼ冒頭で著者たちはソーシャル・ネットワーク上のデータを現実世界での友情とみなすとしている．たしかに，Facebook 上を縦横無尽に豊富なデータを駆使し，従来の調査法では到底収集できない情報までカバーしており，換言すれば，読者は著者らのこの記述に違和感をもたないほど研究対象の実像に迫っているように見える．

　残念ながら，私は上記の懸念についての規制方法についての専門家ではないので，ここで論じることはしないし [14]，チェティら著者の学術的な意図を否定しないどころか，むしろ肯定的にとらえている．しかし，それでもビッグデータの利用にあたっては，すくなくとも 2 点の大きな改善が必要だと考えている．第 1 に大企業の保有データを新しいコモンズとして運営をはかる方策を講ずる必要がある．第 2 にいわゆる BigTech 企業は自然独占企業であり，放置

していれば公益を蔑ろにして私的利益の追求に走り集合行為のジレンマと同じ状況を招来するので，何らかの規制が必要である．この２点については，ステークホルダー間の熟議が必要で，そのためにはオストロムがコモンズ運営の設計概念として提唱する社会関係資本が有用であろう[15]．

7──社会関係資本からみた計算社会科学の可能性：関係基盤と関係流動性[16]

本書の第１章で関係流動性，第３章で関係基盤の２つの概念を紹介したが，本節ではさらにこれら２つの概念を結合して分析することのメリットを述べたい．個人の所属するネットワークは家庭，学校，職場，趣味や運動のサークル，など多岐にわたる．しかも，学校だけでも保育園，幼稚園，小学校，中学校，高校，専門学校，大学，大学院とさまざまなネットワークに属している．これを三隅一人は関係基盤[17]と呼んでいるが，もし，個人の関係基盤まで正確にとらえることができれば，特定の個人の関係流動性だけではなく，その個人が持つそれぞれの関係基盤の関係流動性まで計測できるので，関係流動性の観点から個人のもつ関係基盤のポートフォリオとその特性を特定できるかもしれない．家族といった血縁関係の関係基盤は関係流動性が低いので，組み換えは難しいし，地縁関係も同様であろうが，それ以外の関係基盤は個人の意思で組み換えが可能かもしれない．個人がもつ悩みや困難への対処も，本人の関係基盤のポートフォリオが分かれば，関係流動性をどう改善するかという観点から，より具体的に考えることができよう．社会関係資本は，政策手段との結びつきがよくわからないという批判があるが，こうした批判にも，関係基盤のポートフォリオまで捉えることができれば，関係流動性の低い関係基盤の処分（関係を絶つこと）も含めた関係基盤の組み換えにより具体的な対応を処方することができるかもしれない．また，まちづくりなどの行政の介入についても，関係基盤の形成によってどのようにコミュニティの関係流動性を醸成するかの目安になるかもしれない．

しかし，従来は，個々人の持っている関係基盤の正確な特定は不可能であった．さらに，それぞれの関係基盤が関係流動性の観点からどのような評価ができるかも特定しなければならない．上述のスナップ写真の段階では夢物語であ

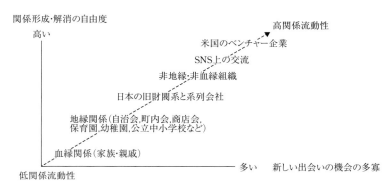

図 5-2 関係流動性と関係基盤
出所：筆者作成.

った．しかし，チェティらの研究によれば，倫理的な配慮とデータを保有する BigTech 企業の問題を別にすれば，技術的には現実に可能になった．SNS 上のデータを現実世界とみなして，個人の保有する関係基盤，さらには高校，大学などの単位の関係基盤，それぞれの特性を把握することができれば，関係基盤の特性と関係流動性との関連を研究すれば，それこそ個人を対象に，個人の社会関係資本のポートフォリオ戦略を呈示することもできるし，同じ発想で企業，組織，コミュニティ単位の施策に社会関係資本を活用することができるかもしれない．

8 ── こころのひだを探る：潜在連合テスト（IAT）

第 4 章でマイクロアグレッションの概念を紹介したが，ここでは潜在連合テスト（implicit association test, 以下 IAT と略）によって測定される非意識下のバイアスについて紹介する．高木大資はマイクロアグレッションと IAT との違いを以下のように述べている．

「マイクロアグレッションは無意識的に行われる差別的な言動（i.e., 行動）であり，Implicit Association Test（IAT）ではその背後にある潜在的な偏見が測定されます．現代社会では『差別はいけないことだ』『平等が大切だ』

という社会規範が広く共有されており，また多くの人が『自分は差別主義者
ではない』と思っています．そのため質問紙で偏見を測定しようとしても，
顕在的な態度としては表出されなくなっています．それでもマイクロアグレ
ッションのような差別的な言動がなくならないことを，IAT によって測定
される潜在的な偏見がうまく説明します．すなわち，マイクロアグレッショ
ンの背後に，IAT で測定されるような潜在的な偏見の影響がある，という
ことになります」（2023 年 10 月 19 日私の質問に対する高木返信）．

　本節では IAT をマザーリン・バナージとアンソニー・グリーンワルドの共
著『心の中のブラインド・スポット——善良な人々に潜む非意識のバイアス』
に依拠して紹介する（Banaji and Greenwald 2013）．その邦訳者である北村英
哉は同書の訳者あとがきで，「21 世紀の偏見の社会心理学研究は IAT 研究の
怒濤の洪水で幕があけられたといっても強調のし過ぎとは言えないと思われる．
……言葉の取り繕いによる自己報告的アンケートという旧来の手法に対してオ
ルタナティブを呈示したというだけでも，関連する学術領域にとっては研究方
法の一大革命」（ibid., 邦訳 pp. 324–325）であると述べている．

花―虫テスト

　バナージとグリーンワルドが最初に作った潜在連合テストは花―虫テストで
あった．A と B の 2 つのテストからなり，それぞれ正答率と回答時間を計測
する．どちらを先にしてもよいが，A は 28 の単語を示し，それぞれの単語に
ついて「虫または良い意味の単語」か「花または悪い意味の単語」かの二択の
うちどちらに該当するかを判断させる．28 語の内訳は，虫と花がそれぞれ 7
語ずつ，そのほかに良い意味の単語（快語）7 語（「優しい」「天国」「幸福」「友
だち」「陽気」「愛」「楽しむ」），悪い意味の単語（不快語）7 語（「損害」「吐く」
「苦痛」「毒」「悪魔」「陰気」「醜い」）である．つまり，虫／良い意味の単語，
花／悪い意味の単語，という組み合わせで選択肢ができている．テスト B は
「花または良い意味の単語」か，「虫または悪い意味の単語」かを 28 の単語そ
れぞれについて判断させられる．つまり，テスト B では，A と異なり，虫と
悪い意味の単語，花と良い意味の単語という組み合わせでどちらかを選択する．

私もこのテストを受けたが，テスト A「虫または良い意味の単語」か「花
または悪い意味の単語」かという選択肢では，大変回答に時間がかかり 1 問
2.96 秒合計 83 秒を要した．しかも 28 問中 3 問も間違えた．正直なところ，
ショックであった．ところが，テスト B「花または良い意味の単語」か「虫ま
たは悪い意味の単語」かと問われると，とても回答しやすく，1 問 1.61 秒合
計 45 秒で終わり，しかも誤答はゼロであった．
　IAT の理屈は，人の脳は何年にもわたる過去の経験からの蓄積を反映し，
IAT で求められた 2 択による分類でも，それから逃れられないからだという
（ibid., 邦訳 p. 76）．

　　「カテゴリーが，良いものや悪いもの，というような共通の特徴で関連付
　けられる場合，それらの共有された特徴のことを心理学者はベイレンス（va-
　lence）もしくは感情値と呼ぶ．人は，ポジティブなベイレンスには魅力を
　感じ，ネガティブなベイレンスには嫌悪感を感じる」（ibid., 邦訳 p. 77,（　）
　内は稲葉付加）．

花の名前と心地良い意味をもつ快語とに共有されるポジティブなベイレンス
は，2 つのカテゴリーを 1 つに結びつけるような心的な接着剤として機能し，
逆に花と不快語，虫と快語の組み合わせでは，1 つのカテゴリーではなく 2 つ
のカテゴリーが混在していると認識されるため関連性を見出すのが難しくなる
からだとしている（ibid., 邦訳 pp. 76–77）．
　著者たちはさらに IAT の意味を次のように敷衍している．物事や人への選
好は，2 つの異なる形，すなわち内生的で意識的な心と自動的で非意識的な心
の 2 つのシステムをとる．しかも，この 2 つが解離することがあり，IAT は
内生的で意識的な心と自動的で非意識的な心，両者の解離を明らかにしている
のだという（ibid., 邦訳 pp. 96–97）．しかも，自動的で非意識的な側面は自分自
身にとっても「他人」であるとも断言している（ibid., 邦訳 p. 97）．

人種 IAT
花―虫テストは，IAT の創作者である 2 人の著者自身も言っているように，

虫より花のほうが自動的な非意識の世界でも好ましいという，ある意味のどかな二択であったが，彼らが次に作った人種 IAT は多くの人々に衝撃を与えた（ibid., 邦訳 pp. 104-105）．これは，花と虫の代わりに，アフリカ系アメリカ人の顔とヨーロッパ系アメリカ人の顔に変えたものである．私はこのテストも受けたが，「良い意味の単語またはアフリカ系アメリカ人の顔」対「悪い意味の単語またはヨーロッパ系アメリカ人の顔」との選択（テスト A）には 1 問あたり 4.36 秒，合計でなんと 122 秒もの時間を要し，28 問中 1 問誤答した．ところが，驚いたことに「良い意味の単語またはヨーロッパ系アメリカ人の顔」対「悪い意味の単語またはアフリカ系アメリカ人の顔」との選択（テスト B）には 1 問あたり 2.68 秒，合計 75 秒で終了し誤答はゼロであった．私は米国に 5 年，フランスに 3 年居住し，さらに開発コンサルタントとして 2 年間アフリカを含めて発展途上国，2 年間金融機関の国際部門の担当者として先進国を飛び回り，もちろん人種間の平等を強く信奉するものであるが，前者のテストではとても躊躇して回答し，後者のテストでは全く躊躇うことなくすらすらと回答した．

　この結果は著者たちによれば非意識の偏見を計測するものであり，その後の数々の実証研究で差別的判断や行動を統計的に有意に予測でき，かつ従来の質問紙による測定法よりもより正確に予測できることが明らかになったという（ibid., 邦訳 pp. 90-91）．私の感想では，私の人種に対する自動的で非意識的な心を明らかにしたということであるが，非意識的であるという点では，少し違和感を持っている．上で述べたように，私は長期にわたる海外経験があり，米国で何回もアフリカ系アメリカ人による暴力行為を目の当たりにしている経験があり，たとえば暗がりで人どおりが少ない環境で，アフリカ系アメリカ人と行き交う時は常に警戒していたので，このような結果になるのは当然ではないかと感じた．つまり，私についていえば，アフリカ系アメリカ人について明らかにバイアスをもっており，それは自分を守る本能に由来し，むしろ意識的なものであった．IAT が従来の質問紙調査にはない心の側面を明らかにした点に異存はないが，非意識ではない部分も含めて計測しているのではないか．換言すれば隠れた偏見に加えて，明示的に意識的な心からの解離の幅を測定しているのではないかと考えている[18]．

ステレオタイプと IAT

ある集団全員を同じ属性でくくってしまうことを「ステレオタイプ」という（ibid., 邦訳 p. 125）. とんでもなく古い話で恐縮だが,『素晴らしきヒコーキ野郎』という往年の名画があり, 1910 年ロンドン・パリ間の飛行機レースを舞台に賞金目当てにアメリカ, イタリア, フランス, イギリス, スコットランド, 日本などから飛行家が集まって, 大騒ぎを繰り広げるのだが, そのなかで, 石原裕次郎演じる日本人パイロットはせっかち, フランス人はプレイボーイ, ドイツ人はマニュアル重視などと描かれていたことを, 不思議なことに当時 16 歳だった私は, つまり 58 年もたった今でも, とても鮮明に覚えている[19]. これは「ステレオタイプ」であろう. ステレオタイプは好意的ではないものが多いということだが, 多次元な要素がある対象をいとも簡単にひとくくりにしてしまい,「初対面の人たちを異なった個々人として素早く認識する助けを提供する効果をもつ」（ibid., 邦訳 p. 150）との指摘はまさにその通りで, だからこそ容易に忘れない粘着性[20]をもつものであった.

人種 IAT に疑問を呈示したが, 集団の特性をある概念（たとえば, 科学対芸術）とそのグループ（例えば, 女性対男性）との関連を表す単語セットであぶりだす IAT はさまざまなカテゴリーのステレオタイプを検出することもできる.

WEAT：時空を超えてステレオタイプを検出する

さらにわが国における計算社会科学研究のトップランナーのひとりである瀧川裕貴は, IAT の概念をさらに敷衍し, 大規模言語データ（テキスト）と人工知能を用いることにより, 新しい社会意識分析が可能になるかもしれないという（瀧川 2023）. 社会意識の調査手法としてはアンケート調査とインタビュー調査があるが, いずれも調査票や質問に反応することが必要で, 回答者側が調査の主旨を忖度して回答するなどのバイアスが生じ得るし, 回答者が意識して言語化する必要があった. また, 当然だが意図して収集する必要があった.

これに対して第 3 の方法として提唱されている大規模言語データと人工知能を用いた新しい社会意識分析（単語埋め込みモデル Word-Embedding Association Test, 以下 WEAT と略）がある. これは, 自然な状況で書き手が表現した

ものを用いるので非反応的であり，意識的ではなく当事者が必ずしも意識していない考え方，バイアスや偏見，言葉の選び方，連想の仕方など潜在意識が含まれ，かつテキストさえあればアンケートやインタビューの記録が存在しない過去の社会意識にもアクセス可能で社会意識を歴史的に遡及しての分析も可能になる．人工知能によるテキスト分析を通して，自然な状況での，非反応的で，潜在意識を含む様々な思考や態度を，歴史をさかのぼって単語の表すカテゴリーや概念を定量化して，カテゴリーや概念の意味や関係性を量的に分析すること，さらにはその時代環境におけるステレオタイプの学習までが可能になるという．

　心理学のステレオタイプ研究の手法にはすでに IAT があるが，WEAT は IAT に類似した測定が時代をさかのぼって可能になるという．具体的には Google が，1500 年から英語なら 2019 年までの間に刊行された印刷物のテキストをデジタル化したデータセット Google Books（2023 年 10 月時点）を作成しており，この検索エンジンとして Google Ngram Viewer（Ngram）が提供されている．このデータを用いて Google Books を用いて WEAT で過去にさかのぼれば，たとえばステレオタイプの研究も可能になる．アイリーン・カリスカンらが開発した WEAT を用いた社会的グループ・バイアスに関する典型的な単語埋め込み研究では，研究者は，ある概念（たとえば，科学対芸術）とそのグループ（たとえば，女性対男性）との関連を表す単語セットを選択していた（Caliskan et al. 2016）．これは上で述べてきた IAT の花—虫テストで，快語対不快語と花対虫との関連や，人種 IAT の快語対不快語とアフリカ系アメリカ人の顔対ヨーロッパ系アメリカ人の顔，との関連を調べるのと似ている．瀧川によれば「情報量豊冨で，無意識の反応も含めた自然な状況での社会意識を，歴史をさかのぼって検討することが可能」（瀧川 2023）としている．

WEAT の具体例

　すでに多くの研究者が Ngram を活用して歴史をさかのぼった分析を実施している．たとえば，上述の『心の中のブラインド・スポット——善良な人々に潜む非意識のバイアス』の著者の 1 人マザーリン・バナージも共著者として「グーグルブックスからの言語埋め込みの 200 年にわたる社会グループの歴史

的顕出性」という論文をテレサ・チャールスワースらと発表しているが，これ
は英語の Google Books を用いて 1800 年から 1999 年の間に刊行された 8500
億語のデータから性別，人種，国籍，年齢，体重，階級などの 14 の社会グル
ープと，約 1 万 4000 語および 600 の特質（traits）のリストとの関連を調べた
研究で，著者らによれば最も広範な正負のベイレンスの評価を提供するものだ
という（Charlesworth et al. 2022）．しかも，上述のカリスカンらの論文（Cal-
iskan et al. 2016）ではある概念（たとえば，科学対芸術）とそのグループ（た
とえば，女性対男性）との関連を表す単語セットを研究者がトップダウンで自
ら提示していたが，チャールスワースらの論文（Charlesworth et al. 2022）で
は自然言語処理技術を利用して，文献からボトムアップで関連のある単語セッ
トを抽出している．彼らは多くの興味深い結果をえているが，なかでも社会的
集団のステレオタイプは，200 年以上経っても類似した内容を維持しているが，
その意味的構成は，当然のことながら時間の経過とともに徐々に変化し，より
現時点に近い数十年のほうが遠い数十年よりも類似した単語が多い．ただし，
ステレオタイプの平均的な良いベイレンスと悪いベイレンスの比率は安定して
いた．

　ちなみに私が初めて Ngram を使用した分析に接したのは，2018 年 10 月 20
日に東京・六本木の政策研究大学院大学で行われた日本学術振興会人文学・社
会科学データインフラストラクチャー構築プログラムシンポジウム「データの
活用による人文学・社会科学の飛躍的発展」におけるパットナムの講演であっ
た．本書の終章で紹介するパットナムの著作『*The Upswing*』（邦題『上昇』）
の基本構想を紹介するなかで触れられたのだが，当時 77 歳の碩学のあくなき
知的探求にただただ驚嘆し頭が下がる思いであった（Putnam and Garrett
2020）．

　もちろん，Google Books のデータは過去に遡れば遡るほど論文ではなく書
籍に掲載されている語彙が中心になるので，ベストセラーのなかの特定の一語
とほとんど読者がいない学術論文のなかの同じ語彙の一語とを両方とも 1 語と
捉えた時系列比較が果たして適切な比較といえるかなど，疑問は尽きないのだ
が [21]，すくなくとも，IAT から WEAT へと時空を超えての分析が，しかも
一切調査やサーベイなし（Ngram はいまのところ無料なので格安）に可能とな

第 5 章　測り方と分析の仕方の進歩　137

ったことは大きな進化であろう.

IAT の結果を社会関係資本の視点から解釈する

さて，IAT で計測された非意識下のバイアスは社会関係資本とどう関連しているのであろうか．管見のかぎりでは，ネットワーク，信頼，規範などの社会関係資本の構成要素と IAT との関係の分析は今後の課題であり明確なところはまだ不明である.

ただ，本節で主に依拠しているバナージとグリーンワルドの共著によれば，IAT の結果は「人の脳は何年にもわたる過去の経験からの蓄積を反映している」（Banaji and Greenwald 2013，邦訳 p. 76）とのことであるから，「過去の経験からの蓄積」，つまり個人レベルのストックとしての社会関係資本の非意識下のバイアスを捉えているのかもしれない.

バナージとグリーンワルドは，IAT によってステレオタイプを明らかにした後，その知見に基づいて「内集団ひいき」がその集団に属さない人々に与える不利益に最も寄与している要因ではないかとしている（ibid., 邦訳 p. 245）.つまり，米国での最も顕著な例としては，白人の非意識での自らの内集団ひいきが黒人やその他の非白人集団に対する否定的なステレオタイプの形成をつうじて，黒人らへの不当な扱いを招来する．第 4 章で社会関係資本のダークサイドとして，以下の 6 つの基本的な切り口をあげた．詳細な検証は今後の課題であるが，理屈からみれば，6 つのすべてに程度の差はあろうが IAT からの知見がおおむね該当するのではないか.

① すべてのクラブ財としての社会関係資本が潜在的にその組織に加わっていない者に対し負の外部性を持つ．これはまさに IAT が明らかにする「内集団ひいき」である.
② クラブ財が組織のメンバーにも負の外部性を持ちうること．たとえば，白人が人種差別に関する自ら非意識下のバイアスをもつことを明らかにされ困惑する.
③ 外部性を市場へ私的利益のために内部化（社会関係資本の悪用）すると社会全体が悪影響を被ること．非意識下のバイアスがあると，悪意はなくとも

身内や知人に有利な選択をする.

④　その結果社会全般への信頼など公共財としての社会関係資本が，クラブ財・私的財としての社会関係資本の負の外部性により壊される．悪意はないにしても，身内や知人に有利な選択をすると，当該個人の内集団に属さない者たちの機会を失わせ，社会全体に悪影響をおよぼす[22].

⑤　非意識下のバイアスによる内集団ひいきが存在すると，社会関係資本の偏在（格差）による規範の適用の不公平が生じる.

⑥　その結果社会全体に生じる経済社会格差の一層の拡大，腐敗の亢進，一般的信頼の低下をもたらす不平等の罠，の悪循環が生じる.

9——社会関係資本による社会実装：実装科学の観点[23]

社会関係資本は現実の施策としての社会実装の前提条件となるが，その点については第6章で扱う．ここでは，さまざまな施策の社会実装においても社会関係資本の視点が役に立つという点を明らかにするために，実装科学の観点を紹介したい．実装科学は施策の社会実装のための諸条件のチェックを通じて実装のプラットフォーム形成を助け社会実装の効率化を目指す学問領域である．実装科学にはさまざまな方式が提案されているようであるが[24]，ここではローラ・ダムシュローダーらによる統合フレームワーク（consolidated framework for implementation research, 以下 CFIR と略）の5つのフレームワークと39の構成概念を解説した2021年統合フレームワークを紹介し（Damschroder et al. 2009），その後，私からみた CFIR と社会関係資本の関連を述べたい．まず，実装科学の定義について，上述の統合フレームワークの監訳者の1人である今村晴彦は次のように定義している.

　「実装科学 implementation science とは，学際的なアプローチにより，患者，保健医療従事者，組織，地域などのステークホルダーと協働しながら，エビデンスに基づく介入（evidence-based intervention, EBI）を，効果的，効率的に日常の保健医療福祉活動に組み込み，定着させる方法を開発，検証し，知的体系を構築する学問領域である」（今村 2023a）.

また，今村は健康分野でのファインディングの社会実装を目的とした保健医療福祉活動と限定的に定義しているが，同時に源流を米国の社会学者エベレット・ロジャーズの「イノベーション普及理論」[25]に求めている．実際 CFIRの解説サイトでも冒頭につぎのような記述がある．

　　「CFIR は，効果的な実施に関連する構成要素のメニューを提供するものである．……エベレット・ロジャーズの『イノベーションの拡散理論』や，[3 の科学分野にまたがる 500 の発表資料のレビューに基づく Greenhalghらの編集を含む，19 のフレームワークや関連する理論から構成要素を含んでいる．CFIR は，さまざまな構成概念の用語と定義を検討し，それらを 1つの整理されたフレームワークにまとめた」（www.cfirguide.org, 稲葉仮訳）．

　つまり CFIR は健康分野の「介入」の効率的な実施を目的としているが，ロジャーズの技術革新を意識したイノベーションの普及学から派生してきているので，本来は学際的に広範なイノベーションの実装に関する研究である．したがって私見では，まちづくりなどの学際的知見が必要な事案・施策の実施にも適用可能と考えている．

　図 5-3 は「保険医療福祉における普及と実装科学研究会」RADISH の翻訳メンバーによる CFIR の全体像を示したもので，5 つの領域として，I．介入の特性，II．外的セッティング，III．内的セッティング，IV．個人特性，V．プロセスをあげている．また，これらの 5 つの領域ごとのそれぞれの領域の構成概念がその概略とともに列挙されている．以下は，構成概念の概略であるが，RADISH による翻訳を，私の解釈で保健医療福祉分野以外の領域に拡張して適用することを考慮し，保健医療福祉領域の用語とは異なる簡略な表現に言い換えている部分があるので，厳密性に欠ける部分ないしは誤りがあるかもしれないが，CFIR の適用範囲を拡げるための試みとしてご理解いただきたい．それぞれの構成要素の説明の後に（　）内に入れてあるローマ数字とアルファベットの組み合わせと用語は上述の 2021 年統合フレームワークにおける表記である．

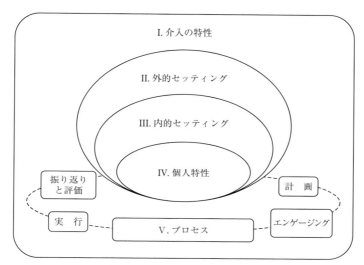

図5–3 CFIRのフレームワーク
出所:CFIR RESEARCH Team-Center for Clinical Management Research(邦訳 p. 13).

I. 介入の特性:健康福祉分野が対象なので「介入」という表現を用いているが,私の説明では「施策」に言い換えている.相対的優位性,適応性(両立性),試験可能性(試行可能性),複雑性などはロジャーズの「イノベーションの普及論」にもみられる用語である(Rogers 1982).

① 実装する施策の特性の把握(I–A 介入の出処)
② 施策が依拠するエビデンスの強さと質(I–B)
③ 施策代替策についてのスーテークホルダーの認識,代替策との比較(I–C 相対的優位性)
④ 現場の実情に適応しているか(I–D 適応性)
⑤ 試験的に小規模に実施しうるか,かつうまくいかない場合は取り消しが可能か(I–E 試験可能性)
⑥ 実施にあたっての困難性の認識(I–D 複雑性)
⑦ 実施がまとまりのある形で,かつ提示,組み立てがうまくできているかの認識(I–G デザインの質とパッケージング)
⑧ 施策の実施に要する費用(I–H)[26],の8つである.

II. 外的セッティング：施策実施主体の組織の外部環境を意味しているように読める．CFIR では健康福祉分野を念頭においているので患者という表現がでてくるが，ここでいう患者とは一般的なシチュエーションで言えば，施策の対象となる個人であろう．具体的には以下 4 つを挙げている．

⑨　施策の対象となる個人のニーズとそれをみたすための阻害要因・促進要因を，施策を実施する組織が正確に把握し，かつ優先順位付けがなされている程度（II-A 患者のニーズと資源），個人（患者）のニーズとしているので，これはむしろ次に掲げる内的セッティングに分類するほうが適切かもしれない

⑩　他の外部組織とのネットワークの程度（II-B コスモポリタニズム），これも，施策実施主体がもつ他の組織とのネットワーク，つまり実施主体がもつネットワークであるから，内的セッティングであろう

⑪　施策実施に伴う他の組織との競合状態（II-C 同業者からの圧力）

⑫　施策実施と関連する政府などのより広い概念の組織，そのガイドラインなどを含む施策，協働などのインセンティブ（II-D 外的な施策やインセンティブ），である．

III. 内的セッティング：内的とは施策の実施主体である組織を指しているように読める．訳者らの追加解説では「介入を実施する組織内部の構造的，政治的，文化的文脈のこと．内的セッティングは，実装の背景としてだけではなく，実装と盛んに相互作用する場としてますます認識されつつあります」（CFIR 邦訳 p. 38）とある．この領域と構成要素もネットワークとコミュニケーション，さらにリーダーシップなどについてはロジャーズの「イノベーションの普及論」の影響が色濃くみられる．なお，文化（culture）と風土（climate）という概念が出てくるが，CFIR では「文化はしばしば，比較的安定し，社会的に構築され，無意識的」とし「概して漠然として包括的である文化のうち，局所的でより明白に現れたものを風土として」いる（ibid., 邦訳 p. 43）．

⑬　施策実施主体の構造的諸特性（III-A 構造特性）

⑭　施策実施主体の公式の組織構造，組織内ネットワーク，組織内コミュニケーションの相互作用を含めた意味でのネットワークとコミュニケーショ

ン（III–B ネットワークとコミュニケーション）

⑮　施策実施主体の組織の規範，価値観，基本的な前提（III–C 文化）

⑯　施策実施主体の変化を吸収する能力，施策実施に対する関係者間の受容性と報奨，支援，期待の程度（III–D 実装風土）

⑰　施策実施決定についての組織のコミットメントについての，明確かつ直接的な指標（III–E 実装の準備性），である．

さらに⑯の実装風土と，⑰の実装の準備性についてはそれぞれ以下の 6 項目と 3 項目が含まれる．

実装風土の 6 項目

⑱　利害関係人が現状を変えるべきとしている度合い（III–D–1 変化への切迫感）

⑲　施策の意義・価値観・リスク，そのために要するワークフローやシステムが現状とどの程度適合しているか（III–D–2 適合性）

⑳　施策の重要性についての組織の個々人で共有された認識（III–D–3 相対的優先度）

㉑　施策主体が適用するインセンティブ（III–D–4 組織のインセンティブや報奨）

㉒　目標とフィードバック（III–D–5）

㉓　チームリーダー，メンバー相互依存性の表明と認識，振り返りと評価のための十分な時間と場所，施策実施についての安心感（III–D–6　学習風土）

実装の準備性の 3 項目

㉔　リーダー，マネージャーのコミットメント（III–E–1 リーダーシップ・エンゲージメント）

㉕　利用可能な資源（III–E–2）

㉖　知識や情報へのアクセス（III–E–3）

IV. 個人特性：以下 5 項目あげている.

㉗　介入についての知識や信念（IV-A）

㉘　自己効力感（IV-B）

㉙　個人の行動変容のステージ（IV-C）

㉚　組織との一体感（IV-D）

㉛　その他の個人的特性（IV-E）

V. 領域プロセス（V）：以下の 8 つの構成概念が提示されているが，この領域がもっとも強くロジャーズの「イノベーションの普及論」の影響がみてとれる．オピニオンリーダーやチェンジ・エージェントはロジャーズにも頻出する概念である．

㉜　計画（V-A）

㉝　実装のための活動戦略を適切な人材を引きつけ関与させる（V-B エンゲージング）

上記に関連した以下の 4 構成概念として：

㉞　オピニオンリーダー（V-B-1）

㉟　公式に任命された内部の実装リーダー（V-B-2）

㊱　実装の支援，マーケッティング，完遂に全力を傾ける個人（V-B-3 チャンピオン）

㊲　外部のチェンジ・ニージェント（V-B-4）

㊳　実行（V-C）

㊴　振り返りと評価（V-D）

社会関係資本との関連

CFIR の概念，とくに構成概念の多くが社会関係資本と密接に関連しているか，あるいは社会関係資本そのものである．社会関係資本の 3 つの代表的な構成要素，ネットワーク，信頼，規範からみると，まずネットワークは⑩のコスモポリタニズム（組織が他の外部組織とネットワークで結ばれている程度），と⑭社会的ネットワーク網の性質と品質，および組織内の公式・非公式なコミュニケーションの性質と品質が関連している．事実，⑩と⑭については，CFIR

提唱者のダムシュローダーも社会関係資本としている（Damschroder et al. 2009, pp. 7–8）．さらに，信頼（信頼性），規範（ないしは制度）を含めると，⑪の仲間組織・競合組織，オストロムの定義にある制度（ローカルルール）を含めると⑫外的な施策やインセンティブ，さらに⑮組織の規範・価値観，⑲適合性（個人の規範・価値観），㉑（制裁を負のインセンティブ・報奨ととらえれば），㉓（メンバーの信頼性），㉚組織との一体感（組織への信頼）など CFIR39 の構成概念のうち，9項目が社会関係資本そのもの，ないしはそれと関連している．表 5-2 はこの状況を，今村がまとめたものだ．

　ただ，CFIR で示される変数は施策を実現するにはどれも重要でもっともなものであるが，現場は上述のリストを提示されたらばむしろ困惑するかもしれない．優先順位とその背景にある理論が少なくとも私が読んだ限りでは見えないからである．事実，どれも重要というのでは，現場ではどこから手を付けたらよいのかわからないので実装科学は 39 の構成概念のどれが，あるいはどのような組み合わせが，実施しようとする施策に照らして，もっとも効率的であるかを明らかにすることを研究している．したがって，実施主体の指導者がオーケストラの指揮者のように，それぞれのパートの担当者に指示を出すことが求められる．もちろん，プロジェクトの実施主体である組織が置かれている環境は千差万別であり一概にどのやり方が良いかは決めつけられない．施策の実現は，トップの社会関係資本とそれによって醸成されている組織内と組織外のネットワークの現状，それに伴う，規範，信頼に依拠している．つまり，施策の実現・実装においても社会関係資本が重要な役割を担っている．私見であり，エビデンスについては第 7 章を参照していただきたいのだが，過去に見てきた企業・組織不祥事に鑑みれば，まず第 1 に組織のトップの個人特性から確認する必要があり，第 2 に組織の成員の個人特性，第 3 に組織内のネットワークとコミュニケーションの現状の把握，第 4 に文化，第 5 に実装風土の把握，と進めることが実効的だ．結局のところトップと組織の社会関係資本の確認から進めれば，つまり自分たちが持つ社会関係資本を理解していれば，（実施主体には何が不足し，それをどう補うかを明瞭にするために分析するのだから）実施しようとしている施策の特性の分析，実施主体を取り囲む環境の分析，施策実施のプロセス策定もおのずと明らかになり，かつ，より具体的に施策実施のプロ

第 5 章　測り方と分析の仕方の進歩　145

表 5-2　今村による社会関係資本と CFIR との関係

領　域	構成概念	概念の説明および社会関係資本・キャピタルとの関連
II　外的セッティング	コスモポリタニズム/同業者からの圧力	"外部の"組織との非公式な組織間ネットワークであり、橋渡し型のソーシャル・キャピタルを示す。そうした外部とのネットワークがある組織では、取組み(イノベーション)が規範として他組織から受け入れられること(組織間の規範形成)、実装に対する圧力がかかり、実装が促進される。
III　内的セッティング	ネットワークとコミュニケーション	組織"内"における公式・非公式なネットワークとコミュニケーション。組織内の結束型ソーシャル・キャピタルはチームとしての一体感や共同体感覚を促し、チームが安定するため実装に成功しやすい。また、組織内における部門をまたいだ橋渡し型ソーシャル・キャピタル(境界連結)があることで、「複雑に絡み合う権力」を弱め、実装しやすい環境がつくられる。
	文　化	組織の基盤となる規範意識や価値観(認知的ソーシャル・キャピタルなど)。文化は目に見えにくいものであるが、「ネットワークとコミュニケーション」などの組織環境の土台となるものであり、実装に大きな影響を与える。文化に目を向けず、組織の目に見える客観的な側面(構造的ソーシャル・キャピタルなど)のみを変えるだけでは実装がうまくいかないことが多い。
	実装風土	組織全体の「文化」を基盤とした、部署ごとなど局所的にみられるチーム力など。取組み内容に対する関係者の認識が組織の規範意識と一致しているか(適合性)、またそれぞれに取組むことが推奨されているという規範があるか(組織のインセンティブや報奨)、リーダーが自らの誤りを犯す可能性を認める、個人が新しい方法を試みる際に心理的に安心感をもつなどの信頼感があるか(学習風土)など、ソーシャル・キャピタルの高いチームほど実装の促進につながる。
IV　個人特性	組織との一体感	所属スタッフが組織との一体感をもつ組織、すなわち組織に公正な規範がありスタッフに対する信頼があるような組織では、個々のスタッフが実装に前向きに取組みやすい。
V　プロセス	エンゲージング	関係者の主体的な関与のこと。組織内外の関係者との潜在的なネットワークをいかにつくり、実装の取組みに関与してもらうかが、実装に大きく影響する。例えば実装科学に特徴的な用語として「チャンピオン」がある。これは、現場でその取組みに熱心な人という意味を表し、必ずしも公式な役職をもっているわけではないが、チャンピオンの関与が実装を促進するといわれる。

出所：今村 (2023b, p. 56)。著者および版元の許可を得て転載。

図 5-4 コールマンのボートからみた社会実装における社会関係資本の役割
出所:筆者作成.

ジェクトメンバーが考えることができるようになるのではないか．また，施策の社会実装はミクロレベルとマクロレベル双方についての理解が必要であるから，ミクロ・マクロ＝リンクの概念である社会関係資本が，組織がプロジェクトの実施にあたっての道筋をつけるためにも役立つと考えている．つまり，手前味噌で実装科学分野の研究者からはお叱りを被るかもしれないが，社会関係資本を軸に優先事項を選定していくと社会実装が効率的に実施できるのではないかと考えている．いずれにせよ，CFIR は社会関係資本が，さまざまな施策の社会実装に役立つ概念であることを明らかにしてくれている（表 5-2 および図 5-4）．今村は「（実装科学は）ソーシャル・キャピタルの概念を実践知に転化」したものと捉えている（今村 2023b, p. 60）が，私もその通りだと考える．

第 **6** 章
過去の実証研究から明らかになったこと
データの整備と理解の深化

1——はじめに：機序についての仮説

　コールマンが社会関係資本を理論的に提唱してから 2023 年で 35 年もの歳月が経過した．この間，第 3 章と第 5 章で言及したように，2002 年以降経済学における社会関係資本の論文数は，アローとソローという 2 人のノーベル経済学賞受賞者の批判をうけ，大幅に減ったのだが，経済学以外の分野における社会関係資本に関する論文は毎年着実に増加し，2023 年には控えめにみても年間 3000 本を超えてきた（図 6-1）[1]．『社会関係資本』と題する解説書を 2003 年から刊行しているジョン・フィールドは，2017 年の同書第 3 版の序文で「もはや私には，社会関係資本に関する著作や論文のすべてを調査することが，大西洋を泳いで渡るよりも困難となった」（Field 2017, 邦訳 p. 3）と述べている．私もまったく同感である．論文数が膨大になる理由の 1 つは概念の汎用性にある．図 6-2 は Elsevier 社関連の学術誌に掲載された社会関係資本関連の論文のジャーナル別内訳であるが，公衆衛生系，開発論，経営学，地域研究，都市関係，人間行動におけるコンピューター／技術革新，災害対応，社会ネットワーク，環境問題，など多岐にわたる．公衆衛生分野の *Social Science and Medecine* 誌では社会関係資本の論文数累計が優に 1000 本を超えている．

　あまりにも広い概念を用いて機序に関する仮説を展開するのは，妥当性に欠けるという批判は当然甘受すべきであろう．特に，社会関係資本はガバナンスや行動変容の前提条件として存在する．あたかも空気のような，目に見えぬ概念を可視化することはクロスセクション（横断）データでは困難であるのに強

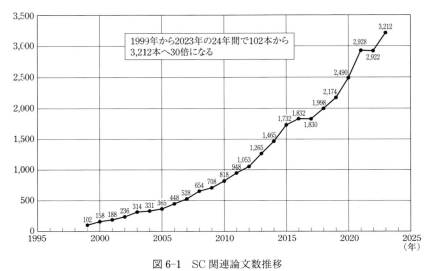

図 6-1　SC 関連論文数推移

注：Science Direct で "social capital" と入力，2023 年 11 月 13 日検索（2023 年は検索時点での論文数）．
出所：Science Direct より筆者作成．

引に機序を決めつける論考が，私のものも含め大多数であったことも事実である．しかし，幸いに潜在変数を用いたパス解析で仮説との整合性はチェックできるようになった[2]．社会関係資本のどの構成部分を用いて実証するのかという点を明らかにすれば，機序に関する推論は質的調査を併用すれば十分可能になったといえよう．だからこそ社会関係資本をテーマに膨大な数の実証研究が発表され続けている．私は社会関係資本を「心の外部性を伴った信頼・規範・ネットワーク」と広義にとらえて，図 6-3 に示されるような仮説を提示している．図 6-3 の左側は社会関係資本の規定要因，右側は社会関係資本が影響を与える可能性がある領域をあらわしている．この図はとても大雑把なものではあるが，図の右側，社会関係本の影響については，実証研究はいまや未開拓の細部にわたる機序，特にどのような社会関係資本がどのような影響を与えるかについて紬部にわたり丁寧に塗りつぶしていく作業がなされている．それが可能になったのは，1 つに前章であつかった分析手法の進化があるが，それに加えて社会関係資本をめぐるデータ，特にパネルデータの整備がある．計算社会科学の誕生に関連してイノベーションの民主化という言葉を使ったが，社会科学研究の

150

図 6-2　SC 関連論文ジャーナル別掲載本数

注：Science Direct で "Social capital" と入力，2023 年 11 月 15 日検索（2023 年は検索時点での論文数）．
出所：Science Direct より筆者作成．

データの民主化も生じている．

2——データの整備

　私は長い間，社会関係資本のデータは政府が整備するものだと考えてきた．2006 年の小著で政策課題を公共財，私的財にわけ，公共財としての社会関係資本について以下のように述べている．

　「とくに不特定多数の人々に対する社会全体への信頼と規範は，公共財でありその醸成における政府の役割は重要である．従って，まず，第 1 に，政策立案者はソーシャル・キャピタルが公共財であり，政府がその供給に責任を持っていることを認識するべきである．
　第 2 に，政府はソーシャル・キャピタルの持つ，潜在的な政策効果を計測

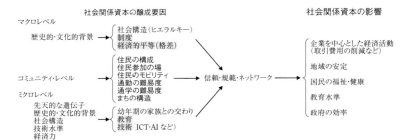

図 6-3 社会関係資本の規定要因と影響に関する仮説
出所:筆者作成.

する努力をするべきである.

　第3に政府は,社会に共通する規範の教育について責任をもつべきである.現代に欠け,ソーシャル・キャピタルに不可欠なものは対話である.ゆとり教育は,教師と生徒に遊び時間を与えるものではなく,対話の時間を与えるものでなければならない.また,利他的な行動事例,拝金主義の空虚さ,貧困問題と誰でも経済的弱者に陥る可能性があること,環境破壊などは,教育の一環として組み込むべきである.

　第4に政府は,信頼の醸成につながる利他的活動を全面的に支援すべきである.この観点から政府はNPO等に対する税額控除の枠の拡大と運用基準の緩和を図るべきである.

　第5に政府は,所得格差,資産格差の拡大を是認すべきではない.経済的格差の拡大は公共財としてのソーシャル・キャピタルの毀損を招く」(稲葉 2006, pp. 753-754).

　実際に,この時点では日本政府は社会関係資本とその政策効果を,2003年は内閣府の国民生活局が,2005年には同じ内閣府の経済社会総合研究所が計測・分析していた(内閣府国民生活局 2003; 内閣府経済社会総合研究所編 2005).また,2015年には滋賀大学と内閣府経済社会総合研究所が共同で社会関係資本についてのWEB調査を実施している(滋賀大学・内閣府経済社会総合研究所 2016).しかし,いずれも本格的な国レベルでの統計法(平成19年法律第53号)に基づく一般統計調査の形態をとったものではない.また,全国の都道府

県レベルのデータは得られても，全国の市町村を網羅したデータを得ることはできていない．しかし，幸いにも国以外の民間研究者や国際的な研究者の協力で，基本的にオープン・アクセスのデータが入手可能になっているのでまず紹介したい．

JAGES の快進撃：パネルデータがだれでも入手可能になる

第5章で個人のパネルデータが欲しいと記述したが，実は以前から，特定の目的で長期間にわたり個人の人生を追跡するコホートデータは存在していたものの，社会関係資本の研究を意識した設問を含んでいる調査は，管見の限りでは存在しなかった．その壁を打ち破って社会関係資本関連の研究が今日の隆盛をみたのは，近藤克則による日本老年学的評価研究（JAGES）に負うところが大きい．JAGES は，1999年に愛知県の2自治体との共同研究プロジェクトとして以下の3つを目的として開始された．

① 高齢者を対象とし，身体・心理・社会など多面的な視点から実証的な老年学的研究の推進
② 健康の社会的決定要因（SDH: social determinants of health）を解明する社会疫学研究の推進
③ 介護予防政策の総合的なベンチマーク・システムの開発と地域介入の評価研究などを通じた「well-being（幸福・健康）」の水準が高く，その格差の小さな健康長寿社会の実現

当初は，愛知県の自治体との共同研究プロジェクトであったことから，AGES: Aichi gerontological evaluation study として始まったが，2010年その範囲が愛知県以外にも広がったことから，「日本老年学的評価研究（JAGES）」に改称し，2022年まで3年ごとに調査を実施し，2022年調査（WAVE 7）では参加市町村数75，調査票送付数約33万8000票，回収数約22万8000票の大調査になっている（日本老年学的評価研究機構 2024）．

JAGES は4つの点で優れている．

第1にそもそも AGES（2003年以降 JAGES）は近藤克則が14年間にわたる

第6章　過去の実証研究から明らかになったこと　153

臨床医としての経験から社会関係資本と健康格差を解明するために発足したものである.

　「私が，ソーシャル・キャピタルを味わったのは，臨床医の頃である．地域保健・医療や患者会活動に熱心に取り組む医療機関で働く中で，地域や職員・患者集団のソーシャル・キャピタルの凄さを，体験を通じ直感的に理解した．14 年間の臨床医時代を通じてもう一つ体感していた健康格差を，研究者に軸足を移してすぐに，市町村との共同研究で実証できたのは幸運だった．その後の英国留学中に，Wilkinson の "Unhealthy Societies"（1996）や Berkman や Kawachi らの書籍や論文で，ソーシャル・キャピタル概念を知った時，その健康への影響を直感的に理解し，自らの研究課題とした」（近藤 2021）.

　したがって，AGES 調査には社会関係資本関連の設問が含まれていた．その後，斉藤雅茂らによって開発された社会関係資本の指標にもちいられている，市民参加関連 5 問，社会的凝集性（地域における一般的信頼，利他性≒互酬性，愛着）3 問，社会的サポートの授受 3 問，計 11 問が含まれている（Saito et al. 2017）[3].

　第 2 に個人ベースのパネルデータを収集している．すでに 2003 年調査で愛知県 6 保険者（自治体）調査の回答者を 4 年間（1461 日）追跡したコホートデータ（横断データ取得時点から死亡，転出，要介護認定にいたるまでのベースラインからの日数データを加えたもの）をえたほか，同じく愛知県の 5 保険者調査で 2003 年調査と 2006 年度調査の個人結合が可能なパネルデータを得ている．これらを嚆矢として，2024 年 6 月 4 日現在利用可能なコホートデータセットは 11 セットにのぼり，さらに研究者個人で 2010 年，2013 年，2016 年，2019 年，2022 年調査の横断データに個人番号が付与されているので，2010 年から 2022 年の間の個票ベースのパネルデータが利用可能となっている（日本老年学的評価研究機構 2024, pp. 10–12）[4].

　第 3 に校区（一部は町丁字など）単位での地域データがえられるので，市町村単位よりもより地域の特性を反映した分析が可能である（ibid., p. 23）.

JAGES の前身の AGES データも地域データの取得が可能であり，埴淵知哉らは旧村ベースの分析も実施している（埴淵ほか 2008）．社会関係資本は地域の特性を重視するので，校区単位での分析が可能である点は地域レベルの変数（たとえば地域レベルの社会関係資本）の影響を明らかにするためにも，また地域間の違いや地域独自の特徴を検討するためにも，大変重要である．

　第 4 にいくつかの遵守事項と手続きを踏むことを条件にデータを研究者に開放している．

　データの民主化は JAGES の最も優れた点であり，JAGES 機構の理事である相田潤は「普通だったらデータは自ら抱え込んで自分の業績とするのに，データを開放した点が画期的」と評している[5]．

　本書執筆時に 2023 年 11 月時点での個人ベースの JAGES パネルデータの最新の活用例（Fujihara et al. 2023）の概要を表 6-1 にまとめたので参考にされたい．これは第 5 章で言及した PSM-DID によるものではないし，認知症の発症以外はパネルデータで複数時点間の比較をしたものでもないが，JAGES の横断データを時系列で利用できなければ決してできなかった分析であろう．JAGES は学校区にまでおりて分析が可能な優れたデータであるが，残念ながら調査票に自ら回答ができる 65 歳以上の年齢階層を対象としており，若年層，壮年層を対象としていない．

　いずれにせよ，近藤克則の獅子奮迅の活躍がなければ，今日，社会疫学における社会関係資本研究の隆盛はありえなかった．共著論文の数と研究ネットワークについては放浪の数学者ポール・エルデシュが有名だが，私は近藤を日本のエルデシュと呼んでいる[6][7]．

ぶれない世界価値観調査[8]

　第 1 章でレガタム研究所の繁栄指数のなかのサブ指数として社会関係資本指数の世界ランキングを紹介した．この指数は 2007 年データから毎年発表されているが，多くの指標はギャラップ調査に依拠しており原データを公開しておらず，また無償でだれでも手に入れられるものではない．つまり，第三者の検証がしにくいので，研究目的には設問数が 290 前後にものぼり，かつ個票データが簡単に入手できる世界価値観調査が多用される．これは欧州価値観調査か

表 6–1　JAGES 縦断データ利用の例

藤原聡子・辻大士・中込敦士・宮國康弘・花里真道・武藤剛・近藤克則（2023）「コミュニティレベルの社会関係資本と認知症との関連：日本老年学的評価研究（JAGES）データによる9年間縦断マルチレベル研究」*Social Science & Medicine*, Volume 338.

要約・結論要旨

個人レベルの社会関係資本は認知機能の低下を防ぐことが知られているが，コミュニティレベルの社会関係資本が認知症に及ぼす影響に焦点を当てた研究は少ないため，日本の高齢者を対象とした9年間に及ぶ縦断研究データ（ベースライン参加者35,921人）に基づきコミュニティレベルの社会関係資本と認知症発症（公的介護保険登録を用いて評価）との関連を調査した．追跡期間中に6,245例（17.4%）の認知症発症例が同定された．認知症の累積発症率は男性で16.2%，女性で18.4%であった．共変量を調整後，社会関係資本の3分類である市民活動，社会的結束力，互酬性（サポートの授受）のうち，個人レベルでは市民活動への参加が男女ともに認知症発症率の低下と関連していた．コミュニティレベルの社会関係資本は市民参加と社会的結束力が高齢女性の認知症発症率の低さと関連することが明らかになった．したがって，地域社会における市民参加と社会的結束の促進は，認知症発症を遅延または予防するための集団ベースの戦略として有用であろう．

データ

JAGES2010〜2019の9年間におよぶ縦断データ．7市町村の308コミュニティ（学校区）に属する合計35,921人（男性16,848人，女性19,073人）の65歳以上で身体的・認知的に自立した高齢者がベースラインで参加．追跡期間中に6,245例の認知症発症例を認定．

被説明変数　9年間の認知症発生の有無

説明変数・統制変数　いずれもベースライン時のデータ

社会関係資本：Saito et al.（2017）による3分類．本章注3）参照
個人レベル：①市民参加，②社会的結束，③互恵性（ただし，これはサポートの授受）
コミュニティレベル（学校区）：個人レベルデータから集計した④市民参加，⑤社会的結束，⑥互恵性
統制変数（共変量）
個人レベル：⑦性別，⑧年齢（65–69歳，70–74歳，75–79歳，80–84歳，85歳以上），⑨婚姻状況（既婚，寡婦，別居，未婚，その他），⑩生活状況（同居，1人暮らし），⑪学歴（9年未満，10–12年未満，13年以上），⑫等価所得（高：4.0以上，中：2.0–3.9，低：<2.0百万円以下），⑬就業状況（現在就業中，退職後，就業経験なし），⑭飲酒・喫煙状況（なし，または現在飲酒・喫煙中），⑮治療中の疾患（脳卒中，高血圧，糖尿病，難聴），抑うつ状態（Geriatric Depression Scaleスコア（5以上）
地域レベル：居住可能地域1平方キロメートルあたりの人口密度，歩道カバー率など

分析手法　個人とコミュニティレベルのマルチレベル生存分析によるハザード比（HR）の解析

結　果　個人レベルでは市民参加が，男女ともに認知症発症率の低下と関連（男性HR，0.84；95%CI，0.77–0.92；女性HR，0.78；95%CI，0.73–0.84）．地域レベルの市民参加と社会的結束は，女性の認知症発症率の低下と関連．市民参加HR，0.96；95%CI，0.93–0.99；社会的結束HR，0.93；95%CI，0.88–0.98，女性では社会的結束（HR，0.95；95%CI，0.90–0.99）においてもレベル間の相互作用がみられた．

出所：Fujihara et al.（2023）より筆者作成.

ら派生し，ロナルド・イングルハートの参加をえて 1980 年代前半から世界価値観調査としてほぼ 5 年ごとに参加国で五月雨式（つまり実施時期が完全には同期していない）に実施され最新の第 7 波（WAVE 7）ではヨーロッパ価値観調査を含め 90 カ国のデータが公表されている[9]．世界価値観調査協会が内容・手法を定め実施し，日本版調査は電通総研が協力している．この調査が貴重であるのは，設問内容が基本的にぶれない，つまり基本的な設問に基づく価値観が最長 40 年間にわたり追跡できることだ[10]．

　私も別の長期にわたる定期調査の実施に従事したことがあるが，環境の変化に応じて，そしてこれが困るのだが，調査チームのトップが自分のオリジナリティをアピールしたいために設問内容を変えがちである．ICT の進歩などによる変化を反映させるのは当然なのだが，基本的な価値観について設問内容を毎回変えてしまうような調査は利用価値が著しく損なわれる．せっかく国際比較のできる時系列データが入手できるのに，毎回内容を変更されたら第 5 章で触れた単なる横断データのスナップショットになってしまう．幸い世界価値観調査は内容の変更が極めて少ない．つまり，ぶれない調査である．しかも，冒頭でも述べたが，個票データの入手がとても簡単で，あっという間に入手できる．まさに民主化されたデータだ．さらに言えば，世界価値観調査は社会関係資本関連の設問が多数ある．個人の信頼については 7 問，制度への信頼に至っては 20 問もあり，さらにそもそも価値観調査であるので，規範の捉え方によって他の多くの設問を社会関係資本と捉えることが可能である．世界価値観調査のデータを用いた文献は山のように存在するのだが，以下では制度への信頼の重要性を扱った 2 つの論考[11]を紹介したい．両方とも，世界価値観調査による社会関係資本のデータを用いて興味深い結論を示唆している．

　表 6-2 パネル A にまとめられているラスタム・ジャミロフの「社会関係資本と金融政策」は世界価値観調査の米国の個票データから州別[12]に「制度に関する信頼」と「個人間の信頼[13]」に関する指数を作成し，ニューケインジアンモデルに社会関係資本のループを組み入れて，金融政策の変更が州別 GDP に与える影響との関連を分析した論文である（Jamilov 2021）．高信頼州のほうが金融政策の変化により迅速かつ広範に影響を受け，特に制度への信頼が高いと金融政策の実効性が高いことをみいだしている．金融政策変更にたい

表 6-2 世界価値観調査データの利用例（パネルA）

パネルA

Jamilov, R. (2021) "Social Capital and Monetary Policy," Department of Economics Discussion Paper Series. University of Oxford (https://users.ox.ac.uk/~econ0628/Social_Capital.pdf 2023年11月18日閲覧).

要約・結論要旨

米国は過去30年間にわたり一般的信頼の大幅な低下を経験してきた．この循環トレンドは中央銀行の活動に影響を与えたのであろうか．実証的に，我々は制度への信頼と個人間の信頼が高い州ほど金融政策ショックに統計的頑健性をもってより反応度が高いことを示した．理論的には，経時的にニューケインジアンモデルに信頼の循環を埋め込んだ．このモデルの示すところでは，金融政策は信頼の低下により20%実効性がそがれた．我々が見出した結果は，社会関係資本が金融への影響を持つことと，信頼危機が政策不全危機を招くかもしれないということに根拠をあたえるものである．

本稿では金融政策に焦点を当てたが，他のタイプの政策ショックに対する経済反応も信頼と社会関係資本に依存する可能性がある．たとえば，我々の2段階ステップの実証アプローチは，地域財政政策の連邦政府に関する研究にただちに適用可能である．最後に，制度的信頼は政府への信頼性を維持し，金融・財政調整ゲームにおける破綻を防ぐために不可欠であると考えられる

データ

世界価値観調査から制度に対する信頼20問，個人間の信頼7問についてそれぞれ主成分分析で州別に指標を作成．また，制度への信頼のサブ指標として次の5指標も作成．①市場への信頼（主要企業と銀行への信頼），②サービスへの信頼（教会，軍隊，警察，司法制度／裁判所，慈善団体への信頼），③政府への信頼（議会，公務員，政府，政党，主要な地域組織への信頼），④自由についての信頼（報道機関，労働組合，テレビ，環境保護運動，女性運動，大学に対する信頼），⑤国際機関への信頼（国連とNAFTAに対する信頼）．さらに統制変数に列挙されているように信頼に共変する可能性がある変数を多数考慮

被説明変数：州レベルは州別の匹半期ごとの実質GDP成長率（2005:Q1-2016:Q4），国家レベルは1年満期国債利回り，実質GDP成長率，GDPデフレーター変化率，金融市場環境のプロキシである超過債券プレミアム

説明変数：州別の制度への信頼（上記5つのサブ指標を含む），個人間の信頼

統制変数：①社会的信念（創造性，効用の豊かさ，物理的安全感，余暇嗜好，野心，リスク回避，従順さ，気候／環境意識，保守／伝統主義），②忍耐強さ，リスク回避性，積極的互恵性，消極的互恵性，利他性（グローバル選好調査より）と地域のマクロ指標（実質個人所得と実質個人消費支出），③人口動態（白人人口，黒人人口，65歳以上の市民の地域シェア），④学歴（高校を卒業していない市民と学士号を取得している市民の割合），⑤政治的信条（Caughey and Warshaw（2016）の政策リベラリズムとBerry et al.（1998）の市民の政治的イデオロギー），⑥インフレ懸念，⑦ポピュリズム（2016年と2020年の大統領選挙におけるドナルド・トランプの州別得票率），⑧不平等（地域別ジニ係数，貧困率，上位1%の富のシェア），⑨移民（無許可移民人口のシェア），⑩宗教（「信心深い」成人の割合），⑪奴隷制度（1860年の米国国勢調査による奴隷人口比と自由有色人種人口比），⑫法的側面（Center for Public Integrityが開発した州政府のインテグリティ指数），⑬チャイナショック（1990-2007年の労働者1人あたりの中国からの輸入の伸び），⑭株式市場への参加，⑮金融リテラシー（パーソナル・ファイナンス・コースを必修とする高校生の地域シェア），⑯都市化率（都市人口の割合），⑰鉱業生産（鉱業生産シェア），⑱銀行へのアクセス（銀行口座を持たない人口の割合），⑲他の社会関係資本ベンチマーク指数（Putnam

（2000）の州レベルの指数と，著者らが General Social Survey から作成した Alesina and LaFerrara（2002）の社会関係資本指数）

分析手法
実証研究：クロスセクション OLS
理論的アプローチ：ニューケインジアンモデルに信頼の循環を埋め込んだモデル

結　果
過去数十年にわたる米国における一般化された信頼の低下が，金融政策の実効性をかなり弱めた．金融政策のマクロ経済への反応は，他の条件が同じであれば，2020 年には 1990 年よりも 20％ マイルドになった．言い換えれば，短期的に生産とインフレ率に影響を与える中央銀行の有効性は 5 分の 1 低下したと結論づけられる

する GDP 変化率（弾力性）の州間の違いの 2 割近くが社会関係資本のサブ概念である「制度に対する信頼」の違いで説明できたとしている．私はなによりも世界価値観調査の米国のデータ（州によってはデータが数件しかない）で米国の州別社会関係指数を作成したこと，しかもそれを金融政策の州別の実効性の違いと関連づけたことに驚いた．

　なお，この論文は世界価値観調査から作成した信頼指数のほかに，20（「他の社会関係資本指数」というカテゴリーは 2 つの指数を紹介しているので，2 変数と数えて）もの共変する可能性のある変数をあげその影響を吟味している．たとえば，社会関係資本とドナルド・トランプのポピュリズムの台頭との関連を分析し，ポピュリズムが高ければ信頼が低いという対応関係をみいだし，ポピュリズムが高いと金融政策の実効性が損なわれる可能性を指摘している（Jamilov 2021, オンライン補論 pp. 13–15）．

　一方，表 6-3（パネル B）にまとめられているチョ・ソヨンの「東アジアにおける社会関係資本とイノベーション」は世界価値観調査の国別データを用いて，社会関係資本，特にその構成要素のなかの一般的信頼 [14) とイノベーションとの関係が，欧米諸国と東アジアでは異なること，かつ東アジアのなかでも興味深い差異があることを示した（Cho 2021）．本論文も社会関係資本を世界価値観調査からとっているが，ジャミロフが社会関係資本を個人間の信頼（7 設問から抽出）と制度への信頼（20 設問から抽出）の 2 つに分けていたのに対し，チョ論文は社会関係資本を以下の 12 に細分して分析している．それは，①社会全般に対する一般的信頼，②個人間の個人的信頼，③社会的ネットワー

表 6-3 世界価値観調査データの利用例（パネル B）

パネル B

Cho, Seo-Young (2021) "Social Capital and Innovation in East Asia," *Asian Development Review*, 2021; 38(1): 207–238 (doi: https://doi.org/10.1162/adev_a_00163).

要約・結論要旨

本稿では，高い経済成果をあげている東アジア経済における社会関係資本とイノベーションの関係を調査する．これらの経済は急速な経済成長とイノベーションを達成しているが，しばしば低信頼社会として特徴づけられている．これは先行研究が示唆している社会的信頼とイノベーションの間に推定される正の関連性と矛盾する．本稿で実施したマルチレベル分析の結果は，東アジアでは個人間の社会的信頼はイノベーションの原動力にはならないことを示している．むしろ，社会関係資本の他の要素である，集団的な発展目標を支持する社会規範の共有や，公式な制度に対する信頼の方が，イノベーションの決定要因として重要である．この発見は，東アジアの地域固有の発展経路を明らかにするものであり，国家はイノベーションと成長を社会の共通目標として設定し，その達成に向けた努力の開始と調整において積極的な役割を果たしたことをしめしている

データ

社会関係資本は，世界価値観調査第 4-6 波，2005-2014 から

集計レベル（国／経済圏）

被説明変数：①コーネル大学，INSEAD, WIPO2014-2018 による世界イノベーションインデックス（GII），②世界銀行データベースによる国別特許数

説明変数：社会関係資本　①社会全般への一般的信頼，②社会的ネットワーク，③組織への信頼，④成長優先の規範，⑤弱者への寛容性

個人レベル

被説明変数：イノベーションに関する 6 つの尺度　①新しいアイデアや創造性の重要性，②技術開発の重要性，③現在の科学技術の重要性，④将来の科学技術の重要性，⑤「科学は世界をより良くする」の受容度，⑥「科学に頼りすぎている」の受容度

説明変数：①社会全般に対する一般的信頼，②個人間の個人的信頼（家族，親しい友人，親戚など），③市民参加のための社会的ネットワーク（人道的ネットワーク），④私的利益のための個人的ネットワーク（趣味のネットワーク），⑤制度への信頼，⑥議会への信頼，⑦裁判所への信頼，⑧ルールの公正さへの信頼，規範，⑨成長優先，⑩競争志向，⑪経済的不平等の受容，⑫互恵性，⑬弱者への寛容性

統制変数：①性別，②年齢，③配偶者の有無，④所得水準，⑤雇用形態（自営業と無職），⑥学歴（大卒），⑦リスクテイクに対する個人選好，⑧各経済圏ダミー（各経済圏の個人間で共有されている言語，ルール，歴史，集団的経験などの文化的・認知的フレームワークへの考慮）

分析手法

集計レベル　クロスセクション OLS

個人レベル　順序プロビット分析＋OLS

結　果

東アジアの 6 つの経済圏における 12 の社会関係資本変数のイノベーションへの効果をみると，社会的信頼よりも社会規範の共有や制度的信頼の重要性が強調されている．公式な制度に対する信頼はイノベーションに対してより確固としたプラスの効果を持つ．さらに，共有された社会規範と価値観が，イノベーションに対する態度を決定する最も顕著な効果を生み出している．特に，成長至上主義と競争志向の規範は，すべてのモデルにおいて強固に正の有意な効果を持つ．経済

的不平等の受容は，正の効果を持ち，この規範の受容度を 10 ポイント高めると，イノベーションに対する支持的態度を 3.1–7.2 ポイント向上させる

日韓の比較では，社会関係資本の役割は，韓国と日本でかなりの程度類似し，両国とも，革新的な態度を説明する上で個人の信頼の効果はかなり限定的であり，社会的信頼も個人的信頼もほとんど効果がない．さらに，社会的ネットワークと個人的ネットワークは，イノベーションを促進する重要な決定要因ではない．これらの知見は，日本は高信頼社会（したがって，経済協力とイノベーションのために一般化された社会的ネットワークに依存する）であり，韓国は低信頼社会（したがって，個人的ネットワークに依存する）であるという仮説を立てたフクヤマ（1995）の議論に反証を与えるものである．社会的・個人的な信頼やネットワークの代わりに，社会関係資本の他の 2 つの構成要素，「社会の目標としての成長優先」と，個人の努力を刺激する手段としての「競争を支持する社会規範」が，2 つの国で重要な役割を果たしている．また，日韓両国において，裁判所への信頼は有意なプラスの効果をもたらしている．異なるタイプの社会規範の中で，成長優位性は両国で重要な役割を果たしている．しかし，成果に基づくインセンティブ（経済的不平等）の規範を是認する点では，両国は異なっている．日本では，経済的不平等の受容は概してプラスの効果をもたらす．この規範を受け入れる水準が 10% ポイント上昇すると，6 つのモデルのうち 4 つで革新的態度が 9.3–10.5% ポイント上昇するが韓国ではその効果はまちまちである．

ク，④個人的ネットワーク，⑤議会への信頼，⑥裁判所への信頼，⑦ルールの公正さへの信頼，⑧成長優先，⑨競争志向，⑩経済的不平等の受容，⑪互恵性，⑫寛容性の 12 である．

　従来の多数の言説によれば，高い一般的信頼は取引コストの低減をつうじてイノベーションを促進するとして，両者の間に正の関連がみられるとしているが，東アジア 6 カ国／経済圏（中国，日本，韓国，台湾，香港，シンガポール）はイノベーションでは国際比較で高位にあるが，一般的信頼に関しては必ずしも高くない．そこで，チョは世界価値観調査から社会全般にたいする一般的信頼と家族・親友・親戚などに対する個人的信頼とにわけ，東アジア以外の諸国ではイノベーションと一般的信頼との関連がみられるが，東アジア 6 カ国／地域ではイノベーションにたいする一般的信頼の説明力は弱く，社会関係資本でも一般的信頼以外の構成要素が対応しており，しかも 12 個設定した社会関係資本のサブコンセプトのどれが有意であるかは，6 カ国／地域の間で異なっていることを示した．つまりチョは，社会関係資本が国ごとの違いを説明する変数として有用であることをイノベーションへの影響分析を通じて明らかにしている．

大規模データによる分析：紐づけの天才ラジ・チェティ

前章で Facebook の大規模データを用いたラジ・チェティらの論考，2022年8月1日に *Nature* 誌電子版に掲載された「社会関係資本 I——計測と経済的階層移動との関連（Social capital I: measurement and associations with economic mobility）」（Chetty et al. 2022a）と「社会関係資本 II——経済的なつながりの決定要因（Social capital II: determinants of economic connectedness）」（Chetty et al. 2022b）について個人的に感じた倫理面における懸念を書いたが，彼の論考の本質的な凄さについて以下で，私の限られた能力の範囲のなかではあるが，多少なりとも明らかにしたい．なお，上記の2論文の解明については要藤正任先生のお手を煩わした．先生の解説からの引用が多岐にわたる．ちなみに要藤先生はこれらの論文について「読めば読むほどチェティ先生の研究の凄さ（研究テーマの設定，膨大なデータの活用，色々な観点からの結果の妥当性の検証，政策的なインプリケーション）を感じる論文でした」[15] とコメントされている．この論文は Facebook 利用者，米国財務省内国歳入庁（IRS）からの税務申告データなどの大規模データに基づいており，その元データは公開していないが，その結果得られているデータの多くは彼が主宰・運営しているサイト（オポチュニティ・インサイト https://opportunityinsights.org/）を通じて公開しているので，一般研究者が参考とすることができる．

上記2論文を理解するには，少なくとも，以下の2論文を理解する必要があるように，私には思える．2014年にクオーター・ジャーナル・オブ・エコノミックス誌に掲載された「機会均等の国はどこにある？——アメリカにおける世代間移動の地理学（Where is the Land of Opportunity?: The Geography of Intergenerational Mobility in the United States）」（Chetty et al. 2014）と NBER（全米経済研究所）ワーキングペーパーとして2018年に発表され2020年に改訂されている「オポチュニティ・アトラス——社会移動の少年期のルーツ（The Opportunity Atlas: Mapping the Childhood Roots of Social Mobility）」（Chetty et al. 2018）の2本である（表6-4）．

「機会均等の国はどこにある？」

まず，2014年の論文「機会均等の国はどこにある？——アメリカにおける

世代間移動の地理学」から見ていきたい．アブストラクトには以下のように記述してある．

「4000 万人以上の子どもとその親の所得に関する行政記録を用いて，米国における世代間不均衡の 3 つの特徴を説明する．第 1 に，全国レベルでの親と子の両者の所得分布の特徴を明らかにする．親の所得が与えられた場合の子どもの所得の条件付き期待値は，パーセンタイル・ランクで線形である．平均して，親の所得が 10 パーセンタイル増加すると，子どもの所得は 3.4 パーセンタイル増加する．第 2 に，世代間移動は米国内でも地域によって大きく異なる．たとえば，下位 5 分位の家庭から出発した子どもが全米所得分布の上位 5 分位に到達する確率は，シャーロットでは 4.4% だが，サンノゼでは 12.9% である．第 3 に，上昇モビリティと相関する要因を探る．上昇流動性の高い地域は，(i)居住分離が少ない，(ii)所得格差が少ない，(iii)小学校から高校までの学校制度の質が高い，(iv)社会関係資本が充実している，(v)家庭が安定している，といった特徴がある．我々の分析では，上昇移動を決定する因果メカニズムを特定することはできないが，ここで開発された世代間移動に関する公開統計は，そのようなメカニズムに関する研究を促進することができる」(Chetty et al. 2014, pp. 1553–1554, 稲葉仮訳)．

そもそも 4000 万人以上のデータをどこから入手したのか．驚くべきことに IRS の連邦所得税記録から得た．それも 1996 年から 2012 年までの 4000 万人以上の子どもとその親の所得（2012 年価格）に関する非識別化されたデータである．まずコアデータセットとして，以下の手順でベースラインとなる標本を作製している．なおコアサンプルは，① 1980 年から 1982 年の出生コホートで生まれ，②両親を特定することができ，③ 1996 年から 2000 年の間の両親の平均所得が厳密に正である（1.2% の子どもが除外される）もので，約 1000 万人の子どもが含まれる[16)]．

1. 1996 年から 2012 年までのデータにおける扶養者申請から 1980–1982 年の出生コホートにおける米国市民（1996 年から 2012 年のデータセットでは 1996

第 6 章　過去の実証研究から明らかになったこと　163

表 6-4　ラジ・チェティの 4 つの論文

	機会均等の国[*]	オポチュニティ・アトラス[**]	SC I[***]	SC II[****]
リサーチ・クエスチョンなど	4,000 万人以上の子どもとその親の所得に関する行政記録を用いて，米国における世代間階層移動の特徴を解明．①全国レベルでの親と子の所得との関連．親の所得が与えられた場合の子どもの所得の条件付き期待値．②世代間階層移動の地域差．③上昇モビリティと相関する要因	1989 年から 2015 年までのアメリカの全人口をほぼ網羅する米国 Census Bureau の個人レベルパネルデータセットを用いてトラクトレベルの統計を作成する．それら互いにリンクした非識別化データを用いて，子どもの成人後のアウトカムとその親の特性に関する情報を入手	Facebook の 210 億の友人関係のデータを用いて，米国の ZIP（郵便）コード別に 3 種類のソーシャル・キャピタルを測定しそれらと子ども世代の階層間の上昇移動との関連を分析する．(1)社会経済的地位（SES）が低い人と高い人など，異なるタイプの人々とのつながり，(2)友人ネットワークにおけるクリークの程度など，社会的凝集性，(3)ボランティア活動の割合などの市民的関与の 3 種類である	SES の階層を超えた交流の決定要因の分析．SES が低い人と高い人の友人の割合の差に起因．これは，半分が学校や宗教団体などのグループで SES が高い人と接触すること（exposure「異なる階層との出会い」）と友人関係バイアス（低 SES の人は，高 SES の人と仲良くなる割合が低い傾向）によって説明される
データ	IRS 所得税記録，ACS[(注)] 1996–2012 年，4,000 万人以上の子どもとその親に関するデータ (注) American Community Survey 国勢調査細分区単位での所得中央値の情報を得られる	2000 年と 2010 年の 10 年ごとの国勢調査から，連邦所得税申告書と 2005 年から 2015 年の ACS のデータ 1978–1983 年の出生コホート．1 次分析サンプルは 2,050 万人の子どもで構成（同世代の子ども総数の約 96.2%）	親子間の所得の階層間移動については左に同じ 個人：米国に居住する 25 歳から 44 歳，過去 30 日間に少なくとも 1 回は Facebook プラットフォームで活動，少なくとも 100 人の米国ベースの Facebook の友人がいる者で ZIP コードが分かる者 7,220[(注)] 万人について SES データを作成．かつ郡レベル（N＝2,984）および ZIP コードレベル（N＝24,165）でも変数を作成． (注) SC II では 7,030 万人．個人情報保護措置を講じた郡単位の 3 種類の SC データと経済的つながりの規定要因の分析結果は https://www.socialcapital.org にて公開	
被説明変数	子ども世代の所得階層間移動	同　左	同　左	社会関係資本のうち「経済的なつながり」
説明変数	親の所得階層，生育した地域の特性，所得格差，教育の質，社会関係資本，家庭の安定	同　左	社会関係資本 つながり Economic Connectedness ①経済的な連結性：低 SES 層と高 SES 層との交流，②言語接続性：英語層と非英語層との交流，③年齢との関連性：25-34 歳層 35-44 歳層間の交流 凝集性 Network Cohesiveness ④クラスタリング：特定の個人の友人同士が互いに友人である比率，⑤サポート率：友人同士が共通の友人を持つ比率，⑥ spectral homophily 特定のネットワークがいくつ	① Exposure「異なる階層との出会い」（friendship links から算出）高 SES 層への曝露　グループ内の高 SES 層が占める割合 ②友人関係バイアス（friendship links から算出）グループ内の高 SES 層がどの程度存在するかを条件として（つまり，曝露を条件として），人々が高 SES 層の個人と友人になる割合

かのグループに分かれている程度
シビックエンゲージメント
⑦ Penn State 指標　市民組織およびその他の市民活動への参加率指標
⑧市民団体、⑨ボランティア率

統制変数			①貧困率、②所得による隔離、③人種による隔離、④所得不平等：ジニ係数、⑤黒人の比率、⑥世帯年収の中央値、⑦中学3年生の数学の平均点、⑧1人親家庭の割合、⑨5マイル以内の求人数・求人数の伸び、⑩ヒスパニック系住民の割合	①対象地域：郡、ZIPコード地域、②本人のSES、③親のSES、④友人をつくるグループ（高校、大学、職場、近隣地区、宗教団体、余暇のグループなど）
分析手法	OLS　地域は通勤圏（CZ）	同左＋トラクト（国勢調査の最小地域単位）	同左＋機械学習・勾配ブースト回帰木　郡, ZIPコード, 高校, 大学単位で分析	郡単位とZIPコード単位でのOLS
結　果	平均して、親の所得が10パーセンタイル増加すると子どもの所得は3.4パーセンタイル増加。下位5分位の家庭から出発した子どもが全米所得分布の上位5分位に到達する確率は、シャーロットでは4.4%だが、サンノゼでは12.9%。上昇流動性の高い地域は、(i)居住分離が少ない、(ii)所得格差が少ない、(iii)初中等教育が充実している、(iv)社会関係資本が充実している、(v)家庭が安定している、といった特徴がある	全米オポチュニティ・アトラスを作成（https://www.opportunityatlas.org/ で公開）	SC の3指標は地域によって大きく異なるが、互いに高い相関はない。SES が低い人の中で SES の高い友人が占める割合（経済的コネクティビティ）は、これまで確認されたなかで最も強い所得上昇移動の予測因子であった。他のソーシャル・キャピタルの指標は、経済階層間移動と強い関連はない。SES の低い両親を持つ子どもが、SES の高い両親を持つ平均的な子どもと同様の経済的結びつきのある地域で育った場合、成人後の所得は平均で 20% 増加すると考えられる。経済的結びつきの強さの違いは、上方への所得移動と人種隔離、貧困率、不平等とのよく知られた関係を説明することができる	友人関係バイアスが低いコミュニティでは、社会経済的統合が経済的なつながりを高める可能性がある。一方、友人関係バイアスが高い場合、経済的なつながりを高めるためには、既存のメンバー間の階層間の交流を高めることが必要である可能性がある。また、SES 別にどの場（高校、大学、職場、レクレーション団体、宗教団体、近隣）で友人がつくられているかを確認。かつ、高校、大学別の SC3 指標と Exposure と友人関係バイアスも算出しサイトにて公表

出所：*Chetty et al.（2014）.
　　　**Chetty et al.（2018, revised 2020）.
　　　***Chetty et al.（2022a）.
　　　****Chetty et al.（2022b）.

年時点は 14 歳から 16 歳, 2012 年時点では 30 歳から 32 歳) を抽出する. 親の所得税記録から確定するので, 親子関係が特定されている.

2. 子どもたちの所得を, 彼らが約 30 歳になる 2011 年と 2012 年の平均世帯総所得として測定する.

3. 親の所得を子どもたちが 15 歳から 20 歳になる 1996 年から 2000 年までの 5 年間平均世帯所得として測定. さらに, この所得に基づき親たちを所得順に並べパーセンタイル化する.

4. 親子の所得を紐づけ, つまり, 子どもが 15 歳から 20 歳のころの親の所得と子供が約 30 歳のときの子ども所得を紐づける.

5. 親と子をそれぞれの所得順に並べた親同士と子ども同士のパーセンタイルランクを作成.

6. 親と子のランクを結び付けたこのランクとランクの関係の傾きに基づいて, 所得分布における子どもと親それぞれのランク間の相関関係を明らかにする.

7. より細分化した地域内での階層移動を見るため, チェティは世代間所得階層移動を子どもが育った場所と紐づける. このため子どもが 16 歳のとき, つまり 1980–1982 年生まれを追跡しているので, 1996–1998 年時点に居住していた場所が含まれる通勤圏 (Commuting Zone: CZ)[17] 内での親と子どもそれぞれのランクを作成し, 子どもが生まれ育った環境のなか [18] で彼らが 30 歳になった時点での所得パーセンタイルを親の所得パーセンタイルと比較して, 世代間の所得階層の移動を測定する (ibid., pp. 1575–1581). 子どもの平均順位と親の順位の間の関係は, CZ 内ではほぼ完全に直線的であり, 親の順位が与えられた場合の子どもの順位の条件付き期待値を, 傾きと切片の 2 つのパラメータだけで要約することができる. 勾配は, 相対的な移動性, つまり CZ 内の所得が上位の家庭と下位の家庭の子ども間の結果の差を測定し, 切片は, 所得分布の最下位に位置する家庭の子どもの期待順位を測定している. CZ の切片と傾きを組み合わせると, 全国の親の所得分布の任意のパーセンタイル p の家庭の子どもの期待順位を計算することもできる.

　ここでは, 子どもの所得階層移動を約 30 歳時点で捉えるのだが, 普通に考えれば, 30 歳以降が問題ではないかという疑問が生じる. この疑問に対し,

チェティは子どもの年齢が 41 歳になるまでの親子間のランク・ランク関係も推計し，30 歳を過ぎても親のランクと子のランクとの関係は 30 歳時点からあまり変化しないことも示している（ibid., p. 1579）．親のランクが 10 パーセンタイル上昇すると，子どもの所得ランクは平均で 3.41 パーセンタイル，子どもの大学進学率（別途大学が在学者に関して IRS へ提出する情報，フォーム1098-T により子どもの進学先の大学を特定できる）19)（ibid., p. 1567）は 6.7% ポイント上昇，10 代の出生率（所得税申告データで新たに子どもの子どもが含まれる場合出産と認定）は 3% ポイント低下することを明らかにしている．

　ただし，ここまでは相対的な尺度でみた世代間の所得階層移動であるが，チェティは全米全同世代の所得ランキングを作成しているので，絶対的尺度でも計測が可能である．アブストラクトのなかの記述「下位 5 分位の家庭から出発した子供が全米所得分布の上位 5 分位に到達する確率は，シャーロットでは4.4% だが，サンノゼでは 12.9% である」（ibid., p. 1554）は絶対的尺度による世代間所得階層移動，つまりアメリカンドリームの実現に関する指標（ibid., p. 1562）である．

　さらに要約では所得階層の世代間上昇移動の地域差について，「上昇流動性の高い地域は，(i)居住分離が少ない，(ii)所得格差が少ない，(iii)小学校から高校までの学校制度の質が高い，(iv)社会関係資本が充実している，(v)家庭が安定している，といった特徴がある」としているので，この 5 つの要因について簡単にみていきたい．

　居住分離については，人種分離の程度，所得階層の分離の程度，貧困の分離の程度，地域世帯の所得分布の程度，豊かさの分離の程度など，を検討しているが，最終的には CZ の中での通勤時間 15 分未満の勤労者のシェアを採用している．通勤時間が短いということは，近隣で職を得ることができるという意味で地域のまとまりの良さを表している，つまり CZ 内での居住分離が少ない，というロジックである（ibid., pp. 1608–1611）．

　所得格差についても多くの指標の中からジニ係数から上位 1% の所得シェアを差し引いた下位 99% のジニ係数が上層移動と最も高い負の影響を与えるとしている．興味深いことに CZ 内の親のうち最も裕福なトップ 1% のシェアの影響は所得階層の上昇移動とは影響がほとんどないという検証結果を得ている

(ibid., pp. 1611–1614).

小学校から高校までの教育の質としては，保護者の所得差調整済みのテスト得点（CZ 別の小学 3 年生から中学 2 年生までの数学と英語テストの平均点に，全国学力テストの点数をベンチマークとして作成）と保護者の所得差調整済み退学率（2000 から 2001 年度の高校中退率から作成）の 2 つの指標を新たに作成している（ibid., pp. 1615–1616）.

社会関係資本については，投票率，国勢調査の回答割合，コミュニティ組織への参加などからラパシンガら（Rupasingha and Goetz 2008）により作成された郡単位の社会関係資本指数（Penn state index）を，人口加重平均を用いて CZ レベルに集計している．さらに，宗教者の割合も上昇モビリティとは強い正の相関が，犯罪率とは負の相関があることを見出している.

家庭の安定については，2000 年の国勢調査から 1 人親世帯で暮らす子どもの割合，離婚した成人の割合，結婚している成人の割合，いずれも上昇移動と非常に高い相関があり，なかでも 1 人親世帯で暮らす子どもの割合は，検討した変数すべてのなかでも最も強い相関があったという.

オポチュニティ・アトラス

以上，本文 70 頁に及びさらに補論もある，チェティが 2014 年に *Quarterly Journal of Economics* 誌に発表した「機会均等の国はどこにある？――アメリカにおける世代間移動の地理学」を概観した．大論文であり，その「すごさ」のほんの一部も表現できていないが，チェティはこの論文で明らかになった親子間の経済階層間上昇移動率の地域間格差に着目して，これをより分かりやすく可視化する，The Opportunity Atlas という WEB サイト（https://www.opportunityatlas.org/）を設けている．また，その理論的背景と詳細の解説は NBER（全米経済研究所）ワーキングペーパーとして 2018 年に発表され 2020 年に改訂されている「オポチュニティ・アトラス――社会移動の少年期のルーツ（The Opportunity Atlas: Mapping the Childhood Roots of Social Mobility）」のなかにある（Chetty, R., et al. 2018 revised 2020）．親の所得ランク（25 パーセンタイル，50 パーセンタイル，75 パーセンタイル），子の人種（黒人，白人，ヒスパニック，アジア系，ネイティブアメリカン），性別（男女）別に

指定すると，全米の地図上に子どもの35歳時点での推定所得に基づいた子どものなかでのパーセンタイルランクが地域別に色分けした地図が表示される．さらに特定の地域をクリックすると当該地域における子どもの35歳時点での年収とその子ども間のパーセンタイルランクが，その地域の特性とともに表示される．

この「オポチュニティ・アトラス」の分析手法は2014年の「機会均等の国はどこにある？」のそれを踏襲したものだが，私が認識した主な違いとしては以下のような点があげられる．

第1に，2014年論文では地域単位を通勤圏（Commuting Zone: CZ）としていたが，アトラスでは平均人口4250人の小さな地理的単位である国勢調査地区（tract）単位ごとに育った子どもたちの長期的なアウトカムを推定している．

第2に子どもたちの所得の測定時点を変更している．2014年論文では約30歳になる2011年と2012年の平均世帯総所得をとっていたが，アトラスでは子どもが31歳から37歳になる2014年と2015年の平均年収として測定している．したがって，上述WEB上のオポチュニティ・アトラスでも推定所得を35歳と，2014年論文の30歳かから5歳のばしている．

第3にターゲットコホートの対象を拡げている．2014年論文では，①1980-1982年の出生コホートで生まれ，②両親を特定することができ，③1996年から2000年の間の両親の平均所得が厳密に正である者（1.2%の子どもが除外される）約1000万人であったが，アトラスでは1978-1983年の出生コホートにおいて，(1)米国で生まれたか，幼少期に米国に来た認定移民であり，(2)両親も米国市民か認定移民であるすべての子ども2050万人で構成され，これは調査対象出生コホートの子ども総数の約96.2%にあたる．

第4に依拠するデータベースを拡げている．2014年論文で用いられていた連邦所得税申告書と2005年から2015年のアメリカ地域調査（ACS）データに加え，あらたに2000年と2010年の10年ごとの国勢調査データ，ソーシャル・セキュリティ局のデータベース（NUMIDENT File, Numerical Identification File）も利用している．

オポチュニティ・アトラスについてはチェティがなぜこのようなアトラスを作成したのかについての背景，政策意図についてより詳細に説明し，彼の研究の壮大さをより明らかにしたいのだが，それは，2022年に発表されたチェティの2つの論文，「社会関係資本I——計測と経済的階層移動との関連」(Social capital I: measurement and associations with economic mobility)」(Chetty et al. 2022a) と「社会関係資本II——経済的なつながりの決定要因 (Social capital II: Determinants of Economic Connectedness)」(Chetty et al. 2022b) の分析方法とデータ間の紐づけ方法の検討のあとにする．

「社会関係資本I」と「社会関係資本II」

さて，2022年に *Nature* 誌に掲載された2つの論文は7000万人以上にものぼるFacebookのデータを用いている．「社会関係資本I」では，2022年5月28日のFacebookのローデータから，米国に居住する25-44歳，過去30日以内に1回以上はFacebook上での活動あり，米国をベースとする友人が100人以上いる，ZIPコードが分かるという条件を満たすFacebookユーザー，7220万人（全米の25-44歳の84%）のデータが以下の3つの社会関係指標を作成するために用いられている．

1.「経済的つながり（economic connectedness）」異なるタイプの人とのつながりで，橋渡し型社会関係資本の指標として提示されているが，実際には個人の友人の中で，当該個人が属する経済階層よりも上の階層に属する者の比率を用いている．

2.「友人ネットワークにおける集団（clique）の社会的凝集性（Civic cohesion）」これは結束型社会関係資本の指標として3つの観点から検討している．①クラスタリング（clustering）：ある人の友人同士が友人であるかどうかを指標化したもの（ある個人の友人ペアが互いに友人である割合のコミュニティ内の全個人の平均）．②コミュニティのサポート比率（support ratio）：コミュニティ内の友人のペアが他の友人と共通している割合．2人の人の間に少なくとも1人の共通の友人がいる場合に，その友人関係が支持されていると考える．③隠れ集団（spectral homophily）：コミュニティ内の友情ネットワークがどの程

度別々のグループに分断されているかを示す尺度.

3.「ボランティア活動の割合などの市民的関与（civic involvement）」これも3つの観点からみている. ① Penn State index：ペンシルベニア州立大学北東地域農村開発センターが開発した郡単位の社会関係資本指標, 市民団体への参加やその他の市民参加に関する指標がある（Rupasingha and Goetz 2008）. ②地域のボランティア活動の参加率：コミュニティ内の Facebook ユーザーのうち, ボランティア活動や活動団体のメンバーである人の割合. ③市民組織の密度：市民団体の Facebook のページ数を人口で基準化したもの.

　社会関係資本に関する3つのカテゴリーの指標を郡別, ZIP コードエリア別に作成とあるが, すでに紹介したオポチュニティ・アトラス（Chetty et al. 2018）では納税データと国勢調査データとを紐づけて親子間の所得階層間の移動を国勢調査最小単位であるトラクト単位まで追跡しているので, 本研究でも ZIP コードより小さい単位までデータがあるように見える. また, チェティの「機会平等の国」（Chetty et al. 2014）では, すでに納税者の在籍した大学までも把握しているので, Facebook ユーザーの特性から推計すれば, 大学レベル, 高校レベルまで上述の3つの社会関係資本の作成が可能になる. 実際, 以上の社会関係資本3指標についての WEB サイト（https://www.socialcapital.org）では高校別, 大学別の数値までもが示されている.

　いずれにせよ, 社会関係資本3指標の1つ「経済的なつながり（economic connectedness）」指標は友人のなかでの自分と異なる階層に属する者の比率の指標であるから, 作成には個々のユーザーの SES（経済社会的ステータス）を 7220 万人一人一人について作成し, 高い者から低い者へと並べる必要がある. さらに, その SES の序列が世代（親子）間の経済階層移動を明らかにするために用いられている. つまり, 具体的な所得情報と SES のランク情報を親子それぞれについて作成し, 両者を親子間で紐づける必要がある.

　以下では, どうやって 7220 万人もの経済社会的地位を一人一人について測定し, それを序列化することができたのか. 私の理解を提示したい. SES のランク付けをどのように作成できるのかについては.「社会関係資本 I」本文では以下のように記述している.

第6章　過去の実証研究から明らかになったこと　171

「これら（SES）の多様な定義に対応するため，近隣の平均所得や自己申告の学歴など，いくつかの SES の指標を組み合わせて，分析サンプル中の各個人の SES を算出した……．これらの SES の指標を，機械学習アルゴリズムを用いて 1 つの SES 指数にまとめる……．次に，各個人の出生コホート内の他者との相対的な全国 SES 分布におけるパーセンタイルランクを算出する．我々は個人の所得を直接観測していないが，我々の SES ランキングは，グループ間の所得に関する外部の公的尺度（たとえば，ZIP コード，高校，大学）と高い相関があることを示す．また，ZIP コードエリア別の世帯年収の中央値など，より単純な SES の指標を用いても，以下で報告する結果と非常によく似た結果が得られることを示す」（Chetty et al. 2022b, p. 2, 稲葉仮訳，（　）内は稲葉付記）．

　さらに論文の本篇に付されている補論によれば，Facebook ユーザーに関する 22 の指標を組み合わせて SES を算出し，それを機会学習にかけて Facebook から得られる性別，学歴等のデータから，現役世代（25-64 歳）の単一の SES 指標を作成すると記述している．以下の 3 つの段階で算出するとあるのだが，その前段で現役世代（25-64 歳）とあり，いきなりデータの範囲を 25-44 歳から拡張されてとまどう．また，本研究では 22 の Facebook ユーザーのデータ（年齢，Facebook アカウント作成時の年齢，居住している都市，大学，インスタグラムアカウントの有無，居住している郡，Facebook アカウント開設からの経過日数，性別，大学院，設定言語，電話のモデルとその推定価格，州，ZIP コード，婚姻状況，過去 28 日間に Facebook を使った日数，同じく携帯で使った日数，同じく WEB で使った日数，携帯の電話会社，携帯の OS，Facebook での平均寄付額，最新に寄付をしてからの経過時間）から個人の SES を推計するとあるが，22 のデータはいずれも登録時とその後の利用データがあれば本人を煩わせることなくとれるデータであるので，上記の現役世代全体の SES を作成という記述は，SES のベンチマークを作成するということかと理解している．論文補論には以下の手順が示されている．

　まずはじめに，Facebook で位置情報が分かるサンプルについて，American Community Survey（ACS）から得られる国勢調査細分区グループ（census block group）ごとの世帯所得の中央値を集める．次に，Facebook データから得られる上記 22 項目の変数から，国勢調査細分区グループごとの世帯所得の中央値を予測する勾配ブースティング回帰ツリー（GBRT）を推定する．得られたモデルをもとにサンプル内の全個人の SES 予測値を作成する．最後に，同じ出生コホートの他者と比較した SES 予測値に基づいて，全米 SES 分布のパーセンタイルランクを割り当てる．

　この記述を読むと，Facebook のデータ 22 種類があれば個々のユーザーの SES ランクがつくれ，それをたとえば国勢調査細分区グループごとの中央値が記載されている ACS などの既存のデータに紐づければ，SES の序列に基づいて所得ランキングも作成できると読める．繰り返しになるが，22 種類のデータはユーザー登録時のデータとその後の Facebook 利用状況であるから，すべてユーザー自身は意識しないで提供しているデータである．つまり，ユーザー個人が意識しないうちに，ユーザーの SES の推定とそれを所得に紐づけたランキングが作成できるということになる．いずれにせよ，Facebook データがあればチェティらの定義する 3 つの社会関係資本指標が作成できる．

　この論文の基本的なリサーチ・クエスチョンは，社会関係資本と子ども世代の親世代と比較しての経済階層の上昇移動である．彼らが作成した 3 つの社会関係資本指標のなかで，「凝集性」と「市民参加」は経済階層間移動と強い関連はみられなかった．しかし，「経済的結びつき」つまり，SES が低い人の友人関係のなかで SES の高い友人が占める割合は，これまで確認されたなかで最も強い所得上昇移動の予測因子であるとしている．また，社会関係資本の経済的結びつき指標は地域によって大きく異なり，SES の低い両親を持つ子どもが，SES の高い両親を持つ平均的な子どもと同等の経済的結びつきのある地域で育った場合，成人後の所得は平均で 20% 増加すると考えられるとしている．さらに，経済的結びつきの強さの違いは，上方への所得移動と隔離，貧困率，不平等との関係とも整合的であることを見出している．

　「社会関係資本 II──経済的なつながりの決定要因」は副題が示すとおり，「社会関係資本 I──計測と経済的階層移動との関連」で明らかになった，経済的階層移動の予測変数である「経済的なつながり」の決定要因の分析である．

「社会関係資本 I」の実証研究では「経済的つながり」は所得階層を高階層と低階層の 2 つに分けて，低階層の個人の友人のなかに高階層が占める割合を指標として分析していた．「社会関係資本 I」において作成した「経済的つながり」のデータをもとに「社会関係資本 II」では SES の異なる階層とのつながりの断絶の決定要因を検証（SES の低い人が，なぜ SES の高い友人を持たないのかを分析）し，以下の 2 つの要因を特定している．

　1 つは exposure という言葉で表現されているが，内容は学校や宗教団体等で高い SES の人と接する機会の違い，である．直訳では「曝露（疫学では健康に危害を加える要因（危険因子）にさらされることを意味する）」であるが，私は「異なる階層との出会い」という表現でよいのではないかと思う．もう 1 つの要因は friending bias「友人づくりバイアス」で，これは低 SES の人は，高 SES の人と仲良くなる割合が低い，というバイアスである．直截に普通の表現で言えば，高 SES の人には低 SES の人々と友人になるメリットを感じないというバイアスがコミュニティレベルで存在しているということであろう．Facebook の友人関係から，2 つの指標を作成し，低 SES の人と高 SES の人との間の社会的断絶の約半分は，「異なる階層との出会い」と「友人づくりバイアス」にそれぞれ起因していることを実証している．

　この政策的含意は，社会関係資本の研究者は私も含めて，これまでは「異なる階層との出会い」づくりを提唱してきたのだが，所得階層の上昇を目指すのなら，「友人づくりバイアス」も配慮すべきだということである．世代間の所得階層の上昇移動を実現するためには，「経済的なつながり」を高める必要があるが，そのためには生活しているコミュニティの特性に合わせ，「友人づくりバイアス」の低い地域なら地域内外の「異なる階層との出会い」を高める施策が有効だが，「友人づくりバイアス」が高いコミュニティでは地域内の階層間交流を高める施策が有効であるとしている．もっと普通のことばに言い換えれば，コミュニティにに低 SES の人が，高 SES の人と仲良くなる割合が低い正の「友人づくりバイアス」を持つコミュニティがある一方，低 SES の人が高 SES の人と仲良くなる割合が高い負の「友人づくりバイアス」，つまり高 SES 層が低 SES を気にしない，ないしはより積極的に付き合う性向をもつコ

ミュニティの2種類のコミュニティがあり，前者のコミュニティではコミュニティ内の異なる階層間の交流をはかるべき，つまり私のことばでいえば結束型社会関係資本の強化が必要であり，後者の場合はコミュニティ外の高SESの人と接触する機会を増やす施策，つまり橋渡し型社会関係資本の強化が望ましいということであろうか.

いずれにしても，「経済的なつながり」を高めることが必要だとする主張であるが，これを正当化するもう1つの論拠は「経済的なつながり」の高いコミュニティと低いコミュニティが隣接しているケースが多いことだ．たとえば，私はワシントンD. C. に住んでいたことがあり，メリーランド大学があるカレッジパークという町は上で紹介したチェティの3つの社会関係資本の全米マップのWEBサイトでみると，「経済的なつながり」つまり友人のなかの高SES層の比率が70.1％と極めて高いが，隣接するハヤッツヴィルのそれは28.7％と極めて低い．チェティの社会関係資本マップやオポチュニティ・アトラスをみていると，そうした隣接地域が思いのほか多いことがわかる．要するに，ほんの数マイル居住地を変えるだけで，生活環境ががらりと変わる．ご丁寧なことにオポチュニティ・アトラスでは，各地域別の平均家賃まで示してある．家賃が同じで，社会関係資本が高ければ，そうした地域に引っ越した方が，子どもが貧困から脱する可能性が高くなるというロジックである.

要藤正任の「チェティ先生の研究の凄さ（研究テーマの設定，膨大なデータの活用，色々な観点からの結果の妥当性の検証，政策的なインプリケーション）を感じる」とのコメントを紹介したが，チェティの凄さは，本気で彼の研究成果を踏まえた政策インプリケーションを実現しようとしていることだ．チェティの「オポチュニティ・アトラス」を紹介したが，そこには次のようにつづられている.

「MTO（Moving to opportunity 機会平等への引っ越し）実験は，貧困層の多い地域に住む無作為に選ばれた家族に，低貧困層の地域に引っ越すための住宅バウチャーを提供した．チェティら（Chetty et al. 2016）は，低貧困地域への移動が，幼少期に移動した子どもたちの成人後の収入を大きく増加させることを示した．MTOデータで，若くして異なる地域に引っ越すバウチ

第6章　過去の実証研究から明らかになったこと　175

ャーをランダムに割り当てられた子どもの収入と，我々の観測データでその
地域の低所得家庭で育つ子どもの平均収入の間に 0.6 の相関があることがわ
かった．観察データにおける（親の所得を条件とした）平均所得の 1000 ドル
の増加は，実験データにおける所得の 700 ドルの増加と関連しており，観察
結果の分散の約 70% が場所の因果効果によるものであることが示唆される．
MTO 実験に含まれる少数の地域を超えて，観測変動がより広く場所の因果
効果を反映する程度を評価するために，……家族がトラクト（国勢調査最小
単位）を超えて移動した子どものアウトカムを研究した．その結果，幼少期
の早い時期に観測されたアウトカムが良い地域に引っ越した子どもは，自身
のアウトカムも良いことがわかった．……この結果は，居住地域が子どもの
アウトカムに因果関係を持つことを示唆している．より良い地域で育つこと
は子ども時代を通じて有益であるが，（むしろ非常に幼い時期に）子どもが思
春期に住む場所はその後のアウトカムを決定する上で特に影響力がある．
……住宅選択バウチャー・プログラムが，MTO の実験よりもさらに大きな
子どもの利益を達成するように設計できる可能性がある」（Chetty et al.
2018, pp. 4-5, 稲葉仮訳（　）内は稲葉付記）．

チェティが共同主宰を務める政策集団 Opportunity Insights の WEB サイ
トの冒頭には「我々の使命は，経済的なオポチュニティに対する障害を明らか
にし，貧困から脱し，より良い人生を歩むことができるよう米国中の人々を力
づける柔軟な（scalable）解決策を開発することだ」とある（https://
opportunityinsights.org/）．

携帯電話による移動データ
　上記のラジ・チェティの論考，特に 2022 年に *Nature* 誌に発表した論文は，
自分より所得階層が上の友人をより多く持つ者が経済階層の上部移動の可能性
がより高いとするものだが，コロナ禍で多様な所得階層との出会いの機会が縮
小したという論文がある．
　矢部貴大らは，アメリカの 4 大都市，ボストン，ダラス，ロサンゼルス，シ
アトルに住む 100 万人以上の匿名化された携帯電話ユーザーを対象とした，大

規模なモビリティデータセットを用いて，パンデミック前とパンデミック中の3年間の都市における出会いの多様性がどのように変化したかを分析した（Yabe et al. 2023）[20]．彼らによれば，都市における出会いの多様性は，パンデミックの間に大幅に減少し（15％から30％），モビリティの指標の回復後も，減少した状態が2021年後半まで持続しているという．さらに，反実仮想分析を行い，新しい場所を探索する意欲の低下や訪問嗜好の変化などの行動変化が，長期的な所得階層でみた出会いの多様性を大幅に減少させたとしている．また，コロナ禍の抑制策の厳しさと，都市での出会いの多様性の間にトレードオフがあるとして，社会関係資本を涵養する施策の必要性を指摘している．つまり，チェティが提唱する貧困層の上方階層移動のシナリオに，コロナ禍が水をさしたということになる．

　矢部らの論文も，チェティらと同様，大規模データセットを用いている．具体的には上記の米国4大都市圏における100万以上の携帯のGPS位置情報記録の大規模かつ縦断的なデータセットを3年以上にわたって使用し，パンデミックのさまざまな時期に，43万3000地点における出会い経験の所得多様性がどのように変化したかを分析した．都市における出会いの所得多様性の動態を，個々の場所（points-of-interest: POI）と個人のレベルで分析し，長期的な変化の原因となった行動の変化を明らかにし，①自宅外で過ごす時間の減少，②所得階層別の移動距離の変化，③人々の探索行動と場所への選好の変化の3つの要因にわけて，反実仮想シミュレーションにより分析した．さらに，多様性の減少の空間的不均一性を説明するために地点のカテゴリー（食料品店，ハードウエア店，大規模店，百貨店，銀行，スーパー，車関係，病院，ジム／フィットネス，衣料品店，ファストフード店，バー，など）別にも分析した．

　分析の詳細は**表6-5**にまとめてあるが，パンデミックの第1波で減少した多様性の約55％は，上記の3つ要因のうち①と②の所得階層間の活動減少率の不均一性と移動距離の変化で説明できるが，残りの45％はより微細な，③場所に基づく嗜好の変化によるものであった．さらにパンデミックの後期には，③の探索行動の変化と場所への選好が支配的な要因となっていることを見出した．人々の主要な活動カテゴリーに費やす時間の割合は変化していないが，それぞれの主要な活動のなかで，たとえば，レストランに行く時間が減りファス

表 6-5 携帯の移動データ：矢部らの分析

Yabe, T. et al.（2023）.

要約・結論要旨

ボストン，ダラス，ロサンゼルス，シアトルで，パンデミック前とパンデミック中の3年間にわたり，100万人以上の匿名化された携帯電話ユーザーを対象とした，プライバシーを強化した大規模なモビリティデータセットを用いて，パンデミック中に都市での出会いの多様性がどのように変化したかを研究．その結果，本研究では，COVID-19のパンデミック中およびパンデミック後の所得多様性のダイナミクスを理解するために，3つの重要な結果を得た．第1に，米国で最初の事例が発生してから2年が経過し，移動統計（1日あたりの訪問回数など）がほぼ完全に回復したにもかかわらず，米国の都市における物理的な出会いの多様性がパンデミック前の水準よりも低下していることを実証的に明らかにした．すなわち都市における出会いの多様性は，パンデミック中に大幅に減少し（15%から30%），2021年後半まで持続していることがわかった．第2に，社会的に多様な場所の探索の一貫した減少や訪問嗜好の変化など，パンデミック時の出会いの所得多様性の低下をもたらした主要な行動変化を明らかにした．第3に，COVID-19政策との比較分析により，COVID-19政策の厳しさと経験した所得の多様性との間に強いトレードオフの関係があることが示唆された．このように，社会的統制政策は伝染病の蔓延を緩和するのに役立ったが，同時に都市の社会構造にも悪影響を及ぼした．これらの洞察は，伝統的な居住地ベースの測定法では定量化することが極めて困難であるが，パンデミックによって都市の出会いがどのように，そしてなぜ多様性を失ったのかを理解することを可能にするものである．

データ

1. ボストン，ダラス，ロサンゼルス，シアトルで，パンデミック前とパンデミック中の3年間にわたり，100万人以上の匿名化された携帯電話ユーザーを対象とした，プライバシーを強化した大規模なモビリティデータセット．Spectus社が提供．このデータから夜10時から朝6時の間に最もよく利用される場所を自宅とみなす．
2. Foursquare APIを介して取得した，4つの国勢調査コア統計地域（CBSA）における43万3,000地点の場所情報．
3. 米国コミュニティ調査（ACS）：自宅のある国勢調査ブロックの平均所得から個人の社会経済的地位（SES，より具体的には所得階層）を推計，個人所得の推計値を4分位に分類．

被説明変数

(1)個人別携帯電話ユーザーの多様な所得階層との出会いの指標（異なる所得分位の人々と過ごした時間の均等性，当該個人が訪れた地点の所得分位の均等性から個人の各所得分位への露出度を測定）．
(2)地点別多様な所得階層の訪問・出会いの指標（各場所において異なる所得分位の人々が過ごした時間の均等性，4つの所得分位のうち単一の所得分位の人々だけの場合はゼロ，4分位のそれぞれから25%の人々が時間を過ごしている場合は1）．
多様性尺度は2019年月データで季節調整され2カ月移動平均で算出．

主要分析手法

反実仮想シミュレーション：多様性の観点から，パンデミック前（たとえば2019年4月）のデータからランダムに訪問回数を削除し，パンデミック中（たとえば2020年4月）の場所への総訪問時間が同じである反事実の移動データセットを作成．このようにして得られた反事実データは，「もし人々がパンデミック前（2019年）のレベルから単純に場所への訪問回数を減らした場合，所得の多様性はどのように変化するか」という問いに答えることができる．実際のモビリティデータセットと反事実のモビリティデータセットから計算された場所ベースの多様性指標と個人ベー

スの多様性指標を比較することで，多様性の減少に対する活動削減の効果を明確にすることができる．同様に，所得分位ごとの移動距離の変化の影響を測定するために，前回の反事実を拡張して，各所得分位ごとに距離範囲別の総訪問時間が同じになるようにした．確実な結果を得るために，シミュレーションはそれぞれ10回ずつ行っている．

出所：Yabe et al.（2023）より筆者作成．

トフードやドーナツ屋に行く時間が増えた，といった具体的にどの種類の場所を訪れるかについて選好が変化していた．まとめると，活動の減少だけでなく，特にパンデミックの後期には，探索の減少や嗜好の変化など，微細な行動の変化が，都市での出会いの多様性の減少につながった，としている．これらの結果から，矢部らは以下のように結論づけている．

　「効果的なワクチンの開発によってCOVID-19による死亡率を抑えることに成功した一方で，パンデミックの間に私たちが身につけた新しい行動習慣や社会規範，たとえば在宅勤務率の上昇，身体活動，睡眠，時間の使い方，精神衛生における劇的な変化などが，社会に長期的な影響を及ぼす可能性があることが研究によって示唆されている．本研究で観察された，新しい場所を訪れる際の社会的探索の減少や場所の嗜好の変化といった行動の変化も，感染に対する恐怖が持続するため，長期にわたって残る可能性がある．この結果は，さまざまな所得層の集団が身体的な出会いを増やすことができるようにする都市移動に関する政策介入は，パンデミック後に経験所得の多様性を改善する可能性があるため，社会的探索の回復も対象とし，評価する必要があることを示唆している．最近，他の研究が，キャリアの成功や経済的移動におけるこうした弱い絆の重要性を強調している．経済的流動性へのこのような公的介入には，低所得地域から高所得地域への交通費を減らし機会を増やすことを目的とした，運賃無料の交通システムの導入や公共スペースの整備が含まれる」（ibid., p.7, 稲葉仮訳）．

　ちなみに，この結論に引用されている「最近，他の研究」の1つは本節でも紹介したチェティらによる「社会関係資本I」である．

第6章　過去の実証研究から明らかになったこと　179

あらたな2次データの作成：米国連邦議会合同経済委員会のソーシャル・キャピタル・プロジェクト

日本政府による社会関係資本のデータの収集は 2024 年 1 月現在，頓挫しているが，米国ではユタ州選出の共和党マイク・リー上院議員の主導で 2017 年に上下両院合同経済委員会のソーシャル・キャピタル・プロジェクトが立ち上がり，ワシントン D. C. を含む 51 の州および行政区すべてと 3142 ある郡のうち 2992 についての社会関係資本指標が 2018 年に発表され，その指標に基づく分析も実施されている（Social Capital Project 2021a; United States Congress, Joint Economic Committee, Social Capital Project 2018）．これも日本同様，政府の公式統計ではなく，しかも 1 次統計にもとづいた 2 次統計ではあるが，連邦議会の合同経済委員会の活動として公表された統計で，連邦保健福祉省の参加も得て進められているので準公式統計と捉えられよう．米国は議員立法が盛んな国であり，議員が人気とりで，その時々で選挙区を意識した議員立法案を提出する．議員の選挙区向けの宣伝合戦の 1 つである．事実，新たな社会関係資本指標の開発過程に関する記述を読むとプロジェクトの主導者であるマイク・リー上院議員（共和党ユタ州選出）の既存の指数への不満（より具体的に言えば，州レベルでも郡レベルでも彼の選挙区のユタ州がトップでないこと）がにじんでいる（Social Capital Project 2018, pp. 7–11）[21]．私は当初はソーシャル・キャピタル・プロジェクトもリー議員による選挙区向けの人気とりかと見ていたが，2017 年のプロジェクト立ち上げ直後の 5 月開催された上下両院合同経済委員会の公聴会の記録を後になって読んで見方が変わった．そこにはソーシャル・キャピタル・プロジェクトの提唱者である同議員の以下のような発言があった．多少長くなるが，2017 年当時の米国の政治的指導者の考えを理解する上での参考になると考えるのでその発言を引用する．

　「経済合同委員会の公聴会を開会いたします．本公聴会のタイトルは，『私たちが共にすることはなにか——今日のアメリカにおける社会関係資本の現状』です．……今日，わが国は非常に現実的な経済的課題に直面しています．先月の当委員会の公聴会でお聞きしたように，景気回復期の経済成長は微々たるもので，ばらつきがある．米国経済はここ数十年に比べ，ダイナミック

で革新的ではなくなっている．20世紀半ばに米国が享受した力強い生産性の伸びと，それがもたらした異例の大幅な賃上げが懐かしい．しかし，歴史的な比較で見れば，ほとんどのアメリカ人はかつてない物質的な生活水準を享受している．……それにもかかわらず，多くのアメリカ人は，貧困層も中流層も富裕層も，社会の何かがおかしいと感じている．それは経済的な不安だけでは説明できない感覚である．むしろ，アメリカの社会構造にほころびが生じているという感覚があるのだ．このような懸念は，家庭や地域社会の健康状態を示す客観的な指標にも反映されている．社会関係資本というくくりで語られる傾向のほんの一部を挙げれば，結婚と教会通いが減少し，国の制度に対する不信感が増大し，所得が混在する地域が希少になり地域の偏在が進み，働くことも求職活動もしない若者が増え，孤立している．私たちは過去に比べて共に行動する機会が減り，経済的にもそれ以外の面でも，より悪い状況に陥っている．本日の公聴会は，月曜日に発表された新しい報告書とともに，ソーシャル・キャピタル・プロジェクトを始動させるものである．このプロジェクトは，私たちの生活を決定づける家族，信仰，コミュニティ，仕事といった絆の健全性を調査するものである．社会関係資本に重点を置くことで，今日の国家的課題を見る経済的なレンズが補完される．表向きの経済的問題の多くは，私たちの結社生活の衰退を反映している．たとえば，今日多くの家庭が脆弱化していることは，上昇志向を低下させている．リスクを取るには，個人間や組織に対する信頼が必要だからだ．……プロジェクトの第1回報告書である『私たちが共にすることはなにか』は，豊かさが増すにつれ，隣人や伝統的な制度と緊密な関係を持つことの経済的必要性が低下していると結論づけている．また，共働き家庭の増加が社会関係資本への投資にどの程度影響を及ぼしているかも明らかにしている．経済的変化は，たしかに貴重な利益をもたらしたが，社会関係資本を枯渇させることによって，犠牲も伴っている．自由な企業経済と自発的な市民社会という，アメリカの自由を支える2本の柱は，政府と個人の間の重要な空間において存在し，機能している．ソーシャル・キャピタル・プロジェクトが，社会的連帯と相互協力を強調する，わが国のための新たな対話を始めることを願っている．今日の経済的課題に直面するなかで，政策立案者は，市民社会にどのような力

を与えることができるのか，また，個人と国家の間の中間層を厚くするために，政府は何をすべきか，あるいはすべきでないのかを問うべきである」（The state of social capital in America, 2017 年 5 月 17 日米国上下院合同経済委員会ヒアリング議事録，稲葉仮訳，強調は稲葉付加）.

このソーシャル・キャピタル・プロジェクトは 3 つのフェーズからなり，2022 年からはフェーズ 3 に入っている．フェーズ 1 では州別郡別の社会関係資本指標が開発され，それを用いた分析をまとめた報告書『アメリカにおけるソーシャル・キャピタルの概観』が公表され，フェーズ 2 では社会関係資本醸成のための政策と社会実装に向けた報告書『ソーシャル・キャピタルのための政策アジェンダ』が 2020 年から 2021 年にかけて公表されている（Social Capital Project 2021a, 2021b）.

フェーズ 1 でアメリカの州別および郡別の社会関係指標を公表している（United States Congress, Joint Economic Committee, Social Capital Project 2018）．州別の社会関係資本指標はすでにパットナムが 2000 年に上梓したベストセラー『孤独なボウリング』のなかで公表しているし，表 6-2 で紹介したラスタム・ジャミロフも世界価値観調査の米国の個票データから作成している．また，郡単位のデータも，ラジ・チェティの一連の研究やペンシルベニア州立大学指標（Rupasingha and Goetz 2008）がある．しかし，チェティやペンシルベニア州立大学指標がネットワークを中心にした社会関係資本指標であるのに対し，ソーシャル・キャピタル・プロジェクトの指標は，家族の団結，コミュニティの健全性，制度の健全性といった価値観・規範をも含めている意味でより包括的に社会関係資本を捉えている点で価値があると考えている.

具体的には，表 6-6 に示すとおり，社会関係資本指標は州レベルは 5 つのサブ指数（家族の団結，家族の相互作用，社会的サポート，コミュニティの健全性，制度の健全性）と 2 つの独立した指標（集団の効力感，フィランソロフィーの健全性）であらわされる 7 つの次元を含む．これに対して，郡レベルのインデックスは 3 つのサブ指数（家族の団結，コミュニティの健全性，制度の健全性）と集団の効力感から構成されている．家族の団結と集団の効力感は州レベルと同じだが，コミュニティの健全性と制度の健全性については州単位のインデック

表6-6　ソーシャル・キャピタル・プロジェクトの州別・郡別社会関係資本インデックス

州単位

家族の団結：未婚の母による出生の割合，1人親の家庭で暮らす子どもの割合，現在婚姻関係に
　ある35-44歳の女性の割合

家族の相互作用：0-5歳の子どものうち，家族の誰かが毎日読み聞かせをしている子どもの割
　合，テレビやビデオ，ビデオゲームを1日4時間以上見ている子どもの割合，学業以外の目
　的でパソコンや携帯電話などの電子機器を1日4時間以上使用している子どもの割合

社会的サポート：「必要な社会的・精神的支援を受けることがある」「めったにない」「全くな
　い」成人の割合，親しい友人の人数，少なくとも月に1回以上は隣人に役立つことをする成
　人の割合，隣人のほとんどまたは全員を信頼する成人の割合

コミュニティの健全性：過去1年間にボランティア活動をしたと回答した成人の割合，地域社
　会の問題について話し合う市民集会に参加した割合，地域社会を改善するために近隣住民と
　協力した割合，過去1年間に委員会や団体の役員を務めた成人の割合，政治的問題が議論さ
　れた公的会合に参加した割合，行進，抗議，集会，デモに参加した割合，人口1,000人あたり
　の会員組織数，人口1,000人あたりの非営利・非宗教・宗教組織登録数

制度の健全性：2012年と2016年の大統領選挙で投票年齢の成人が投票した割合（2年間の平
　均），2010年国勢調査で質問票を郵送で返送した割合，企業・メディア・公立学校は正しいこ
　とをするとした回答比率

集団の効力感：人口10万人あたりの凶悪犯罪件数（集団効力感の欠如ないしは社会的無秩序を
　表す）

フィランソロフィーの健全性：慈善団体へ25ドル以上の寄付をした成人の割合

郡単位

家族の団結：州単位に同じ

家族の相互作用：なし

社会的サポート：なし

コミュニティの健全性：人口1,000人あたりの非営利・非宗教・宗教組織登録数，その他各州デ
　ータによる州単位のサブインデックスに関連した活動への参加率

制度の健全性：州単位に同じ

集団の効力感：州単位に同じ

フィランソロフィーの健全性：なし

出所：United States Congress, Joint Economic Committee, Social Capital Project（2018）より筆者作成.

スより少ない要素からなっており，かつ州単位では含まれていた家族の相互作
用，社会的サポート，フィランソロフィーがない．データが限られるため，郡
単位のインデックスは，いわば，州単位のインデックの縮小版であるが，郡単
位で用いられている変数だけで州単位の社会関係資本インデックスを再計算し
ても，収録データ数が多い州単位のインデックスと郡単位のデータで作成した
インデックスとの相関は0.95-0.98と極めて高い（United States Congress,
Joint Economic Committee, Social Capital Project 2018, p. 19）．つまり郡レベ
ルのインデックスが示す社会関係資本は州レベルのインデックスが示すソーシ

第6章　過去の実証研究から明らかになったこと　183

ャル・キャピタルとほぼ同じであるとしている．また，州レベルのインデックスは 2000 年の『孤独なボウリング』のなかでパットナムが示した米国 50 州のソーシャル・キャピタルインデックスと上位からのランキングがほぼ同じでかつ，両者の相関は 0.81 と高い（ibid., pp. 30–31）．

3——社会関係資本を育む：規定要因はなにか

　ここまでは，社会関係資本研究のためのデータの整備とそれを活用した研究例をみてきた．JAGES は長期縦断データ，パネルデータを提供することによって，65 歳以上の高齢者を対象とした健康分野での社会関係資本の効果についての知見の蓄積に貢献してきた．世界価値観調査は個人の信頼，制度への信頼，さまざまな価値観（規範）について多岐にわたる設問からネットワークや団体参加などの構造的社会関係資本だけではなく，信頼・規範といった認知的な社会関係資本の役割を明らかにしてきた．さらに，チェティは税務申告データや Facebook ユーザーの大規模データをまるでマジシャンのように上手に紐づけて，親子間の所得階層の上方移動，つまり貧困からの脱出について構造的社会関係資本の役割を明らかにしてきた．これらは，基本的に本章の冒頭に図6-3 で示した右側の機序，社会会関係資本の影響についてであったが，以下では図 6-3 の左半分の社会関係資本の規定要因の 1 つ，技術革新について検討していきたい．

WEB 上の交流に関する先行研究から見る技術革新の影響

　チェティの論文「社会関係資本 I」と「社会関係資本 II」を紹介したが，これらの論文が「凄い」もう 1 つの理由は，Facebook 上のやり取りを，実社会での対面のやり取りと同等にとらえて分析を行い，実社会での対面のやり取りの分析以上に詳細で統計的に有意かつ説得力のある分析結果を導出したことだ．たとえば，7220 万人の Facebook ユーザーを①社会経済的地位（SES）順に序列をつけ，②親子関係まで明らかにし，③親の所得階層と子の所得階層を紐づけて子ども世代間上方階層移動を明らかにし，かつ④社会関係資本の 3 つの指標を作成し，⑤その 3 つのなかで，子どもの友人のなかで上位の階層の友人の

比率「経済的つながり」が子どもの上方階層移動の強い予測因子であることをつきとめ，⑥「経済的つながり」の決定要因として「高階層との出会いの多寡」と「友人づくりバイアス」をつきとめ，⑦郡，ZIP コードエリア，大学，高校別に「経済的つながり」「高階層との出会い」「友人づくりバイアス」の指標を作成し，⑧「友人づくりバイアス」の程度に応じて上位階層を実現するには，⑨個人はどの地域に住み，どの高校へ通い，さらにどの大学へ進学すべきかの指針を与え，⑩どのような施策が必要かについての政策提言まで行っている．これが意味することは，我々はすでに Facebook 上で，対面でのリアルな活動の何倍も意味がある活動を行っているということであろう．そもそも，対面で 7220 万人の一人一人の SES を推計しランクづけするなどという作業ができるはずもない．私たちはユーチューブやネットフリックスや Facebook や X（旧ツイッター）やインスタグラムやラインをみて，さらにはメタバースにまで入り込んで，日常生活の意思決定どころか大統領まで決めているではないか．携帯がなければ一時たりとも生活が成り立たない者も多くいる．つまり，今日，我々が利用している他者との紐帯のほとんどが，WEB 上でのやり取りで成立しているのではないか．我々が得ている情報のほとんどはリアルな対面の世界からではなく，ネット経由で得ているのではないか．

よく，やはり対面のリアルな付き合いが良いという意見を耳にする．パットナムもあくまで対面のリアルなやり取りが基本だというが，私はそれは間違いであると考える [22]．WEB 上の交流はリアルな対面での交流を質量ともにはるかに凌駕していることをどうして認めないのであろうか．現実世界かネット上の世界かなどと議論をする前に，すでに現実の世界はネットで形成されている．

ネット上の世界は確かに，危険にあふれている．ネット上で強盗団が編成され，初対面の者同士が集まって押し入り，対面の世界で殺人まで犯す．しかし，危険は現実世界でも同様に生じる．ネットが悪いのではなく社会が悪いのだ．むしろ WEB 上の世界のやり取りが，現実世界のやりとりを補完するという研究結果は 20 年以上も前から，多数報告されている．たとえば，バリー・ウェルマンらは，1998 年に National Geographic Society が実施した調査の北米成人 3 万 9211 人の参加者のデータに基づいて，インターネットが構造的社会関係資本に与える影響を調査した（Wellman et al. 2001）．その結果，オンラ

インでの交流は，その程度を変えることなく，対面および電話によるコミュニケーションを補うものであることがわかったという．また，ピパ・ノリスは，インターネットがオフライン，つまり現実世界の構造的社会関係資本に与える影響について，2001年に実施された「ピュー・インターネット・アメリカ・ライフ調査」のデータを使った実証的研究で，オンライン上の接触は，特定の信念や趣味，関心を共有する，同じ志を持つ人々を結びつけるもので，多くの異なるタイプのオンライン・グループへの参加が，社会的接触を広げるものであるとも認識していた（Norris 2003）．つまり，オンライン・コンタクトは既存のオフラインの絆（現実世界の）社会関係資本を補完し，また，インターネットを通じて社会関係資本を拡大し橋渡しすることで，既存のオフライン・ネットワーク（現実世界）の代用としても機能したとしている．

小林哲郎と池田謙一もオンライン社会関係資本がオフラインの構造的社会関係資本にポジティブな影響を与える可能性についてMMORPG「LINEAGE（リネージュ）」のプレイヤーを用いて2つのWEB調査（nW1＝1801, nW2＝1335）を実施し，回答者の性別，年齢，学歴，世帯収入，雇用，自由時間数，およびオフラインの社会関係資本をコントロールした結果，リネージュ・コミュニティ内でのオンライン相互作用がオフライン・コミュニティへの社会参加を促進することを見出した（小林・池田 2006）．これは，ICTがオフライン（現実）の世界における既存の構造的社会関係資本を補完するものとして機能するということである．

さらに，ひきこもりにも関連する実証研究もある．パーソナリティに光を当てた研究である．ニコール・エリソンらは，Facebookは，自尊心や生活満足度が低いユーザーにとって，社会関係資本の橋渡しをすることで，より大きな利益をもたらす可能性を示唆した（Ellison et al. 2007）．彼らの結論は寺島圭と三浦麻子の研究によっても共有され，著者らは社交性が低い人のSNS利用がオンラインの橋渡し型社会関係資本に影響を与える可能性が高いことを発見した（寺島・三浦 2013）．ソーシャルメディアの利用がディスカッション・ネットワークの異質性と市民生活における活動に寄与するという考え方を支持する研究もある．キムらは，ネットワークの異質性と市民的関与の増加についてのソーシャルメディアの貢献は，内向的でオープンでない個人ほど大きいこと

も見出している（Kim et al. 2013）．日本は 2023 年現在政府がひきこもり 146
万人と推計しているが，上記の実証研究結果を鑑みると WEB の世界がひきこ
もりの人々にとって，社会との命綱を提供しているのかもしれない．

　ICT の利用が構造的社会関係資本を補完しうるか代替しうるかという疑問
は依然として残るのだが，2010 年代も，ICT が何らかの形で社会関係資本へ
影響を与えているとする研究が多数発表された．ICT の利用がヘルスケアに
おける社会関係資本を増加させることを見出したライアン（Ryan 2010），
SNS がオンラインの橋渡し型社会関係資本と結束型社会関係資本を強化する
上で正の影響を持ち，オフラインの結束型社会関係資本には限定的な影響しか
与えないことを見出したゾング（Zhong 2014），ドイツの全国データに基づい
てインターネットが主に構造的社会関係資本で構成される社会関係資本指数に
正の影響を与えることを見出したボールンシュスターら（Bauernschuster et
al. 2014）．リーら（Li and Chen 2014）は，SNS が場所によって補完および／
または代替の両方として機能することを発見した．このほか SNS は「思春期
の母親」の社会的絆を強化し，既存の社会関係資本を補完すると結論づけた研
究まである（Nolan et al. 2015）．

　ここまでの研究は基本的に ICT 利用がオンラインの構造的社会関係資本を
強化するという点ではほぼ一致している．また，ICT の利用はオフラインの
橋渡し型社会関係資本を犠牲にしてオフラインの結束型社会関係資本をいくら
か強化するというトレードオフをもたらすようである（Kobayashi and Boase
2014）．また，SNS は，やや控えめな性格の人の場合，橋渡し型社会関係資本
を高めるというポジティブな影響を与えるかもしれない．

　ここまでは，ICT 利用が現実世界の構造的な社会関係資本に影響をあたえ
るという実証研究であるが，さらに現実世界の信頼や規範などの認知的社会関
係資本への影響を検討した論文もある．たとえば，宮田加久子は，2002 年か
ら 2005 年にかけて日本の山梨県で 3 次にわたるパネル調査（nW1＝1002,
nW2＝646, nW3＝432）に基づくデータを用いて，インターネットが社会関係
資本に与える影響について包括的な研究を行った（宮田 2005a, 2005b; Miyata
2005; Miyata et al. 2005）．携帯電話から送信されたメールはオンライン上の一
般的信頼にほとんど影響を与えなかったが，パソコンから送信されたメールは

オンライン上の一般的信頼を増加させた．また，宮田は3次の調査間で生じた変化を分析し，オンラインの一般化信頼が，一般化互酬性の増加を通じてオフラインの一般化信頼に波及することを発見した．つまり，ICT はオフライン（現実世界）の認知的社会関係資本にも影響を与えることを明らかにした．ただし，宮田の結果を否定する実証的研究もあり（辻 2014; Salahuddin et al. 2016），ICT の利用が認知的社会関係資本，特に一般的信頼（社会全体に対する信頼）に与える影響については不明確な点もあるが，大学の授業のような小規模なネットワークでは，一般的にオンラインの認知的社会関係資本を強化するようである（Lu et al. 2013）．

　さらに 2010 年代にはいると，ICT の社会関係資本への影響とは逆に，社会関係資本が ICT の受容に影響しているかを検討する論文もでてきた．ペナールとポーシング（Penard and Poussing 2010）は，2002 年にルクセンブルグで行われた 16 歳から 74 歳の 1554 人を対象とした調査のデータを分析し，社会関係資本のストックが多い個人ほど，既存の社会関係資本を維持するためにインターネットを利用する可能性が高いとしている．他者への信頼が高ければ，インターネットを通じて社会関係資本を維持する可能性が高まる．さらに，多くの団体に参加している人ほど，インターネットを集中的に利用している．つまり，社会関係資本のストックが多い人は，既存のオフライン社会関係資本を維持するために ICT の利用を増やす可能性が高い．豊かな社会関係資本環境は，インターネット利用を促進し，社会関係資本を維持する．つまり，高い社会関係資本は ICT と社会関係資本の補完性をもたらす．このほか，ナランジ－ゾロトフら（Naranjo-Zolotov et al. 2019）は，2016 年にポルトガルで収集された 200 人のサンプルのデータを用いて，社会関係資本が ICT 利用（電子参加型プラットフォームの利用に焦点を当て，「e-participation」と略される）に与える影響を調査した．彼らは，社会関係資本が電子参加という形で ICT 利用に与える影響は，信頼や互恵性といった認知的なものよりも，むしろ社会関係資本の構造的側面に影響される可能性が高いとしている．

　この延長線上の研究になるが，稲葉陽二と戸川和成は人工知能（AI）の受容性と社会関係資本の関係を検証した（Inaba and Togawa 2020）．私たちの首都圏1都3県の WEB 調査（n＝5000）によれば，AI の受容性についても ICT

リテラシーを仲介して，社会関係資本と正の関連性が見出された．しかし，社会関係資本を認知的と構造的（職場，友人・知人との付き合い，団体参加）に分けると，認知的な社会関係資本のみ AI の受容性にたいして直接正の関連がみられたが，友人・知人との付き合いは負の関連（AI について否定的）がみられた．また，職場，団体参加については ICT リテラシを通じて，AI の受容性と正の関連があることを見出している．本書では「現場」という言葉を使っているが，現場を想定しない認知的社会関係資本は AI という技術に寛容だが，職場，隣近所，団体参加などの現場からの視線をもつ構造的社会関係資本はそれぞれの立ち位置によって新たな技術への認識が異なるということであろうか．

　最後に強調したいのだが，ICT は弱者にやさしいという研究もある．すでに WEB の世界がひきこもりの人々にとって，社会との命綱を提供しているのかもしれないと述べたが，ICT があるからこそ，いろいろなレベルの社会的弱者が社会との接点を確保できている．クーら（Kuo et al. 2013）は，台湾の中高年女性（n＝133）を対象としたデジタル障害者のための ICT 学習プログラムのケースを検証した．その結果，同級生や友人との社会的なつながりや関係を大切にする女性の ICT 初心者は，互いに学び合い，思いやることができるため，ICT スキルの習得を促されることがわかった．協力関係はプログラム終了後も続き，その結果，サイバースペースにおける個人的なネットワークが拡大したという．サディナラセら（Sudhinaraset et al. 2021）の研究はもっとシリアスな場面である．彼らはアメリカの「日陰で暮らす」130 万人の非合法移民の若年成人のなかで強制送還措置免除（deferred action for childhood arrivals: DACA）のステイタスを持たない者は，インターネットが支援と規範の場となっているとしている．彼らは，2017 年に実施されたインターネットベースの調査のデータを用いて，カリフォルニア州を調査（N＝208）した．DACA の資格のない者は，DACA の資格のある者よりも，オンライン・ソーシャル・キャピタルが高く（p＜0.001），抑うつが高かった（p＝0.01）．オンライン・ソーシャル・キャピタルが DACA ステータスと抑うつ症状の関係を潜在的に媒介していた．つまり，ICT がなければ強制送還免除がない不法移民の若者には居場所がなかったということかもしれない．

　高齢者も同様に，ICT に頼っている．コロナ禍では，世界中のほとんどの

人が SNS に依存していたが，コロナ禍が一応の収束を見た現在でも SNS は高齢者の生活を豊かにしていることは間違いない．LINE で地球の裏側にいる息子家族とライブ映像つきで話ができるし，ウェビナーを通して全世界で行われているセミナーに参加できる．同時に仕事の打ち合わせをすることさえも可能だ．交通費がいらないこともありがたい．私もコロナ罹患中に，欧州で行われた学会に録画で報告できた．体調に合わせて働き方や時間を選択できると良いのだが，技術進歩のおかげで時空だけでなく身体的制約も超えることができている．これは現役世代でも同じではないか[23]．ちなみに，アバターを使ってソーシャル VR に参加する男性の 76% は女性型アバターを使っている（バーチャル美少女ねむ 2022: 162）．

　ここまで，チェティの研究を ICT が今日の我々の生活に占める大きさの証左ととらえ，そのあと ICT の社会関係資本に対する影響を扱った論文を紹介してきた．すでに多くの研究成果の蓄積があるが，ICT が社会関係資本に影響を与えないとする論文はほぼ皆無であろう．SNS を含む ICT は間違いなく正と負の外部性をもつ社会関係資本の形成にかかわってきたし，これからもそうであろう．特に，ICT が内向きな性向をもつ非社交的な人々や社会的弱者のよりどころを提供している可能性は，ひきこもりの若者や壮年者をかかえ，さらに高齢者という社会的弱者が増えている日本では，社会課題の解決策の糸口を提供する可能性の 1 つとして，真剣に検討するべきではないかと考える．

　ジェレミー・リフキンは AI をはじめとする技術革新により財・サービスの供給において，3 次元プリンターなどの実例をあげ限界費用がゼロ近くまで下がる，つまり市場で売られている財がコモンズのように準公共財化するので，オストロムの社会関係資本論を援用し，市場メカニズムではなく社会関係資本がガバナンスの仕組みになると予測した（Rifkin 2014）．多くの人々がそうなることを強く望んでいるのは確かであろう．現実にも本章で概観したように，多くのデータが公開され，技術革新関連のコモンズが広範に形成されつつある．しかし，その一方で，技術革新による限界費用低下のメリットの多くが，BigTech と呼ばれている大企業に吸い上げられ，自然独占を許している．経済学でいう自然独占は第 4 章のケース 4 でみたように，その財が電力や通信の

ように，経済活動や社会生活で多くの人にとって必須の財であるのに，当初の投資が巨額であり市場に任せておいては供給がおぼつかないが，ひとたび供給規模が大きくなると限界費用がどこまでも低減し供給側の企業に巨額の超過利益が生じるので，政府が価格設定に介入している．ICT における BigTech も現在同様な状況にあるが，彼らの場合は，独自にリスクをとって現在の地位を勝ち得たので，なかなか公的な規制を受け入れない．しかし，技術革新によって新たに生じたコモンズからのメリットは徹底的に享受しようとする．残念ながら，リフキンは AI についての急速な技術革新が実現しその技術を核に作られるコモンズの生成については的確に予測していたが，BigTech については楽観的すぎた．なんとしても新しいコモンズを守らねばならないが，その際に介入 [24] する視点として，社会関係資本が有用であると考える．対象が広い事象については，社会関係資本のように汎用性の高い versatile[25] な概念で対応しなければ公的な介入を正当化できないからだ．

第 **7** 章

日本経済・社会を社会関係資本の視点で再考する

1——企業不祥事はなぜおこる：社会関係資本からみた現場における理不尽

　日本の大企業の不祥事が一向に止まらない．たとえば，名だたる自動車メーカーが判で押したように検査不正をしていた[1]．そのたびに現場での犯人捜しが行われ，労働者のモラルと質の低下が指摘され，最後に企業風土に責任があるとして幕引きが行われる．しかし，現場の労働者は本当に一所懸命働いている．不祥事を現場の責任とされることに，違和感を覚える人は多い．本章では，一般的な企業統治論と異なる社会関係資本の視点から，この事象を検討したい．

「失われた30年」を超える長期経済停滞：企業不祥事の社会的病理
　第2章で社会関係資本はミクロ・マクロ゠リンクができる概念であると述べ，コールマンのボートを紹介した．不祥事はミクロの現場だけではなく，マクロの組織が置かれた経済社会環境の変化とも密接に関連している．言い換えれば，企業不祥事の背景には社会的病理と組織の病理がある．そこで，はじめに社会的病理として過去30年の日本経済の変化，正確には凋落，を確認したい．日本経済のピークは1991年2月[2]で，その後，日本経済はバブルがはじけ大幅に減速するが，それでも91年から97年までは年率1.5％成長であった[3]．しかし，97年をピークに実質減へ転じ，97年から2018年の21年間の実質国内総生産（GDP）の伸び率は，年率わずか0.3％，21年間で日本の実質GDPはわずか6％しか増えなかった[4]．
　本書執筆時の2023年10月末時点でも景気動向指数の一致指数は横ばいない

し微増を続け景気判断上に第 16 循環の拡大期にある可能性を維持しているが，先行指数は 2021 年第 4 四半期をピークに緩やかな低下傾向にあり [5]，OECD 経済見通しでも日本の第 4 四半期の前年同期比実質 GDP 成長率は 2023 年 1.6%，2024 年 1.4%，2025 年 1.1% と減速が見込まれている（OECD 2023, p. 10）．同期間の世界経済の成長率見通しは 2023 年 3.0%，2024 年 2.9%，2025 年 3.0% であるから戦後景気拡張期としては戦後最低の成長率である 16 循環を含めて，日本経済は 1991 年からの「失われた 30 年」を超える長期低迷を経験しつつある（ibid.）．

一方，1970 年以降 90 年代半ばまで停滞を余儀なくされていた米国経済は，97 年から 2018 年の 21 年間，実質年率 1.9% 成長，経済規模はほぼ 5 割拡大した（The Council of the Economic Advisers 2019, p. 640）．さらにこの間，中国は実質 GDP がほぼ 6 倍，実質年率 9% の高成長を遂げ [6]，2010 年には名目 GDP で日本を抜き世界第 2 位の経済大国となった．さらにこの変化を国際通貨基金（IMF）の予測を含め 2023 年まで延長してみると，図 7-1 に示すように，世界経済における日本のシェア（名目ドル換算）は 1994 年から 2023 年の間に 17.8% から 4.1% へ実に 4 分の 1 以下に縮小し，2023 年はドイツを下回り世界第 4 位の経済規模に転落した（IMF 2023）[7]．これも，ドイツはほぼ横ばいのシェアを維持するなかで，日本が低下したためであり，まさに一人負けの様相を呈している．一方，米国のシェアは 1985 年のピーク時の 34.6% からは低下したものの，2023 年予測では世界経済の 26% 程度のシェアとなっている．この間，世界経済のなかで中国は一層存在感を高めた．1990 年代の 2.0% から 2023 年予測では 17% 程度にまでシェアを伸ばした．世界経済における日本の存在感は大きく薄れるなかで，中国が堂々たる第 2 位へ躍り出ることになる．わが国経済の長期にわたる停滞とそれに伴うシェア低下を反映し，国際社会における日本の相対的地位は大幅に低下している．2 国間の経済規模を名目ドル換算ベースで比較すると，1990 年には対米では日本は米国のほぼ 5 割強の規模（1990 年）から 2023 年には 6 分の 1 強（2023 年）に低下し，対中国では中国の 7.9 倍であったものが逆に中国の 4 分の 1 の規模に過ぎなくなった．

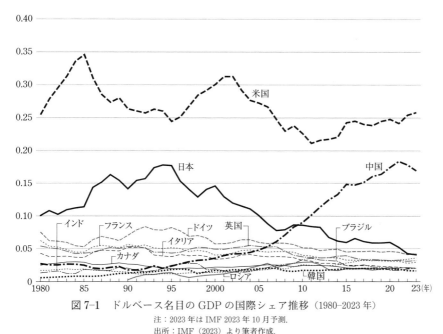

図 7-1　ドルベース名目の GDP の国際シェア推移（1980-2023 年）
注：2023 年は IMF 2023 年 10 月予測．
出所：IMF（2023）より筆者作成．

日本経済の地位低下の背景には生産性の低下がある

　国別 GDP のシェアは各国の人口の増減に左右されるので，国民の豊かさという観点からは，1 人あたり実質 GDP をみるほうが適切であるが，残念ながら，これで見ても日本の凋落は際立っている．1 人あたり実質 GDP は 1991 年から 97 年の間，わずか 6.6% 増（年率 1.1% 増），97 年から 2018 年の 21 年間で 16.9% 増，年率では 0.75% 増にとどまった．アンガス・マディソンによれば，日本の 1 人あたり実質成長率は 1820 年から 1998 年の 178 年間で年率 1.67%（Maddison 2021, 邦訳 p. 31, 表 1-2），また高島正憲によればそれ以前の江戸時代中期は 0.25%[8]であったから，長期的には日本の 1 人あたりの経済成長率は，戦時期を除けば，江戸時代中期以来の最低水準を経験していることになる．

　1 人あたり GDP（各国通貨ベース）の伸び率ランキングは IMF のデータベースから作成できる．このランキング（図 7-2）をみると，1980 年代平均では，

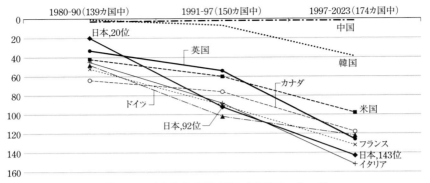

図 7-2 1人あたり実質 GDP 成長率ランキング
出所：IMF（2019, 2023）より筆者作成，2023 年は IMF 推計値．

139 カ国中韓国が 1 位で，中国が 3 位，日本は 20 位であった．しかし，日本の順位は年を追うごとに低下し，1991-97 年では 149 カ国中 92 位に大幅に後退し，さらに 1997-2023 年では 174 カ国中 143 位へ低下している．この間，中国は終始 2 位から 3 位を維持し続けたし，米国は 80 年代は 139 カ国中 33 位と日本の後塵を拝していたが，91-97 年平均では 60 位と日本（上述のように 92 位）と逆転し英国を除く G7 国すべてより高位となった．日本は 1997-2023 年の 26 年間の平均でもほぼ同様の状態で中国・韓国はもとより，ドイツにも逆転を許し，イタリアを除く G7 国すべての後塵を拝している．GDP は付加価値の指標であるから，1 人あたり GDP は国民 1 人あたりの付加価値生産性である．この伸び率では，日本は世界最低レベルにあり，経済全体では付加価値を創りだす力を喪失している．

日本企業の技術力低下

フォーチュングローバル 500 社に選ばれた企業の数を国別にみると，ピーク時の 1994 年には 500 社のうち 3 割（149 社）が日本企業であったが，2023 年には 41 社に激減している（表 7-1）．これは日本の企業セクターの国際競争力喪失の最も端的な証左であり，背景には日本の技術進歩の停滞がある．

技術進歩の正確な測定はマクロ経済ベースで行うのは容易ではないが，資本と労働で説明できない経済成長の残渣を全要素生産性（TFP）[9]と呼び，この

表 7-1　日本経済の凋落：企業セクターの国際競争力の喪失

日本の企業は高付加価値化ができない
Fortune Global 500 社上位 5 カ国の企業数推移

順位／年	1995		2005		2010		2015		2023	
1	米国	151	米国	175	米国	141	米国	128	米国	136
2	日本	149	日本	149	日本	71	中国	98	中国	135
3	独	44	仏	40	中国	47	日本	54	日本	41
4	仏	40	独	34	仏	40	仏	31	独	30
5	英	33	英	33	独	36	英	29	仏	24
参考	中国	3	中国	3						

出所：2015 年までは https://www.nli-research.co.jp/report/detao;/id=54895?site=nli
2019.05.28 閲覧．2023 年は *Fortune* 誌 2023 年 8-9 月号．

TFP を技術進歩の代理変数として用いることが多い．これはマクロレベルだけではなく企業レベルでも作成可能である．そもそも TFP は，経済成長のうち資本と労働で説明できない残渣であるから，さまざまな要因に影響され，解釈は慎重に行うべきだが，成長要因の 1 つとしての社会経済環境の変化まで含めた技術進歩の代理変数の指標として一定の有効性を持つ．経済産業研究所により産業別年度別の基礎データと TFP の変化率の試算が本書執筆時には 2020 年まで公表されている [10]．このデータによれば，付加価値ベースの日本経済全体の TFP の伸び率は，1960-85 までの年率 2% を超える伸び [11]（黒田1992）から大幅減速し，1995-2020 年の 25 年間で年率 0.5% の伸びにとどまった（図 7-3）．製造業はかろうじて年率 1.4% の伸びであるが，非製造業はマイナス 0.1% であった．

また，産業別 100 業種でみても，53 業種でゼロないしマイナスであり，年率 1% を超えた業種はわずかに 27 業種，主要産業で 2 桁の伸びをしたのは半導体素子・集積回路（10.4%）のみであった．なかでも，わが国の主力輸出産業である自動車産業の TFP 伸び率は年率マイナス 0.5% であったし，その他でも道路運送，電気，ガス・熱供給，建築，土木，鉄道，航空運輸，宿泊，飲食サービス，保険，医療・保健衛生，水運等雇用者数が多い業種で伸び率がゼロないしはマイナスであった．

つまり，1995 年から 2020 年の間，日本では非製造業を中心に過半の業種で技術進歩ではなく技術退歩が生じていたことになる．なお，TFP については

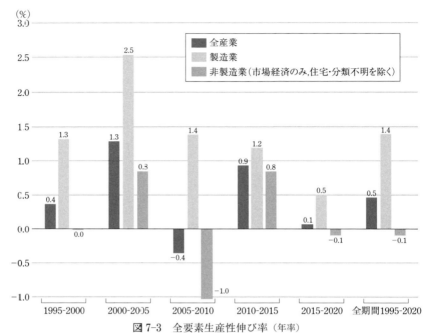

図 7-3　全要素生産性伸び率（年率）
出所：経済産業研究所 JIP2023 データベースより筆者作成.

OECD も加盟国の長期にわたるデータを公表している．TFP の低落傾向は先進国全般にみられるが，日本の TFP の伸び率は，G7 のなかでも米国やドイツからは遅れをとっている（OECD 2020）．

なぜ技術進歩ではなく技術退歩がおこるのか

経済成長の 3 要素として資本・労働・技術進歩の 3 つがあげられ，この 3 要素のうち労働や資本については人的資本に教育を反映させたり，資本を ICT とそれ以外に分けたり，さまざまな研究者がより詳細な分析を試みているが，経済成長の 3 要素のうち労働と資本それぞれの投入量は計測が可能だが，TFP は，資本と労働の投入量の増加で説明できない残渣としての成長部分をあらわしている．

したがって，TFP は資本，労働以外のあらゆる要素の影響を反映している

ので MFP（multi factor productivity）とも呼ばれている．いずれにせよ，純粋な技術革新だけではなくその他の要素も反映しているのでマイナス（技術退歩）もありうる．

　具体的にはマクロ的には産業構造の変化（高付加価値産業の構成比率の減少），社会インフラや制度の劣化，制度変更の影響，地政学的リスクの変化なども TFP 低下を招来する可能性がある．さらに TFP は規模の経済の影響もあると考えられるので長期にわたる構造的不況における稼働率の低下や生産量の減少も TFP を低下させる可能性が高い．また，ミクロの経済活動，企業活動の現場からみれば，プロセスの改悪（生産やサービス提供の段取りが悪くなる），労働者の労働装備率の低下 [12]，職場内のチームワークの困難さを含めた職場における信頼・規範・人的ネットワーク（社会関係資本）の劣化，また，経営者のリーダーシップといった経営者の資質も TFP に影響を与える．特に，職場の社会関係資本は，正規雇用者のグループが非正規雇用者のグループに対して行う（悪意がなくても生じる）マイクロアグレッションも含め様々なかたちの阻害，いじめをする組織内の社会関係資本の負の外部性が生じている可能性が大だが，この計測は従来のアンケート調査では困難であった．またミクロの企業単位でみれば労働の質の変化による影響 [13]，現場のチームワーク（社会関係資本の変化），経営者の資質も反映している．ミクロの労働の質や現場のチームワークなどは経営者の資質から影響をうけるし，純粋な技術革新の創生も経営者の資質（経営判断）の結果である．また，マクロの影響は世界規模で生じているケースが多く，したがって，結局のところ，TFP は国際比較でみれば制度を柔軟に変更することができなかった政治の機能不全と経営者の能力不足とを反映していると考えられる．

　なお，労働の質は，日本の場合，過去 30 年間で劣化しているとは考えにくい．労働の質は通常高等教育の普及で測るが，1960 年代には 20% 程度であった大学進学率が近年では 5 割程度まで大幅に上昇しているし，高齢化も体力の衰えを熟練度の向上で補うと考えれば，また純粋な肉体労働を求められる職種のシェアは低下していることに鑑みれば，高齢化の労働の質への影響は必ずもマイナスとは考えにくいからである [14]．

2──徒手空拳で改善を求められる現場の理不尽：労働装備率の低下が全要素生産性まで低下させる点についての社会関係資本からの解釈

以上でみた日本経済の凋落，特に生産性指標の低迷をミクロの現場で見るとどういうことになるのであろうか．生産性には技術進歩の代理変数としてTFP のほかに，労働者 1 人あたりで測る労働生産性があり，付加価値ベースの付加価値生産性と労働者 1 人あたりの物理的生産量ではかる物的労働生産性の 2 つがある．付加価値労働生産性は TFP と労働装備率（資本分配率でウエイト付けしたもの，資本装備率ともいう）の合計となる．つまり，労働装備率が上がると付加価値労働生産性が上がる．逆に労働装備率が下がると資本から労働への要素代替が生じ労働生産性は下がる．ここまでは当たり前のことだが，それでは労働装備率が低下するとなぜ TFP まで低下するのか．

労働装備率の低下が TFP まで低下させる理由は財・サービス提供の現場では技術進歩が新しい設備に体化されていることが多いからだ．経済活動の現場では，生産性の上昇，つまり技術進歩は，従業員 1 人あたりどれだけの設備が与えられているかの指標である労働装備率（固定資産／労働者数）の向上で顕在化する．労働者は徒手空拳では，最新技術を駆使することができる労働者と戦うことはできない．国際間の企業競争の世界ではどれだけ最新の技術を体化した設備が現場に投入されているかが問題となる．その指標として労働者 1 人あたりの固定資産額（つまり資本ストック）である労働装備率が重要になる．それでは，わが国の労働装備率はどうなっているか．法人企業統計から労働装備率の推移をみると，金融保険業を除く全産業資本金 1 億円以上（図 7-4）では 2001 年の水準から 2015 年には 27% も減少している．図 7-4 に示される労働装備率は名目の固定資産額から計算したものだから，本来は毎年の設備投資を国民経済計算でもちいる民間企業設備投資デフレーターで割り引いて，さらに資本減耗を控除して実質固定資産ストックを算出してみるべきだが，この間，民間企業設備投資デフレーターはほとんど変化がなかった[15] ので名目固定資産を用いた労働装備率で現場の実態は十分反映していると考えられる．いずれにせよ，2010 年代は製造業・非製造業，規模別でみても労働装備率の大幅な低迷がみられる．それぞれの業種，事業所で固有の事情があろうが，このデー

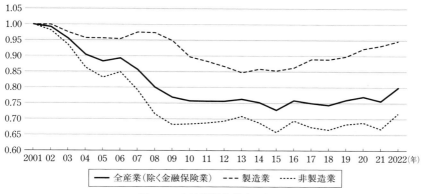

図 7-4 名目労働装備率の推移
注：資本金1億円以上除く金融保険業．2001年度＝1．名目ベース．
出所：法人企業統計より筆者作成．

タで見る限り日本の現場の労働者は徒手空拳での対応を迫られている可能性が高い．

　それでは労働装備率の低下は具体的にどのような状況に財生産・サービス提供の現場を陥れるのであろうか．図 7-5 でみれば労働装備率の α' から α への低下は一義的には資本から労働への生産要素間の代替（図のCからBへの変化）を起こすので，労働生産性は間違いなく C' から B' へ低下する．しかし，多くの経営者はこの生産性（現場の効率）の低下が彼ら自身の経営の結果であるにもかかわらずそれを許さない．その一方で，既存の設備は毎年陳腐化する．技術水準が設備に体化しているので，これは等量曲線の(1)から(2)へのシフト，つまり技術退歩を招来する．また，労働者は多様化し，かつ非正規雇用と正規雇用の間には合理的な説明がつかない格差が存在するなかで，従業員のモチベーションを高め，職場内のチームワーク，換言すれば職場内の規範・信頼を含めた社会関係資本を維持することはますます難しくなっていく．本来なら経営者が対処すべきことがらを放棄して，現場に丸投げする理不尽が常態化していたのではないか．正の技術進歩のケースと正反対のプロセスが日本の過半の現場で生じていたことになる．

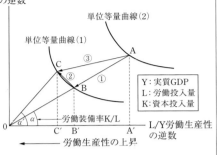

図 7-5　単位等量曲線のシフト（概念図）：技術進歩と技術退歩が生じるメカニズム
出所：筆者作成．

現場における社会関係資本の劣化についての仮説

　企業不祥事の多くは，当該企業に適したネットワーク，つまり社内の経営者と従業員間の社会関係資本や，従業員間の社会関係資本が突然絶たれたり，そもそも社会関係資本の構築が難しい雇用形態に変化していることが背景にある．いまや，非正規雇用は役員を除く雇用者の4割近く，5人のうち2人を占め，非正規雇用，委託，請負を多用する雇用形態の変化が，社内の社会関係資本の崩壊に追い打ちをかけている．

　正規雇用を無期雇用フルタイム労働者とすれば，非正規雇用労働者にはパートタイム労働者，契約社員（期間工などの有期雇用労働者），人材派遣会社からの派遣労働者があるが，それ以外にも実態は雇用関係にあるのに請負，委託，下請け企業からの出向者など当該企業では物件費と処理され人件費として認識されていないケースさえある．たとえば，私が聴き取り調査をしたA氏は日経ダウ平均採録企業の情報ソリューション部門のシステムエンジニアであったが，金融機関のシステム開発プロジェクトで（A氏の所属する企業は1次下請けであったため）元請け企業の名刺をもたされ，単身発注先企業のオフィスで元請けの社員とともに作業していた．こうした雇用形態の多様化は，社会関係資本，とくに職場内のネットワークにたいして4つの影響を与える．

　第1に職場での孤立が生じやすくなる．パートタイム，短期雇用，こうした

人々はそれぞれ単独で見ず知らずの職場に赴くことが多く，社内のネットワークがゼロの状況，簡単にいえば，孤立した状態から慣れない仕事を始める．つまり，正規雇用と比較し，圧倒的に孤立しやすい状態から働きはじめる．

第2に非正規雇用の多用が職場に与えるもう1つの影響は，職場の階層化の強化である．通常の企業内の序列や階層の下に，あらたに非正規雇用の階層が生まれ，また，請負や委託，下請けの場合は新たな階層とさえ把握されない．

3番目にさらに非正規雇用の多用が，職場における紐帯の形態を変える．双方向の水平型のネットワークではなく，上司から部下への一方的な命令の紐帯となり階層型の垂直型ネットワークとなる．職場での階層が少ないリーン経営がついこの間までもてはやされていたのに，多くの職場では昭和のヒエラルキー組織に経営者が意識しないうちに戻ってしまっている．

4番目に職場の見えない階層までを含めた階層化は，組織内全体の強い紐帯の維持が困難になり，組織内に多数のグループを生じさせ，グループ間に軋轢が生じる．日本のお家芸といわれたチームワークが困難になり，そこからはじき出された有能な人材は別の組織で居場所をみつけることになる．それなのに，たとえば財閥系の大会社に典型的にみられるように，昔ながらのエリート層は職場内のこれらの大きな変化に目もくれず昇進の階段を駆け上る．

非正規雇用を多用するということは，コミュニケーションがより重要になるのに，企業側は人材教育を非正規雇用者には行わない[16]．そのうえ，正規雇用は無期雇用の特典があるから同一労働・同一賃金のもとでは，賃金水準が本来は正規雇用のほうが非正規雇用よりも低いはずだが，現実は非正規雇用の時給は正規雇用のそれより3割も安い[17]．さらに同僚のはずの正社員たちがさまざまなマイクロアグレッションを浴びせかける[18]．職場の雇用形態の複雑化に対応するためにマニュアル化で対応しようとするのだが，それで対応できない問題は現場の判断に任せられる．この過程で，正社員による非正規雇用，委託先，請負先への責任転嫁が生じて，弱者の泣き寝入り，そしてその果ての面従腹背が横溢する．こうした職場環境の下で，判断の結果が悪ければ現場の人間の責任にされることも多く，従来存在していた上司と部下の信頼と規範は壊れ，不祥事が生じる．いずれにせよ，これらの現場における大きな変化を配慮して従業員に寄り添う対応を経営者が行う必要があろう．しかし，経営者層

は社内エリートで形成されているのでそんなことは気にも留めない，あるいは気づいていても看過する．つまり，現場の社会関係資本の劣化が社内全体の劣化に広がって，不祥事が生じるのだが，それを日本の経営者たちは他人事のように企業風土とよぶ．こうして，日本の現場は崩れていき，日本経済は失われた 30 年を経験している．

さらに付言すれば，これは個々の労働者の質の問題ではない．人的資本の質（経済学からいうとストック）の計測方法は，どれだけ費用をかけたかを計算する費用ベース，生涯所得を計算するアプローチ，および指標アプローチの 3 つの方法があるが，最も基本的なのは指標アプローチによる推計で修学年数を用いるものである．その観点からは，日本の大学進学率は 30 年前の 1988 年の 25％ から 2018 年にはでは 54％ へと倍以上も上昇している．もちろんこの間，定年制の廃止にともなう労働人口の高齢化による質の低下もあろうが，高学歴化ということは，普通に考えれば労働の質の向上を意味しており，労働の質に問題があるとすれば，高学歴化を活かせない経営者の資質に問題がある．

残念ながら，企業内の社会関係資本のデータ収集は極めて難しい．したがって，以上は仮説にすぎない．しかし，非正規雇用の立場に立った方々と経営者双方からの面談をしてきた私は，上記の仮説は限りなく職場の現実に近いと考えている [19]．

ここまで労働装備率の低下に焦点をあててきたが，資本ストックの設備年齢（ヴィンテージ）や資本係数（資本ストック／GDP）という指標も参考になる．これらの指標は技術進歩が設備に体化されると考えれば，低下するほうが望ましい．令和 5（2023）年度の経済財政報告（経済財政白書）では，労働装備率の低下とともに，資本のヴィンテージの G7 国間の比較を行っている（内閣府 2023, pp. 42–44）．それによると，日本の資本のヴィンテージは 1970 年代の前半最も低水準になったがその後 80 年代半ばまで上昇し，80 年代のバブル期からそれが崩壊する 90 年代前半まで低下したが，それ以降 2010 年代後半まで他の G7 諸国のペースをはるかに上回るペースで急速に上昇（設備の老朽化）している．経済財政白書は日本以外のヴィンテージは 1970 年末の日本の 8.1 年と同じとして推計しているので，正確な国際比較はできないが，経済白書の推計によれば日本の設備年齢は 2010 年代後半にはほぼ 12 年に達していたと推計

している[20]．新技術の開発速度は ICT や集積回路などの分野で急速に進展し，これらの技術を用いた設備の経済的耐用年数はこの間短縮していったことを考慮すれば，国際比較でも日本の現場の労働者はぼろぼろの設備で対応を余儀なくされていたと言っても過言ではなかろう．なお，2023 年度の経済財政白書はさらに G7 諸国の資本係数の推移も示している．資本係数は資本ストック／GDP であるから，資本係数が高いほど設備の付加価値をつくりだす効率が低いことを示している．まことに残念なことに，資本係数も日本だけが突出して悪化し，高水準（つまり設備が付加価値をつくりだす効率が悪い）となっている（ibid., p. 44, 第 1-1-15 図(6)資本係数）．

　なぜ，このようなことになるのか．その一因は逆説的でもありまことに皮肉なことだが，技術進歩にあるように思われる．AI が漠然とした概念からより具体的な機能を持つ存在へ変化するにつれ，経済活動の基本的な構造とビジネスモデルの根本的な変革を迫られている．2013 年『半沢直樹』が高視聴率で 2020 年には新たなシリーズまで放映されたが，そこに描かれている銀行像は完全に過去のものだ．バブルの後始末の不良債権処理に追われ，さらに超緩和金融政策によるゼロ金利で利ザヤを奪われ，銀行という形態を不要にしかねないブロックチェーンなどの新技術から追い打ちを受け，銀行の経営者は将来にむけた確固たる戦略を見出せずにリーマンショック以来茫然としている．技術革新の影響は銀行だけではなく，相次ぐ革新的技術の出現により，鉄鋼も自動車も損保もみな，従来のビジネスモデルの根本的な変革を迫られている．大企業の経営者は，大規模なサンクコストと従業員を抱え，どのような分野へどのような投資をすればよいか思い悩み，立ちすくんでいるのが 2010 年から今日までの状況ではなかろうか．いずれにせよ，グローバル企業であればあるほど，高齢化が進む日本に追加投資をする選択肢はないように考えるのは当然であろう．経営者の迷いは，低迷する労働装備率とその一方で積みあがる現預金に象徴されているように見える．キャッシュは潤沢だが，どこで何に使えばよいのかわからないので，株主還元として自社株買いをする．しかし，株主還元は経営者の無能，その結果としての無策と表裏一体である．

格差の拡大が理不尽に拍車をかける

しかも，この経済成長の失われた 30 年の間，世界は格差の拡大に見舞われ，日本も例外ではない．OECD は加盟国の世帯別等価可処分所得[21] に関する不平等を表す指標（ジニ係数）を所得税支払い後・社会給付受領後と，所得税支払い前・社会給付受領前の 2 種類公表している．ジニ係数は 0 から 1 までで，高いほど不平等であることを示す．日本は 2015-2016 年データでは前者でみて 0.339[22] と 37 カ国中高いほうから 11 番目，また，市場競争の結果をより的確に表している後者は前者よりも大幅に高く（つまり格差がより大きい），0.504 であるが，これで見ても高いほうから 33 カ国中 11 番目（2015 年）である．そのほか，可処分所得の上位 10% と下位 10% のシェア比は 5.2 倍とこれでみても 8 番目に高い．つまり日本は所得格差が高い国である（OECD 2019, Fig. 6-1）[23]．

現場の労働者は，労働装備率を改善してもらえないなかで，一向に具体策を提示しない経営者から一方的に効率をあげろ，利益をあげろと言われる．投資不足で陳腐化が進む設備のなかでどうやって効率を上げるのだろうか．その一方で，経済格差が拡大し，経営者と労働者との賃金格差はひらき労働者は負け組となっている状況のなかで，労働者の企業への忠誠心も規律，つまり社内の社会関係資本も失われる．

3──企業・組織不祥事[24] の現状：不祥事の過半は経営者が関与

具体的な不祥事について，北見幸一（北見 2010, p. 74）は不祥事を図 7-6 のように分類している．この分類に従い，『企業不祥事事典 II』に 2007-17 年の間の主要不祥事として採録されている 94 件を精査すると，右下の組織ぐるみの規範逸脱行為が全体の 53% を占めている．つまり主要不祥事の過半は経営者が関与していると考えられる．

企業風土という言い訳

不祥事が起こるたびに企業は第三者委員会を設けて原因を調査しているが，不祥事の理由として必ず挙げられる言葉に「企業風土」「組織風土」，最近では

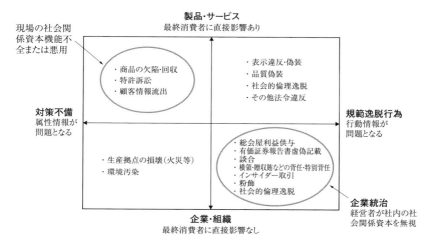

図 7-6　北見による企業不祥事の分類
出所：北見（2010, p. 74）に基づき筆者加筆.

「企業体質」がある．たとえば，2018 年 12 月 27 日付のスルガ銀行の取締役等責任調査委員会による報告書には，「企業風土」ないしは「風土」があわせて 42 回もでてくる．神戸製鋼所の製品データ改竄事案でも同社の調査報告書（「2018 年 3 月 6 日 当社グループにおける不適切行為に関する報告書」）には後半の不祥事の原因についての部分で「組織風土」「風土」「企業風土」という言葉があわせて 32 回も使われているし，関西電力（2020 年 3 月 14 日付調査報告書）では企業風土は 1 回だけだが，それとほぼ同義の企業体質という言葉が 21 回，日本郵便（2019 年 12 月 18 日付報告書）では「組織風土」「風土」が 13 回でてくる．また，ジャニー喜多川氏の，刑法の規定の有無にかかわらず，また 60 年前の社会常識からみても，おぞましい事案に関する「2023 年 8 月 29 日 再発防止外部専門家による再発防止特別チーム」調査報告書でも 3 カ所，ビッグモーターの報告書で 8 カ所（含む目次）「企業風土」がでてくる．さらに，ダイハツ工業の『調査報告 2023 年 12 月 20 日』には「組織風土」「風土」「職場風土」が合計 20 回と「社風」が 1 回使われている．企業不祥事に関するいわゆる「第三者委員会」は「風土」という言葉が大好きである．

　社会関係資本はコミュニティや組織にそれぞれ独特の風土があるとする立場

であるから，私も組織風土，企業風土が存在することは肯定するのだが，それらを不祥事の原因とするのは誤りである．その理由は次節で述べるが，まず，不祥事に関する「企業風土」がどのように使われているかを確認する．

　神戸製鋼所の製品データ改竄では，記者会見で副社長が「体質なのか，企業風土なのか，意識の問題なのか……」とうめいたと報じられている．この事案についての同社の調査報告書（「2018年3月6日　当社グループにおける不適切行為に関する報告書」）には後半の不祥事の原因についての部分で「組織風土」「風土」「企業風土」という言葉が躍るが，よく読むと意味不明である．

　　「意識・風土の問題に関していえば，本社の管理部門は，拠点において収益が上がっている限りは，事業部門の品質活動や品質問題について積極的に関与しようとせず，又は口出しをすることができず，各拠点における現場の『生の声』を十分に吸い上げることができなかった．このような制度の問題と意識・風土の問題が重畳的に作用して，本社が，品質保証体制の整備・運用を各事業部門に任せきりにするという事態が生じ，このような経営管理構造が，『工場で起きている問題』について現場が声を上げられない，声を上げても仕方がないという閉鎖的な組織風土を生むことにも繋がったと考えられる」（神戸製鋼所報告書，p. 41, 強調は稲葉が追加）．

　この記述で「（組織）風土」の意味は，「各事業部門が本社の介入を許さないで暴走すること」のように私からは読める．また，その結果「現場が声を上げられない，声を上げても仕方がない」とあるがどうしてそうなるのか理屈がわからない．結局，前半からの文脈を含めてみると，各事業部門が現場を無視して暴走した．だから本社は悪くない，と言っているように読めるが，品質保証体制の整備，運用も，経営管理構造の設計，運用も経営者の仕事ではないのか．特に同社の場合，データ改竄は長期にわたり，かつ多部門で生じていた事実に鑑みれば，この報告書は同社の経営者の責任逃れのために「（組織）風土」という言葉を使っていることになる．

　本書では具体例のこれ以上の詳説は省くが，「組織風土」「風土」「企業風土」「企業体質」などの表現の特徴は主語が不明なことだ．そして一見するともっ

ともらしいのだが，よく読むと意味不明であることだ．第三者委員会といえば
中立公正に響くが，しょせんは不祥事の当事者である企業の経営者から報酬を
得ていることを忘れてはならない．不祥事の当事者である企業経営者は是非，
自社の第三者委員会報告書で，「風土」「体質」という記述に関する箇所を熟読
玩味してもらいたい．肉体も意思ももたない「風土」「体質」がなぜ不祥事の
原因となりうるのか．それを悪用したり，見過ごした人間がいるからではない
か．それを正すのが経営者ではないのか．私には，第三者委員会の調査報告書
の「企業風土」という指摘は第三者委員会が企業のトップの責任をぼやかすた
めに持ち出す概念としか読めない．

社会関係資本からみた企業風土 [25]

　企業風土を不祥事の原因とするのが誤りである理由は，大きく分ければ2つ
ある．第1に，「企業風土」は企業のトップが作り上げているもので，われわ
れが日常生活を営む近隣のコミュニティの風土とは根本的に異なる．第2に，
責任が企業風土にあるとしてしまえば，誰も責任をとらないで済むことになっ
てしまう．これは経営者からみれば，関連した部署の係員を罰すればトップの
責任を果たしたことになるという，経営者にとっては非常に都合がよい結末で
あるが，本当の原因はあいまいになるので不祥事は一向になくならないどころ
かむしろ助長される．

　一般のまちのコミュニティと企業風土との違いは，社会関係資本の観点から
明確に説明できる．企業もコミュニティの1つととらえれば，社内のネットワ
ークも社会関係資本であるが，普通の地域コミュニティにおけるネットワーク
とはそのあり方が根本的に異なる．

　「1つは，企業内社会関係資本の特徴は，企業に属するものは必ず上司，
最終的にはトップとのネットワークで結ばれている．つまり，社長は，全社
員にアクセス権をもっている．したがって，社長はその意思があれば，社内
の誰とでもコミュニケーションをとれる点で，通常の地域コミュニティ内の
社会関係資本と全く異なる．（中略）2番目に，企業内の職制のネットワーク
は，基本的に上司から部下への情報伝達網であり，下からみれば一方的に

上から情報や命令を与えられ，上から下へは上司の一存で情報を流すことができる．しかし，下から上へどういう情報をいつ流すかは上司のスタンスに左右されるという，非対称性がある．トップはよく自由に箴言して構わないなどというが，それはトップのスタンス次第で，下がトップを信頼していない企業の中でそんなことをトップが言っても誰も信じない．そのような企業だと，職制のネットワークでは下から上へ本当の情報は上がらない」（稲葉2017, pp. 187-188）．

付言すれば，普通の地域コミュニティのネットワークなら嫌なことがあれば退出すればよいが，企業内のネットワークでは従業員から辞めるという選択肢がないケースが多い．賃金などの雇用条件や環境を考えれば，ほかによりよい選択肢がないからだ．特に，社会的に威信がある著名な企業の従業員は，転職しても現職以上の好条件を得るのは難しいと考えれば面従する．退出という選択肢がないと，企業内の職制のネットワークは本来，業務を円滑に遂行させるもので，そこから従業員間の信頼を増すなど正の外部性を期待しているのだが，逆に粉飾，偽装，リコール隠し，検査飛ばし，談合などに悪用され，会社の近視眼的利益やトップの保身の観点からみたらプラスでも，社会的にはマイナス，つまり大きな負の外部性をもつものとなる．

要するに，企業内の社会関係資本の要となるネットワークは経営者が作り上げるものである．それはたしかに「企業内で時間をかけて選抜された幹部職員集団が企業経営を牛耳るネットワークの状態」で過去の経緯が大きく影響しているが，それを変えるのが経営者の役割である．欧米でも企業風土（corporate culture ないしは climate）という表現はあるのだが，欧米ではそれを変化させて前に進もうという場合にも使われるが，日本では不祥事の言い訳に使われる点が大きな違いである．いずれにせよ，ルイス・ガースナーが全米で最も保守的といわれた IBM という巨象を躍らせ，見事に再生したように（Gerstner 2002），企業風土に問題があればそれを変えるのが経営者の仕事であることを当事者である日本の経営者はなぜ自覚しないのか．いずれにしても，自らの資質の足りないことを棚に上げて「企業風土」を不祥事の原因とするようなことが許されてはならない．

企業統治の仕組みをいくら改革しても企業風土という得体のしれないものに責任転嫁していては，一向に不祥事は減らない．ちなみに前項の冒頭にあげたスルガ銀行の報告書では，「企業風土の大部分は，経営トップの行動で決まる」（p. 213）と「企業風土」の責任は経営者にあることを，第三者委員会報告書としては管見の限りでは初めて明記している．また，ダイハツ工業の報告書も同様に経営幹部の責任を指摘している（ダイハツ工業株式会社第三者委員会 2023, pp. 114-115）．特に，後者は回答者の匿名性を維持した大規模な従業員アンケート調査を実施し，現場の実態に迫っている．大きな前進ではあろう．しかし，せっかく現場の実態を明らかにしたのに，法律と技術の専門家の議論は結局，コンプライアンスやガバナンスの観点から，当該企業のルールの内容と運用方法の改善を論じるばかりで，経営者の資質の本質にかかわる部分を明確なロジックで指摘することができない．

企業内の社会関係資本と不祥事との関係を考察するなかで見えてくることは，経営者自身が負の社会関係資本を醸成しているケースが多くみられることだ．たとえば，さまざまな雇用形態が同じ職場に混在し，それぞれの雇用形態間の同一労働・同一賃金が保証されていない（ないしは経営者がその格差に無頓着な）なかで，しかも，図7-5で示したように設備投資を手控えれば労働装備率の低下を通じて労働生産性が落ちるのは当然の帰結であるのに，一方的に現場に生産性の向上を強いれば，職場では同僚間の亀裂が生じかつ，経営者への信頼も棄損し，負の外部性が生じる．経営者が社内での双方向の議論を封じ込めてしまい，上からの一方的な選択肢しかない世界，言い換えればトップに盲従するか退職するかの端点解しかない世界を自らつくりだしてしまい自滅する．強権的な指導者は，正の外部性を醸成することを忘れ，負の外部性をつくりだし，異なる考えをそれぞれ取り入れて関係者全員をより満足度の高い世界へ導くのではなく，指導者に盲目的に従うか，組織から退くかの二者択一の世界をつくりだす．

4──結語：社会的病理の反映としての企業内社会関係資本の劣化対応策[26]

結局のところ，企業不祥事の原因には，社会的病理と組織内の病理の2つが

ある．組織内の病理についてはすでに社会関係資本の視点から論じたので，最後に社会的病理への対応について私見を述べる．

　第1に大きな課題から論じることにしたい．企業不祥事の原因を企業風土に求めることについて批判したが，この論点はマクロ的には法人というものは自然人同様に実在するという考え方，法人実在説への批判である．法人実在説はまことに便利な概念で，歴史をふりかえっても，時の為政者に頻繁に使われてきたし，現在もそうである．組織不祥事についても肉体も意思も持ちようがない法人に罪を被せれば，法人は投獄できないから罰金だけ支払い，その背後にいる自然人には何のお咎めもなく済ませることができる．

　社会関係資本論者はコミュニティの規範がその構成員やその地域に訪問した人々の行動までを規定するとしている．これは法人実在説と混同されるかもしれない．しかし，社会関係資本はミクロ・マクロ＝リンクを基本にしたマクロと個人間，そして個人同士の関係の分析が基本にある．問題意識をマクロから得て，それをミクロレベルで考察し，結果をマクロへの政策提案として返す．組織の不祥事のように負の外部性が生じて端点解が生じ，集合行為のジレンマが出現しているのなら，関係者同士がそれぞれの立場から議論を交わして関係者がいわばウィンウィンの状況（経済学で言えば凸性）を作り出して，集合行為のジレンマを解決に導くのが社会関係資本である．社会関係資本は負の外部性がある場合は，社会関係資本そのものが問題の原因であるが，それを分析すれば問題の所在が分かり，関係者同士のいわば熟議で正の外部性がある社会関係資本を作りだし問題の解決に向かうことができる．法人に自然人同様の権利・義務を認める法人実在説とは異なるし，むしろそうした概念とは相容れない．

　こうした点をさらに組織体制にまで敷衍すると，ワンマン体制は負の外部性をもつ組織内社会関係資本を醸成するし，自由な意見交換ができる組織では正の外部性をもつ社会関係資本が醸成される．したがって，当たり前のことだが，負の外部性をもつ組織はワンマンを排し他人の意見にも寛容である組織に変革し正の外部性をもつ社会関係資本を醸成するべきという考えが社会関係資本論の基本にある．本書ではロナルド・バートの業績をとりあげていないが，彼の構造的間隙論とそれに基づく一連の実証分析と組織改革の提案は，負の外部性

を持つ社会関係資本を排して正の外部性をもつ社会関係資本に作り替えて組織変革するプロセスの研究・提案であると理解できる（Burt 1992, 2001, 2010）.

法人実在説は負の外部性をもつ社会関係資本を作り出し，かつ諸悪の根源となるが，正の外部性を持つ社会関係資本はそれを正す機能もある．したがって，社会的病理の反映としての企業内社会関係資本劣化対応策の第1は徹底した法人実在説的考えの排除である．

具体的には，会社ではなく，会社をつかって所定の行動をさせている自然人を念頭において行動することである．

第2に社会的病理の反映としての企業内社会関係資本の劣化対応策として投資家の経営者評価基準の変更が必要である．この論点を明確にするために，2021年度の経済財政白書の指摘を紹介したい．労働装備率の低迷は2010年代の製造業・非製造業，規模別でみてもほぼおしなべて生じていた．令和3（2021）年度経済財政報告は「少なくとも2000年代以降，企業の資本蓄積が止まり，従業員の資本装備率が低迷し，結果として賃金が低迷していることがみてとれる」（p. 84, 強調稲葉付加）とし，さらに「製造業では2000年から2010年にかけて労働生産性が上昇することでULC（単位労働費用）を低下させてきたが，その間，名目賃金の上昇はほとんどみられなかった．これは，労働生産性の上昇分を賃金に還元・転嫁せず販売価格の引下げ原資にしていたと考えられる．2013年以降は，労働生産性上昇率を上回る賃金上昇の動きがみられるが，それまでの労働生産性の蓄積に対し，賃金への還元・転嫁の程度は小さい」（p. 81,（ ）内稲葉付加）と指摘している．

換言すれば，賃金という付加価値を削って利益を捻出していたということである．つまり，個別の現場の問題ではなく，マクロからみた経営者側に問題があった．この社会的病理への対応は，さまざまなものがあろうが，私は投資家の判断基準を抜本的に変えることを提案したい．従来の経営学・経済学の企業統治分析は基本的に利益の最大化を目的としているが，ぜひ，国民所得統計（GDP）と同様に雇用者報酬も含めた付加価値総額に判断基準を変更するべきである．企業の本当の目的は，単に利益だけではなく付加価値を生むことにあるのに，その付加価値のほんの3割から4割を占めているにすぎない利益だけを投資家の判断基準にするのはおかしい．労働者はさまざまなかたちで生産性

が計測されるのに，経営者の評価が利益だけで行われるのはフェアでない．利益だけではなく人件費も含めた付加価値が重要であり，さらに敷衍すれば利益の上げ方が問題なのだ．付加価値総額の7割近くある雇用者報酬を削って利益を上げても，それは雇用者報酬から利益への付加価値の付け替えであり，評価に値しない．付加価値総額を増やしてこそ名経営者なのだ．かつては単体の財務諸表で人件費と利益の総額として付加価値をとらえることができたが，2000年以降，連結決算ではそれが外部の投資家からはわからなくなっている．ESG投資が叫ばれているが，まず手始めに，人件費という付加価値額を投資家に開示するべきであり，特に機関投資家はそれを強く求めるべきではないのか．

　付加価値額に占める人件費の比率である労働分配率は世界的に低下傾向が続いており，企業収益が改善しているのに，格差と貧困，それに伴う社会の分断，民主主義の劣化は一向に止まらない．頻発する企業不祥事も，労働者は利益至上主義を一方的に求められるのに，経営者側は事実上利益至上主義から逃れる複数の選択肢を与えられていることに起因している可能性がある．もしそうだとしたら，経営者は企業統治改革に誠実に対応したとは言い難い．政治学者のエリック・アスレイナーが唱える「不平等の罠」論がある．これは「経済格差が特定の集団のなかでの結束を強める一方で社会全体への信頼を壊すことには無頓着になり，腐敗を助長し，その結果さらに格差が拡大する」という仮説だが，名門企業の相次ぐ不祥事もこの仮説で理解できるのではないか．わが国の労働装備率が大きく低下している，言い換えれば，現場は設備の増強がないなかで，工夫ばかりを強いられていたことになる．日本的経営は現場と幹部が一体となっていることで賞賛されていたが，社会関係資本の視点をもつと，いまや，労使間，特に非正規雇用と経営陣との間は大きく分断され，現場が荒んでいるのは明らかだ．

　資本主義の国は企業の市場活動が付加価値を創る．先日，テレビをみていたら日本のGDPの規模がドイツに追い抜かれ世界第4位に転落したニュース報道のなかで，「GDPとはシンプルに言うとどれだけ儲けが出たかということ」と解説していた．しかし，繰り返しになるが，これはとんでもない間違いであ

る[27]．GDP は付加価値の指標で賃金と利益が中身であり，日本の場合は賃金がほぼ 7 割である．いうまでもないが，付加価値は企業活動でつくられ，家計部門が労働の対価として賃金を得て，企業と家計が税金を政府部門に支払い，公的サービスが提供され，経済活動がまわっている．企業が経済活動と国民の社会活動全般を支えている．GDP は企業の利益だけではなく，企業とそのほかのセクターの賃金も含んでいる．しかし，経営者は利益の拡大ばかりが頭にあり，賃金を含めた付加価値全体を増やす観点が欠けており，経営者を評価する投資家も利益だけを判断基準にしていることが多い．そうだとすれば，投資家の側からもそれを指摘しなければならない．効率の追求は当然だが，利益一辺倒で労働による付加価値を単なるコストとして削減の対象としてしまう伝統的な経済学や経営学から離れ，本書で論じた社会関係資本からの視点が有用であろう．今の日本は人材のやる気を殺ぐという意味での人材の無駄遣いが多く，それが本書のテーマでもある日本の違和感の原因でもある．本当は経営者が生産やサービス提供の環境整備を怠ったからなのに，第三者委員会を設置して現場の責任を追及し，コンプライアンスの強化，そして企業風土のせいにして，経営者は責任を逃れる．その結果，現場の士気は一層低下し，現場の社会関係資本の一層の毀損が事なかれ主義を生み，生産性は低下，また不祥事発生の潜在的圧力はさらに上昇する．経営者の理不尽を現場の責任にする理不尽が横行し，さらにそのトップの姿勢がその下のレベルの管理職に次々と模倣されるドミノ倒し，負の連鎖を生む．経営者は本当に頻繁に「人材は宝」という発言をするのだが，その発言がむなしく響くのだ．

終章

結局なにが言いたかったのか

どんなに大変なことなのかについての多少の言い訳

社会関係資本の研究は AI の研究に似ている．AI 研究は過去 3 回のブームを迎え，自然言語処理技術の飛躍的発展により 2023 年の前半でみるかぎり猫も杓子も生成型 AI の影響を論じる第 4 次ブームに入っている．私も仮想空間と現実空間における社会関係資本のあり方に興味があり，2016 年から人工知能学会に入会し AI の影響を研究対象にしている．当時は自然言語処理は AI の諸領域のなかでも最も難しい分野であり実用化は早くとも 10 年先と言われていた．研究費をえて AI の認識度に関して調査をすることになり，質問票の作成のチームを作り錚々たる先生方のご意見を頂戴したが，「自律型 AI」について尋ねる項目で，「何が何だかわからない」といわれグループから離脱された方がおられた．彼にとっては現在の生成型 AI などは夢のまた夢ということであったのかもしれない．ただ，血がにじむような悪戦苦闘をされてきた先人たちのご苦労を承知の上であえて私見を述べさせていただければ，AI 研究の歴史を知るようになりわかったのは，AI が曲がりなりにも人工知能と呼べるような実績を出し始めたのは，せいぜいここ 10 年間，つまり 2010 年代に入ってからの話であり，その前の 60 年間の大部分は AI の研究者はまさに夢物語の語り部のような存在であったということだ．AI 研究者の偉大な先人たちがほとんど例外なく「人間とはなんなのだ」という命題に取り組み，まるで社会学者か哲学者，思想家のような著作を残されているのは，まさに AI が一般の利用に供するような状態には達していなかったからであろう[1]．「自律型といわれても何が何だかわからない」といわれた研究者の反応は当然のことでもあった．

ひるがえって社会関係資本研究も1980年代までのAIの立ち位置とあまり変わらないのかもしれない．社会関係資本は心の外部性を伴った信頼，規範，ネットワークだといわれてもあまりに範囲が広すぎて，いったいどうやって測ればよいかわからない．人や組織間のネットワークなどといわれても個人や組織間のネットワークの実態などスナップショット的に捉えることさえ困難であり，ましてや信頼，規範といわれてもどうしていいのか分からない，というところが正直なところであった．

　社会関係資本の把握がどんなに困難なことであるかの例証として多少唐突に感ぜられるかもしれないが，もう1つの例をあげたい．社会関係資本の概念が大乗仏教にみられるという話だ．

　仏教では「縁起」と「空」という概念があり，私はそのことを曹洞宗総合研究センターの菊地志門氏から教えられた．通常の日本語で言えば，「縁起」は由来，「空」は無を意味していることが多いが，大乗仏教の偉人の1人，龍樹の『中論』では，この2つの概念の意味は全く異なる．以下は日本が誇る印度哲学の泰斗である中村元『龍樹』に依拠する（中村 2002）．中村の解説によれば，「縁起」とは由来ではなく「相依性（相互依存）の意味」で「行為と行為主体とは互いに相依って成立しているのであり，相依性以外に両者が成立しうる理由は考えられないという意味」（ibid., p. 182）であるという．中村はさらに「『甲によって乙があり，乙によって甲がある』ということを相依性と命名しているとみてよいと思う」とされている（ibid., p. 182）．つまり甲と乙との互いの関係性によってのみ両者が成立しているという．そして，さらにこれを「法と法との論理的相関を意味するものとされるに至った．……諸法は相互に依存することによって成立している」という（ibid., p. 184）．つまり，世の中のすべてのものは互いの依存関係によって成り立っているのであって，そのままでは実体をもたない．龍樹はこの意味での「縁起」を「空」と同じ概念であるという．

　　「どんな縁起でも，それをわれわれは空と説く．それは仮に設けられたものであって，それはすなわち中道である」（中村元訳『中論』第24章第18詩，中村 2002, p. 381）．

中村によれば「あらゆる事物は他のあらゆる事物に条件づけられて起こるのである．〈空〉というものは無や断滅ではなくて，肯定と否定，有と無，常住と断滅というような二つのものの対立をはなれたものである．したがって空とは，あらゆる事物の依存関係（relationality）にほかならない」（ibid., p. 17）という．

社会関係資本はあらゆるものは関係性のなかに存在しているとするので，「空」の概念と酷似している．なお，上記の『中論』第 24 章第 18 詩には縁起は空であり，さらに中道である，と説かれている．中村によれば，この中道は「あらゆる対立した一組の概念に関して陳述することができる」（ibid., p. 270）とのことであるから，一般に言われる中道と同義であろう．

第 2 章で社会関係資本という概念は，ミクロ・マクロ＝リンクと集合行為のジレンマの解決を目的として導入されたと述べた．さらに第 2 章から第 3 章で社会関係資本の正の外部性の機能は集合行為のジレンマの解決であるとして，第 4 章で経済学の概念である凸性，すなわち，2 つの同等に望ましい選択肢が存在する場合は，両方の中間のほうがより望ましいとする特性を援用した．この凸性は対立した概念や議論の双方を取り入れることとも解釈できるとした．つまり，ここでも『中論』の中道についての指摘も社会関係資本と共通しているように思える．個別の相互の関係性だけではなく，それを総体として捉えることが重要とする点も，ミクロ・マクロ＝リンクを重視する社会関係資本の視点と重なって見える．ただし，社会実装や実証研究という観点からは，「縁起」「空」「中道」の議論だけでは困難かもしれない．

たとえば，「表立って表現されることのない苦しみ」は本書のメインテーマであるが，『中論』にも「苦しみの考察」という章がある．

「苦しみは，〈自らによってつくられたものである〉（自作），〈他によってつくられたもの〉（他作），〈両者によってつくられたものである〉（共作），〈無因である〉（無因作）と，ある人々は〔それぞれ〕主張する．しかるにそ（の苦しみ）は結果として成立するというのは正しくない」（中村元訳『中論』第 12 章第 1 詩，中村 2002, p. 349）．

これはとても難しい．「苦しみ」は自作，他作，共作，無因作のいずれでもなく，全体のそれぞれの依存によって生じているということであろうか．中村によれば，『中論』はこうした否定を全編でくりかえしているという．実際の世の中は，たしかに，ほとんど相互依存で成立しており，「なにものも真に実在するのではなく……見せかけだけの現象にすぎず，その真相についていえば空虚で……その本質を欠いている」(ibid., p. 16) のかもしれない．しかし，これでは苦しみの実証研究は極めて困難になってしまう．それに「空」の思想だけではコールマンが社会学の問題点として指摘した「行為のエンジン」が見えないという欠点がそのまま当てはまってしまう．信頼や規範についての補完がなければ社会実装ができる概念にはならないが，その部分は龍樹から見れば従来からの仏教哲学の教えのなかに見出せるということであろう．いずれにせよ，「苦しみ」の本質を知るためには，自作，他作，共作，無因作のすべてを網羅する依存関係の全体像を把握せよということであろうが，これは，少なくとも私には一生をかけても達成できない課題である．しかし，社会関係資本が世界の課題を解明し，その対応策を社会実装するための概念として有効であることは明らかにできたのではないかと思う．

本書の付加価値？

　長々と言い訳を書いたが，本書で一体なにが言いたかったのか．そもそもどこにオリジナリティがあるのか．研究書なのか，それとも単なる解説書なのか．それとも一研究者の備忘録なのか．本書は査読を受けているわけではないので，オリジナリティがあるかどうかは読者が判断されることで，私からは多分ここがオリジナリティがあるのではと控えめに述べさせていただく権利しかないのだが，とりあえず羅列してみると以下のようになる．

(1)　社会関係資本を「心の外部性を伴う，信頼，規範，ネットワーク」と定義することで，行為の当事者以外の第三者へ影響を与える正の外部性をもつものと，負の外部性をもつものの両者があること，特に後者の負の効果をもつものを体系的に詳説した点．
(2)　経済学の概念である凸性と非凸性を用いて社会関係資本を再定義したこと．

つまり，社会関係資本の負の外部性は非凸性を生じさせ，極端な結果を招来する可能性が高いものであり，一方，正の外部性はその非凸性の状態から２つの選択肢がある場合２者の中間をとることがより望ましいとする穏健な中道の考えを具現した凸性の状態に戻すものであるとしたこと．

(3)　したがって，正の外部性をもつ社会関係資本とは集合行為のジレンマに直面している非凸性の状況から互いの主張を提示し合って関係者間の主張の調整をはかる機能を持つものであるとしたこと．

(4)　つまり，正の外部性をもつ社会関係資本は自由な意見交換が許される場においてその調整機能を発揮するものであり，逆に負の外部性をもつ社会関係資本は自由な意見交換が許されない場で生じるとする仮説を示唆したこと．個人，コミュニティレベルを超えた国家レベルでいえば，正の外部性をもつ社会関係資本の機能は，2023年現在では少数しか存在しない言論の自由が保障されている民主主義国におけるもので，言論統制を行う全体主義国家では負の外部性をもつ社会関係資本しか存在しないこと．

(5)　さらに山岸の理論を引き継いだ結城らによる関係流動性を結束型社会関係資本と橋渡し型社会関係資本を融合した指標を提供する可能性をもつものであることを指摘し，さらに三隅の社会関係資本の関係基盤の概念が，関係流動性を用いて指標化できるとしたこと．

(6)　その結果，個人の社会関係資本は個人の持つ関係基盤とその関係流動性の観点からより詳細な分析が可能であるとしたこと．つまり，個人の関係流動性を形成する関係基盤を洗い出すことにより，関係基盤の組み替えを通して，関係流動性を操作することが可能であることを明らかにしたこと．

(7)　コンピュータの演算機能と情報通信技術の飛躍的発展を背景にした計算社会科学により，上記(5)の分析が可能になりつつあり，社会関係資本分析の手法が大きく変化しつつある点を指摘したこと．

(8)　具体的には，計算社会科学により社会関係資本の分析で個人のもつ関係基盤にそれぞれ関係流動性スコアを付して評価することが可能になれば，それに潜在連合テスト，実装科学，などの知見を活用し，どのような介入を行えば社会関係資本を当該個人やコミュニティに適した形に組み換えることも可能になるかを明らかにした点．

ジョン・アーリのパットナム批判

以上，自ら本書のオリジナリティである可能性を書き連ねたが，ここで，モビリティの社会学を提示したイギリスの社会学者の批判と警鐘に耳を傾ける必要があろう（Urry 2007=2015）．2007年のものであるが，今でも，いやより一層，重みと現実味をましている洞察である．

批判はパットナムに対して向けられたものである．

「ここでパットナムの命題に対する三つの批判を行う必要がある．第一に，近年の研究によって，ローカルな文化や場所が固定的で定住主義的なものであるという観念が解体されている．……第二に，リチャード・フロリダが示しているように，モバイルな都市居住者たちの間では，時々顔を合わせる程度の友人からなる社会的ネットワークが社会関係資本を生み出すこともある．フロリダが『クリエイティブクラス』と呼ぶもののなかで，十分な教育を受けた青年たちは，主として弱い紐帯からなる寛容で多様性のあるコミュニティを好んでおり，パットナムが好ましいものと見ている緊密な田舎町のコミュニティを避けようとしている．……第三に，……信頼と互酬性が近しいコミュニティのなかでしか生まれないという主張は妥当性に欠けているように見える．パットナムは，研究者としての彼自身の営為が示していること，すなわち，とりわけ自動車や飛行機による長距離移動が広範囲に渡って発達しており，会議の休日，家族のつながり，ディアスポラ型の関係，仕事がますます国際化していることを見落としている」（Urry 2007, 邦訳 pp. 296-297）．

すでに第6章の最後で検討したように，アーリの批判は，AI が大規模自然言語処理の実用化に達した今日，より蓋然性を増しているように思える．社会関係資本を対面の現実世界の出来事に限定するのは，「現実」を見誤っている．チェティのように，SNS 上のやり取りは現実世界のやり取りと同じに扱わないと社会関係を正しくとらえることができなくなっている．

これからどうなるのか？

パットナムは 2020 年に彼の新たな発見を記した『上昇——アメリカは再び

〈団結〉できるのか』を教え子のシェイリン・ギャレットとの共著として発表した．『孤独なボウリング』は，20世紀を分析対象として，アメリカ社会が1960年代をピークに1990年代までに社会関係資本が壊れつつあることを明らかにした．パットナムの新著では分析の対象を1890年から2015年までの125年間に拡張し，そもそも19世紀末から20世紀の初頭までのアメリカは現在の自己利益優先主義と何ら変わらない「非常に不平等で，分極化し，社会的に切り離され，文化的に自己中心的な19世紀の社会が，20世紀が幕開けした時には，平等，包摂，礼譲，つながりそして利他主義に向けた測定可能でほぼ同時の上昇（アップスイング）を経験した」（Putnam and Garrett 2020, 邦訳 p. 336,（　）内は稲葉付加）としている．しかし，この流れは1960年代半ば1970年代にかけて突如，また自己利益優先主義に戻ってしまい2015年にいたる．つまり，125年の間に，アメリカは，「私―われわれ―私」の時代変遷を経てきたという点を，経済（平等性の盛衰），政治（部族主義から礼譲へ，そして元どおりに），社会（孤立と連帯の間），文化（個人主義対コミュニティ）の4つの視点から例証している．さまざまな変数のデータを収集し，それらを因子分析で上記4因子に析出し，因子ごとに因子得点をえて，時系列データを作成している．経済，政治，社会，文化のいずれもが，125年間にわたり，上昇から1960年代をピークに下降に転じる軌跡を描いている．

　問題はこれからである．平等，包摂，礼譲，つながりそして利他主義に向けた上昇（アップスイング）はまた来るのか．125年間の個人主義から格差の縮小と経済成長が両立し，互いの意見を尊重し超党派で法案が成立し，コミュニティの価値観を優先して，孤立ではなく連帯を醸成する，そんな時代の後にまた出現した個人主義，利己主義の現代あとに，もう一度，お互いの違いを乗り越えて平等，礼譲，コミュニティ，連帯の時代が始まろうとしているのであろうか．『上昇――アメリカは再び〈団結〉できるのか』というタイトルからすれば，当然可能だという結論を期待するのだが，パットナムは極めて控えめだ．同書を翻訳した柴内康文によれば「本書においては要因間の複雑な関連性もふまえて因果的説明からは一歩退いてむしろ記述にとどめている向きがあり，それは『孤独なボウリング』が提示した議論より抑制的なものではある」（柴内2023, p. 377）．事実，パットナムは「広範な因果的解釈を行うことは避ける」

（Putnam and Garrett 2020, 邦訳 p. 310）と明言している.

　ただし，パットナムは彼が指摘する 125 年間に生じた「私―われわれ―私」を規定した可能性のある変数をあげている.「最近の若者」「インターネット」「大きく中央集権的な政府」「戦争」「経済的不平等」「物質的豊かさ」「ジェンダーと人種解放に対する反動」「グローバリゼーション」「移民」などである（ibid., 邦訳 pp. 312-317）．これらの要因のなかで「経済的不平等」については「因果的に絡み合った私―われわれ―私症候群の中心の撚り糸であることをわれわれは疑っていない――むしろそう考えている．しかし……経済的不平等はどちらかと言えばわずかに遅行した指標であるようにおもわれるので，症候群の主原因にはなりえないだろう」（ibid., 邦訳 p. 313）と述べている.

　私はパットナムらと同様，経済的不平等が極めて大きな影響力をもっていると考えているが，本書第 4 章で示したように，日本については少なくとも社会関係資本との関連でいえば経済的不平等の影響は限定的で，パットナムらの判断とほとんど変わらない．つまり，私のつたない分析力では，統計的に有意な関連を見出してはいるが，基本的にクロスセクションデータに基づき，因果関係ではなく仮説との整合性に関する実証であり，しかも経済的不平等が社会関係資本を大きく左右するような要因と断定するようなエビデンスは見出せなかった.

　ただし，私はこの点については，社会関係資本との強い相関を示す教育（学歴）（稲葉 2016a）と格差とでは伝播の経路が異なるのではないかと考えている．教育のように個人の教育が先行して個人レベルの社会関係資本を醸成するという機序が理論的に矛盾なく仮定できる場合と異なり，経済格差の負の外部性を真っ先に被るのは最貧困層であり，したがって社会的には最底辺にいる少数派がまず悪影響を被る．しかし，格差の負の影響を真っ先に感じる社会的弱者は声なき声しかもたないし，社会調査に答えることもほとんどない．換言すれば，インタビューにしてもアンケート調査にしても，結果的に貧困層は対象からはじき出されていることが多い．さらに最貧層の上の階層は，自分が経済的弱者であることを納得し，格差の負の影響を被っていること認識するのに時間がかかるので，格差の負の側面については下から上への階層間に伝播するのに時間がかかる．特に日本のように一億総中流という意識が一般化していた社

会ではジニ係数でみた経済格差の負の外部性は存在してはいても実態は個人レベルでは認識はされることが少ない．社会的弱者への影響が社会問題として認識されるには時間がかかる．つまり，経済的格差の負の外部性は個人レベルの意識からみれば潜在的なもので顕在化しにくいから経済的不平等が変化の遅行指標に見えるのではないか．

　いずれにせよ，多くの識者はやはり，経済的格差と教育の社会関係資本との相互作用の重要性を指摘している[2]．経済的格差も教育も影響は長期にわたるため，通常のパネルデータを得たとしても他のさまざまな変数の影響を受けてしまい，それらの正確な影響を測定するのは容易ではない．特に，上述のパットナムによる125年間にわたる検証は，社会経済のあらゆる分野で構造変化が生じており，特に構造変化が生じている屈折点では過去の推移に依存した分析は有効でない[3]．しかも，長期のデータを得るには膨大な時間とコストを要する．こうした困難を克服するには，AIの開発領域に関する技術が有用と考えている．

結局なにが言いたかったのか？

　本書は私がもつ日本の社会全体にたいする違和感を社会関係資本の視点から解明する試みであった．ピエール・ブルデューの『世界の悲惨』の日本語訳（第1分冊）の帯の「社会は，表立って表現されることのない苦しみであふれている」をみて，「表立って表現されることのない苦しみ」は現在の日本でも横溢しているのではないかという問題意識からスタートし，それをコールマン，パットナム，オストロムの3賢人の社会関係資本理論から解明していこうとした．あらたに，外部性の観点をより明示的に導入し，経済学の凸性，非凸性の視点から社会関係資本の正の外部性と負の外部性を分析道具として，違和感の原因を解き明かそうとした．

　暫定的な結論は，日本社会の違和感は社会的強者ないしは彼らが自分たちに都合のよいように作った制度により，社会的弱者が社会全体の問題を弱者の個人の問題にすり替えられていることに起因しているのではないかというものである．直截に言えば，ハイリスク・ハイリターンならよいが，日本は社会的リスク負担の不平等がある．社会的強者，たとえば裏金づくりが可能な自民党の

政治家集団にはローリスク・ハイリターンで，売り上げの１円まで税務署に追跡される自営業者などの社会的弱者にはハイリスク・ネガティブリターンである．しかも，第５章で潜在連合テスト（IAT）を紹介したが，日本という国は法人にまで「さん付け」したりして表向きは丁寧だが，無（非）意識に底意地が悪いところがあり，ジャニーズの事案に象徴されるように人格の根底に関わる事案にでさえ，犯罪に対してさえ無頓着である．

　北村英哉は「若者らが，究極的に提示してみせた問題は『内集団ひいき』による差別の固定化である．善良な人々一人一人は何の悪気もなく，知った人，仲の良い人，同じ集団の人たちに対して援助を差し伸べているまさにその日常的行動の一つ一つが差別される側の相対的損失，不利益として蓄積されていく」（北村 2015, p. 325）と指摘したうえで，次のように結論づけている．

　　「せっかく IAT に取り組んでも真剣な自身への問い，社会への問いにつながっているのかどうか心許ない限りである．せめて建前としての『差別を憎む』人権の尊重という基本的な感覚すらも政府からはうかがうことができない．日本では『差別』はどこかひどく『ひとごと』のようでさえある．……IAT のウェブサイトで高齢者 IAT などを行うと，皆誰しも高齢者になる運命をかかえているにもかかわらず，日本でも皆高齢者に対する偏見が広く存在していることがわかる．当事者以外は想像力を働かせることもないのか，さまざまな差別ネタに対する（高齢者，肥満，同性愛など），無意識な距離の置き方やひとごととして軽んじる姿勢などについては恐ろしささえ感じられるときがある」（ibid., pp. 328-329）．

　私もこの北村の問題意識を共有する．本書執筆中の 2023 年はジャニー喜多川氏のおぞましい犯罪に持ち切りであったが，人の尊厳を踏みにじる行為を些細な出来事だと見過すことはどのような場合でも許されない．J. F. ケネディは「１人の権利が脅かされるとき，万人の権利は消失してしまう」[4] と述べたが，その権利を失う万人にはもちろんわれわれだけではなくわれわれのまだ見ぬ子や孫の権利も含まれるのだから．

おわりに

最後に社会関係資本の醸成における教育の役割について私の考えを述べさせていただきたい.

本書はコールマンで始まりチェティで終わっている. コールマンの「人的資本の創造における社会関係資本」(Coleman 1988) もチェティの「社会関係資本 I」「社会関係資本 II」(Chetty et al. 2022a, 2022b) も教育がキーワードの論考で, 前者は社会関係資本の教育への影響を扱い, 後者は反対に教育が社会関係資本へ与える可能性を扱っている. 従来, 教育については欧米の研究が先行していたが, 日本における研究も露口健司の論考を嚆矢として質の高い論考が次々と発表されつつあり, 私が研究者として付け加えることはない[5]. social capital という言葉を現在用いられている意味で 1916 年に使ったリダ・ハニファン[6] は, 「田舎のコミュニティでは, ほとんどの場合, 必然的に社会関係資本の中心は学校」と評した (稲葉 2011b, pp. 16-17). 106 年の後, チェティの論考では子ども世代を 16 歳時点での居住地に紐づけて評価している. 17 歳になると親元をはなれる子が増えるからだとしているが, その含意は社会関係資本は幼少期から高校までの時間を送った地域の特性とそのなかで受けた教育が重要である, ということであろう.

完璧なエビデンスは持ってはいないが, 私が今日までに実施した 12 の調査データの分析では, 教育が社会関係資本の 3 要素であるネットワーク, 信頼, 規範と多くの場合統計的に有意な相関を持っていたことから, 社会関係資本はいずれも教育, 特に (この点についてはナラティブな研究に頼っているのだが) 青少年期までに培われるものと, 私は考えている. 柏木智子氏の『子どもの貧困と「ケアする学校」づくり』を第 2 章のはじめ, コールマンのボートにあてはめて紹介した. 幼少期に社会的弱者にやさしい目を向けられる教育であるかが, 社会関係資本の重要な要素である規範を培うものであろう. ロシアや中国では昔から為政者と信条を異にする者の子弟を拉致して思想教育をしてきた. 軍国主義時代の日本も同じである. 柏木の「ケアする学校」は私のとなえる社会関係資本の定義でいえば, 正の外部性を醸成するもので, ロシア, 中国, 軍国主義の日本の教育は負の外部性を醸成するものである. どちらが正しいか, そして誤った選択の代償はとてつもなく高いものとなることは, すくなくとも

民主主義に身を置く人間には明確であろう．パットナムの言う「上昇」がありうるとすれば，それは教育が負の外部性をもつ社会関係資本を生む関係基盤を正の外部性をもつ社会関係資本を生む関係基盤へとどれだけ組み替えていくかにかかっている．もっと直截にいえば，「裏金づくりの政策集団」を排し，人件費削減で増益のふりをする企業ではなく「本当に付加価値を創造できる企業」をつくるということではないか．迂遠に聞こえるかもしれないが，それは山岸がいう「社会的知性」（山岸 1998）を育む教育をどれだけ本気で実践するかという我々の本気にかかわっている．より具体的には，本書で強調してきた正の外部性を生み出し集合行為のジレンマを解決するには，OECD（経済協力開発機構）が提唱していたキーコンピテンシーの醸成が重要と考えている（佐藤 1995; Rychen et al. 2003; 松下 2011; 露口 2016）．

　残念ながら，本当に世界は滅茶苦茶になってしまい，J. F. ケネディの崇高な理念は風前の灯となり，野放図もない利益至上主義や国でも企業でも独裁者が跋扈するゲームの中の世界のようになってしまった．この世界を立て直す必要があるのだが，どこから手を付けたらよいかわからない状態である．破壊ばかりで，資金も枯渇しているなかで一体何をすればよいのか．西出優子は社会関係資本の醸成には時間がかかるが，壊すのは容易であると指摘した．社会関係資本は目に見えないので蔑ろにされ，往々にしていとも簡単に壊す施策が実施される．しかし，なにもないなかで頼りになるのは，正の外部性をもつ社会関係資本であることも事実である．第5章で実装科学は社会関係資本をさまざまな施策の社会実装のツールとして利用するものだとしたが，こうしたすさんだ状況のなかで，米国では政治家主導で全米の社会関係資本を評価するうごき（The state of social capital in America 2017）[7] や，社会関係資本の活用を通じたウェルビーイング策の提唱 [8] がなされているのは偶然ではない．

注

【序章】

1) 「ホームレスの自立の支援等に関する特別措置法」が施行されたのは 2002 年 8 月，同法第 14 条に基づいて「ホームレスの実態に関する全国調査」が実施され，ホームレス総数 2 万 5296 人と発表されたのは 2003 年のことであった（https://www.mhlw.go.jp/houdou/2003/03/h0326-5.html　2023 年 2 月 13 日閲覧）.

2) たとえば「悲惨」については本田（2008），貧困については湯浅（2008）など参照.

3) 2022 年 7 月 4 日 19：00–20：30, Zoom 開催，東京都健康長寿医療センター研究所主催第 42 回 ESSENCE（高齢者就労）研究会における講師宮崎宏興氏（兵庫県たつの市の特定非営利活動法人いねいぶる理事長）のフロアーからの質問に対するコメント.

4) 2010 年 11 月 10 日日本大学法学部図書館 L701 教室にて実施のソーシャル・キャピタル研究会における「現代日本の自治会・町内会――第 1 回全国調査にみる自治力・ネットワーク・ガバナンス」講師辻中豊のコメント．自治会活動のより詳細な活動内容については辻中豊ほか（2009）参照．同書によれば辻中らの調査に回答した 1 万 5370 自治会の 87.2% が社会サービス活動の 1 つとして「生活道路の管理」をあげている（p. 125）.

5) 2023 年 1 月 22 日 20：00–21：30, Zoom 開催．子どもの体験格差プロジェクトの発起人である安部俊樹氏がモデレーターを務め，ライター／作家のヒオカ氏が自身の貧困体験を語り，1 人親家庭出身の認定 NPO 法人キッズドア所属の玉木絵梨氏が貧困の支援について語った.

6) https://www.youtube.com/watch?v=4r0xl6TmxPY　2023 年 2 月 1 日閲覧.

7) 介護職の人材不足の背景については大畠（2020, pp. 154–157）参照．2022 年 3 月末現在の資格登録者数は，社会福祉士 26 万 6557 人，介護福祉士 181 万 9097 人，精神保健福祉士 9 万 7339 人，合計 218 万 2993 人（chromeextension://efaidnbmnnnibpcajpcglclefindmkaj/https://www.ss.or.jp/touroku/pdf/pdf_tourokusya_year_r04.pdf）.

　一方，公益財団法人社会福祉振興・試験センターによる「社会福祉士・介護福祉士・精神保健福祉士就労状況調査（令和 2 年度）」によれば回答者のほぼ 4 人に 1 人が，当該資格関連の就労をしていない（chromeextension://efaidnbmnnnibpcajpcglclefindmkaj/https://www.ss.or.jp/touroku/results/pdf/r2/results_all.pdf　いずれも 2023 年 2 月 14 日閲覧）.

8) たとえば三重県は「介護助手導入実施マニュアル」を整備している（https://www.pref.mie.lg.jp/common/content/000827837.pdf　2023 年 12 月 12 日閲覧）.

9) OECD. Stat によれば，2000 年から 2022 年の 22 年間の，日本の平均実質年間賃金

（2022 年米ドルとの購買力平価による 2022 年実質価格）の伸びはイタリア，スペインとならんでゼロ，最も高い伸びを示したのはバルト 3 国で 2.4–2.5 倍，アメリカは 1.267 倍，OECD 平均は 1 267 倍であった．

10）　OECD. stat.

11）　財務省年次別法人企業統計（令和 5 年度）結果の概要第 15 表によれば，法人部門の利益剰余金（金融業，保険業を含む）はコロナ禍でも 2018 年度から 22 年度の間，526 兆円から 628 兆円へ着実に増加している．

12）　Ibid.

13）　たとえば，法人企業統計年次データ（資本金 10 億円以上の金融・保険業を除く全産業）によると 2001 年度から 2005 年度で役員報酬は 82.6% 増，雇用者報酬はマイナス 6.4% であった．リーマンショック後の 2009 年度から 2022 年度の間でみると，役員報酬 17.1% 増に対し雇用者報酬は 3.9% 増となっている．

14）　2016–17 年にはスズキ，日産自動車，スバルによる完成検査手続きの不正，2018 年にはスバル，日産自動車，マツダ，ヤマハ発動機による燃費・排出ガス検査不正が発覚し，さらに 2022 年 3 月にも日野自動車の，2023 年 12 月にはダイハツ工業の不正が報じられた．国土交通省は，ダイハツ工業と豊田自動織機の不正を受け，自動車メーカー 85 社に調査報告を指示し，2024 年 5 月 31 日までにトヨタ，マツダ，ヤマハ発動機，ホンダ，スズキの 5 社が型式認証不正があったと報告した．6 月 3 日に各社が謝罪会見を行うという前代未聞の展開となった．なお会見で，安全性には問題ないので安心して乗ってほしいという趣旨の発言が当事者の自動車メーカーの幹部と経営者からなされた．通常の認証試験が求めるよりも過酷な条件で試験したからというのが根拠のようだが，制度の趣旨を根本的に理解していないのではないか．もともと，型式認証は第三者である公正・中立な国の基準で実施しているから，安全性が担保されている．試験内容を認証を受ける側が勝手に変更して安全と強弁するのなら，もともと国の型式認証など必要ないといっているに等しい．安全性に問題が多い，他国のメーカーにも同様な強弁を許すのか．世界を代表する企業のトップの発言としてはあまりに軽率であろう．強烈な違和感をもった（日本経済新聞会員限定電子版 2024 年 6 月 4 日 16 時 44 分配信，20 時 21 分更新．https://www.nikkei.com/article/DGX-ZQOFD03C9Q0T00C24A6000000/　2024 年 6 月 8 日閲覧）．

15）　日本生命保険相互会社 2023 年 6 月 22 日プレスリリース（82023–1095G 広報）（https://www.nissay.co.jp/news/2023/pdf/20230622.pdf　2023 年 8 月 30 日閲覧）．

16）　日経電子版 2023 年 6 月 22 日 16:34 配信（https://www.nikkei.com/news/print-article/?R_FLG=0&bf=0&ng=DGXZQOUB214JL0R20C23A6000000　2023 年 8 月 30 日閲覧）．

17）　なお，日本図書館協会非正規雇用職員に関する委員会が神奈川県で 2018 年 12 月から翌年の 1 月にかけて「公共図書館における非正規雇用職員に関する実態調査」を実施している．その結果報告のなかに給与に関する項目があり，「回答者の平均時給 996 円，平均日給 8,341 円，平均月給 135,879 円である．調査時点である 2018 年 10 月現在の神奈川県の最低賃金は時給 983 円でありほぼ同水準である」との記述がある．

最低賃金は企業が非雇用者へ支払う最低額であり，回答者のいう時給は雇用保険料，健康保険料，厚生年金保険料などを控除された手取り額である可能性が高いが，それでもこれらを含めた支給額でもおそらくコロナ禍以前は時給 1100–1200 円程度で司書の専門性をほとんど無視した報酬水準であることは間違いない．なお，同協会の司書募集情報（https://www.jla.or.jp/tabid/334/Default.aspx）では 2023 年 11 月現在の非常勤司書への支給額時給は 1200 円から 1350 円程度である．

18) 私個人の記憶によるが，現代の日常では決して使わない用語であるので，強く印象に残った．

19) 7 代目市川團十郎による初演．文化デジタルライブラリー歌舞伎事典（https://www2.ntj.jac.go.jp/dglib/modules/kabuki_dic/entry.php?entryid=1091　2023 年 3 月 9 日閲覧）．

20) 「岸田派，パーティー収入過少記載報道に『適正に処理』とコメント」（速報毎日新聞 2023 年 12 月 12 日 10 時 46 分配信．https://mainichi.jp/articles/20231212/k00/00m/010/056000c）．

21) 「岸田派が数千万円過少記載か　安倍派は現金手渡し『記載不要』」（共同通信 47 ニュース，2023 年 12 月 13 日 20 時 44 分配信．https://www.47news.jp/10254290.html）．

22) マクピアソンほか（McPherson et al. 2006）．2008 年 9 月本研究が依拠している一般社会調査（General Social Survey: GSS）の実施主体である NORC は，2004 年調査のデータにコードミスがあったと発表し，マクピアソンほか（McPherson et al. 2006）のデータも修正された．本章では修正後のデータを用いている．

23) 大谷翔平【来期の去就は？など一問一答】オールスター前日会見（NHK NEWS WEB　2023 年 7 月 11 日 9 時 48 分配信．https://www3.nhk.or.jp/news/html/20230711/k10014124991000.html　2023 年 7 月 12 日閲覧）．

24) 経済学における外部性の定義は「他の経済主体に影響を与えるある消費・生産活動が，市場価格の形成に反映されないことを言う」（林 2013, p. 403）．公害は典型的な負の外部性の例である．

【第 1 章】

1) particularized trust の訳，個別的信頼，とも訳される．

2) https://www.worldvaluessurvey.org/WVSOnline.jsp（2023 年 2 月 25 日閲覧）．第 3 次と第 7 次の両調査に参加している 49 カ国での比較でも日本は 6 位から 15 位に低下している．

3) 2022 年調査では制度への信頼（警察，政治家，金融機関，司法，中央政府，軍）が含まれていたが，2023 年調査でガバナンスの 1 項目として移されて代わりに社会的寛容性が社会関係資本の項目として追加された．

4) Yuki et al.（2007）．欧文論文であるが，質問票には日本語版も掲載されている．最近の日本語質問票は Thomson et al.（2018）の補論資料からも入手できる．

5) ネットワーク論の基本理論でいえば，2 つのクリークを結ぶ橋渡し型は弱い紐帯に

なり，仲間同士間などの結束型は強い紐帯を形成する可能性が高い.

6）　ただし，山岸（1998）の英語版である Yamagishi（2011）ではあらたに英語版エ
ピローグをもうけ世界価値観調査の質問文（「一般的にいって，ほとんどの人は信頼
できると思いますか，それとも用心するにこしたことはないと思いますか」（稲葉仮
訳））が一般的信頼だけではなく，用心の必要度についても尋ねているダブル・バレ
ル問題とワーディング問題（most people の範囲）から反論を試みている（pp. 149–
153）.　しかし，ダブル・バレル問題を排除した山岸の定義による一般的信頼の時系列
調査を国別単位で代表性をもつ形式で実施していないため，世界価値観調査（2020
年前後を含む 7 次調査まで実施済）でみた米国における一般的信頼の 1990 年代後半
以降の低下を上記の 2 つの要因に帰すには十分なものとはなっていない.　また，稲垣
（2015）ではダブル・バレル問題のない他の調査でも米国が高信頼，日本が低信頼と
いう状況は生じていないとしている.

7）　解き放ち理論に対する検討は荒井（2000），稲垣（2015）でもなされており，本書
でも参考としている.

【第 2 章】

1）　序章の冒頭で紹介した『世界の悲惨』の編著者であるピエール・ブルデューは独自
の理論を展開した.　彼の提唱するハビトゥスの概念は難解であるが，社会関係資本の
観点から読むと極めて分かりやすく（荒井 2020, p. 1520），彼が 1980 年に社会関係
資本を提唱したのも理解できる.　しかし，私は浅学菲才で彼の理論を体系的に学んで
いないので，本書では対象としない.　なお，ブルデューを含めた，コールマン，パッ
トナムの 3 者の包括的な比較は Field（2003, pp. 11–43）や高野（2014）が行ってい
る.

2）　たとえば，ロバート・パットナムが 1993 年に上梓した『*Making Democracy
Work*』では本篇 185 ページのうち 167 ページにいたって突然社会関係資本の概念が
出てくる.　なぜそうなったのかを 2018 年来日の際に私が本人に直接問うたところ，
同書を半分以上書き終えた後からコールマンの社会関係資本の議論に気づいてとりい
れたためとのことであった.　いずれにせよ，パットナムの社会関係資本論はコールマ
ンに依拠している.　また，イチロー・カワチはハーバード大学でパットナムから影響
をうけて社会関係資本の概念を用いたと本人に確認している.　ゲイリー・ベッカーは
シカゴ大学でコールマンと 6 年間にわたり合理的選択についてのファカルティセミナ
ーを実施し，かつコールマンの『基礎』で謝辞が呈されている（Coleman 1990, p.
xv）.　エリノア・オストロムの出世作である『*Governing the Commons*』はコールマ
ンの大著『*Foundations of Social Theory*』が上梓されたあと同年（1990 年）に上梓
されたが，参考文献にコールマンの『基礎』が掲載されている.　また，ロナルド・バ
ートはコールマンの弟子である.

3）　本節は Ylikoski（2021）を参考にしている.　同論考によれば，「コールマンのボー
ト」はコールマンの創作ではなく複数の先行例があり，その中で最も明らかなものは
McClelland（1961, p. 47）によるとのことで，用いている事例も同じウェーバーのプ

ロテスタンティズムに関するものであるとのことである．Ylikoski は「残念なこと
に」と記しているが同感である．

4) コールマンとしての「コールマンのボート」の初出は Coleman（1986a）である．

5) たとえば，心の中の葛藤といった個人の心の分析はコールマンのボートの分析対象
ではなく，心理学の対象としているようだが，その点の記述（Coleman 1990, 邦訳
p. 22）は極めて簡潔で門外漢にはわかりにくい．

6) たとえば佐藤（2008, p. 58），菅野（2020, pp. 281, 288–289）など．

7) なお，Coleman（1990）12 章では社会関係資本の諸形態に支配関係（p. 487）と意
図的組織（p. 489）が追加されている．

8) 318 頁は第 12 章であるが，第 11 章にネットワークを扱った節があり，実際の記載
は数カ所以上ある．

9) たとえば社会疫学における Kawachi et al.（1997），経済学における Knack and
Keefer（1997）など．

10) この批判はコールマンの理論を前提とすればお門違いであるが，あらゆる領域の
論考で繰り返し指摘されほとんど定番の批判となっている．たとえば，カレン・クッ
クは不平等分析の社会心理学ハンドブック（つまり，研究者向けの教科書）のなかで
「ソーシャル・キャピタルの文献には，ソーシャル・キャピタルが個人と社会にとっ
てポジティブな結果をもたらすという一般的な方向性を反映するバイアスが（おそら
く無意識のうちに）あるように思われる」と記述している（Cook 2014, p. 222）．

11) ただし，Putnam（2000）には社会関係資本のダークサイドと題する章までもう
けているものの，大部分は社会関係資本の偏在についての記述であり，社会関係資本
自体の負の外部性についての検証ではない．

12) 資源を運営する組織も含意する．共有資源，コモンズと訳されるが，経済学での
準公共財としてのコモンズよりは小規模で主に村落などのメンバーの共有のものを対
象としている点でより対象が狭い．

13) 同様な試みに大崎（2016）がある．

14) 信頼研究は長い蓄積があるが，その全体像については小山編著（2018）を参照さ
れたい．

15) もちろん，社会疫学などの先行分野における社会関係資本の研究者はいわれのな
い誹謗中傷（たとえば Fine（2001, 2010）参照，後者は間違いなく個人の社会関係資
本の結果である残存歯数との関係までも揶揄している）までも含めて容赦のない批判
にさらされてきたことは銘記したい．

【第3章】

1) Vol. 112, Issue 483, Nov. 2002, pp. 417–479.

2) 制裁と承認の 2 つの意味があり，かつ承認も励ますもの（正のサンクション）と，
制裁と同じ挫くもの（負のサンクション）とがあり，Coleman（1990）の邦訳では
挫くものを制裁，挫くものではない場合を裁可と訳している．

3) 社会関係資本の認知についてコールマンは次のように述べている．「社会関係資本

を創出する行為によってもたらされる利益の多くはその行為者以外の人々によって享受されるので、自分の利益のためにそれを創出したわけではないことが多い。その結果、ほとんどの社会関係資本は、他の活動の副産物として作り出されたり、壊されたりする。このような社会関係資本は、誰かがそのように意図しなくても発生したり、消滅したりする。社会関係資本が、そもそも無形という性質のためにそうである以上に認知されにくく、社会的行為において考慮されないのはこのためである」(Coleman 1988, 邦訳 p. 233).

4) Banaji and Greenwald (2013, 邦訳 p. 97). 同書によれば、心理学では、心には内生的（意識的）と自動的（非意識的）な2つのシステムがあり、かつ両者の間には解離があり、自動的（非意識的）な側面は自分自身にとっても「他人」であるという（ibid., 邦訳 pp. 96–97).

5) ただ、MAUP は個人を取り囲む環境がその中にいる個人に同じ影響を与えるという考え方だが、逆に ICT の進歩により個人が認識する範囲を捉えることができるようになった。つまり、「どのような影響を受けるかは、地域住民の意識・行動や属性によって一様ではない可能性」（埴淵編 2018, p. 42）を捉えることが可能になってきた。これは UGCoP (uncertain geographic context problem: 不確かな地理的文脈問題) と呼ばれ仮想現実なども含めてコミュニティとはなにかという問題を MAUP とは別の次元で提起している。

　　具体的には、同じ「近隣」であっても実際に測定された「制度的な空間（行政区域など）、物的な空間（等距離範囲内など）、活動空間（滞在場所、時間など）、認知的空間（自身が認知する範囲）などはそれぞれ整合性が高くなく、どの方法で地域を把握するかによって、地域特性をもつ文脈的効果の因果推論において結果が変わりうる」(ibid., pp. 42–43).

6) 三隅一人による概念。彼は関係基盤を次のように定義している。「さまざまな属性は、それを共有する潜在的なソシオセントリック・ネットワークを指標する。そうした指標機能をもつ属性を、関係基盤という」（三隅 2013, p. 145). つまり、個人は家庭、友人とのグループ、学校、職場、趣味のサークル、NPO、宗教団体や政治団体、など様々なグループに属しているがそれぞれが関係基盤である。

7) 山岸の「信頼の解き放ち理論」は1998年に発表されたものであり、2023年になって碩学の理論に、しかも先生が逝去されたあとに批判を加えるのは「四半世紀も遅れた後出しじゃんけん」のそしりは免れない。しかし、私はすでに2002年に実証データにもとづき山岸の説をとらないとしており（稲葉 2002, p. 75)、本節は自説をより理論的に補完したものとしてお許しいただきたい。

8) 山岸は「コミットメント関係の形成は、一方では関係内部での社会的不確実性を低下させ、安心できる環境を生み出すが、それと同時に、あまり望ましくない副作用である『機会費用 (opportunity cost)』を生み出す……」（山岸 1998, p. 80) としているが、私は正確には「機会費用」ではなく「コミットメント関係離脱に伴う取引費用の増加」であると考えるので、以下のモデルでは明示的に「取引費用」を導入している。

9) 山岸は機会費用を特定の個人ごとに異なると想定しているが，機会費用は構成員が属する集団全体にあてはまるものである．嫌悪感を持たれる例示になるかもしれず申し訳ないが，やくざがその組織から離脱する際に身体的欠損を自ら生じさせることは，機会費用ではなく取引費用である．

10) このネーミングに拒否反応を示す研究もあるが，「やくざ型コミットメント関係」に長年身を置いてきた私は妥当な比喩と評価している．まさに言い得て妙である．

11) NHK 朝の連続テレビ小説『らんまん』2023 年 5 月 2 日放映，槙野タキの台詞．

12) なお，機会コストを何かをすることによって失う逸失利益だという論者もおり山岸もこの考え方に同意しているようにみえる．しかし，逸失利益とは，本来得られるべきであるにもかかわらず債務不履行や不法行為が生じたことによって得られなくなった利益（得べかりし利益）を指す（法律用語辞典及びデジタル大辞泉）．つまり，逸失利益は，たとえば交通事故によって働けなくなる場合の所得補償のように将来の分も含むが，不法行為により特定の当事者が，将来にわたって就労が困難であるという状態はすでに確実に生じているまぎれもない損失である．一方，機会コストは特定の個人ではなく社会全般に潜在的に生じるもので，しかも現在実施している行為の代替的な次善策についての潜在的な収入である．つまり機会コストは逸失利益ではない．機会コストに逸失利益のニュアンスが伴うのは，不法行為が背景にある場合であり，日本全体はやくざ型コミットメント社会であるという含意が山岸の理論には付随しているので私も含め当初は説得力を感じたのではないか．

13) 令和 2 年国勢調査によれば 46.3 歳（人口等基本集計表 2-2-2）(https://www.e-stat.go.jp/dbview?sid=0003445135 2023 年 10 月 27 日閲覧).

14) たとえば，Inaba et al.（2015）.

15) 正確に言えば社会的知性に裏打ちされた一般的信頼は他者の信頼性をより正確に予測するので，高信頼が個人の信頼性を高めるという意味で，一般的信頼と個人の信頼性が共進する（山岸 1998, pp. 149–202）.

16) Coleman（1990）では focal actions（焦点行為）と呼んでいる．

【第 4 章】

1) これは正確には強凸性の定義．選好関係について，x〜y を「x と y は同等に好ましい」，x＞y を「x は y よりも好ましい」x≧y を「x は y と同等またはそれよりも好ましい」と読むとすると，強凸性の定義は次のように表せる．任意の異なる x＝(x_1, x_2)，y＝(y_1, y_2) について，もし x〜y（2 つの消費 x, y は同等に好ましい．つまり，x, y は同じ無差別曲線の上にある）ならば，あらゆる 0＜λ＜1 について，λx＋(1−λ)y＞x〜y となる．ただし，λx＋(1−λ)y＝(λx1＋(1−λ)y1, λx2＋(1−λ)y2) である（林 2013, pp. 37–38）．消費に関する同じ効用をもたらす無差別曲線の場合は凸性を仮定すると原点に対して凸になる．

なお，このほかに，弱凸性という概念があり，つぎのように定義される．

任意の異なる x, y について，もし x〜y ならば，あらゆる 0＜λ＜1 について

$$\lambda x + (1-\lambda)y \geqq x \sim y$$

となる.

　この場合は間をとることは当初の2つと同等またはそれよりも好ましい. これは完全代替的選好, 無差別曲線群が平行（2次元の場合, われわれが日常で使う言葉で言えば「直線」）の場合も含むことになる.

2) 2023年12月中旬に明らかになった, MLBの大谷翔平選手の移籍契約内容（報酬の大部分は10年経過後に受け取る）は凸性を追求した安定解を実現した選択といえよう.

3) X財とY財の価格をそれぞれPx, Pyで共に正とすると, 図4-6の接線は傾きがX財とY財の相対価格$P_x／P_y$であるから, $Y＝(P_x／P_y)X＋B$, これから$P_yY－P_xX＝P_yB$, ここでBはマイナスであるから, $P_yY－P_xX＜0$, したがって$P_yY＜P_xX$, 財Yは生産量, 財Xはその生産要素であるからP_yYは財Yの生産額（売上額）, P_xXは財Yを生産するのに要するコスト, したがって, P点における生産はY財換算でBの赤字が生じる.

4) ジャニーズ事務所の創業者が弱者を性的虐待していたケースも集合行為のジレンマの2次的フリーライダー問題である. ただし, この事案は司法による断罪もさることながら, 本来, 予防という観点からは社会の木鐸たるマスコミがその機能を発揮すべき事案のように思える. 対立ではなく議論を尽くして互いの論点をとりいれて解決策を見出すためには, 政府とマスコミの果たす役割が大きいのだが, この両者が機能しない場合は市民からのイニシアチブに期待するほかない.

5) 2019年, 昭和四十一年法律第百三十二号「労働施策の総合的な推進並びに労働者の雇用の安定及び職業生活の充実等に関する法律」（労働施策総合推進法）の改正によって雇用主にパワーハラスメントの防止義務が課せられた（30条の2）. 同法によれば, パワーハラスメントとは, 一般的には①優越的な関係を背景とした言動であって, ②業務上必要かつ相当な範囲を超えたものにより, ③労働者の就業環境が害されること, すべてに該当する行為をさし, 2020年6月から大企業に, 2022年4月からは中小企業にも適用されている. パワハラ防止策として大きな進展であるが, 現場において実効性を持たせる点は今後の課題であろう（https://elaws.e-gov.go.jp/document?lawid=341AC0000000132　2023年9月16日閲覧）.

6) 「人種的なマイクロアグレッションとは短く普通の日常的な言動, 行動, そして環境を通した侮辱をさし, 発信者側の意図の有無にかかわらず, 敵意・軽蔑・否定的なメッセージを対象とされた集団・個人に伝えること」で「些細な攻撃, 些細な侮辱, 些細な無効化」の3種類がある（Sue et al. 2007, pp. 271, 273, 2023年7月23日大島郁葉氏講演資料掲載の訳を参考に稲葉仮訳）.

7) たとえばアフリカ系アメリカ人を犯罪と結びつけてしまうといった, 非意識の下での大雑把なくくりでの集団の特質に関する社会のなかの決めつけ.

8) たとえば, 非正規雇用の労働者が正社員から「お前はクズだ」「ゴミだ」と罵倒されるのはパワーハラスメント, 名前ではなく「派遣さん」と呼ばれるのはマイクロアグレッションであろう（相場 2016, 上巻 p. 258, 下巻 p. 252）.

9) 洗濯店がばいじん排出許可証を販売するケース　s：ばいじんの排出量, P_s：洗濯

店が販売する煙排出許可証の価格とすると,

洗濯店の利益　$\Pi_0 = (p_0 y_0 - w l_0) + p_s s$　　(1)

電力会社の利益　$\Pi_1 = (p_1 y_1 - w l_1) - p_s s$　　(2)

y_0, y_1, l_0, l_1 は洗濯と電気の販売量と投下された労働量. p_0, p_1, w は洗濯サービス, 電気, 労働の価格, l_0 を所与, 洗濯 y, 1 単位が利益 1 単位と仮定. 洗濯店は煙の量だけ補償され $p_s S$ の収入をえる.

逆に洗濯店が電力会社からばいじん排出権を購入するケース　s：ばいじんの排出量, P_S：洗濯店が購入するばいじん排出許可証の価格, ŝ：電力会社が販売できる排出許可証の量

洗濯店の利益　$\Pi_0 = (p_0 y_0 - w l_0) - p_s(\hat{s} - s)$　　(3)

電力会社の利益　$\Pi_1 = (p_1 y_1 - w l_1) + p_s(\hat{s} - s)$　　(4)

(3)(4)は(1)(2)と $p_s \cdot \hat{s}$ の外生の利益移転が加わった以外は同じであるので, 結論は変わらない (Cornes and Sandler 1996, pp. 47-48).

10)　社会関係資本の二面性については私が主宰する 2021 年 9 月 30 日のソーシャル・キャピタル研究会にて講師の東京医科歯科大学相田潤教授も指摘している.

11)　ただし, 社会関係資本の改善が平均世帯所得を増加させ, 自分の所得が他人の所得より高い場合, 自分の社会関係資本の向上は所得格差を縮小させる, とする逆の因果関係を唱える研究もある (Robinson et al. 2011).

12)　米国は G7 諸国のなかで唯一歴史が短く重商主義・植民地経営による富の蓄積がなく, 富裕層は産業革命後の活動により発生した. 語弊があろうが, 米国は他の G7 諸国の富裕層と比較して富をひけらかす成金が多く, また富をひけらかすことを成長のインセンティブとしてきたきらいがある.

13)　評価が安定している高額の絵画は札束や金塊よりも軽く, 持ち運び, 隠匿も容易 (有事の際は, 額から外してコンパクトに巻いてしまうことさえ可能) であるので, 宝石と並んで最も優れた富の保蔵手段である.

【第 5 章】

1)　2014 年 6 月 3 日, ISSC 2014 in Aukland における公開セッション.

2)　以下, 因果推論に関する部分は星野崇宏 (2023) に依拠している.

3)　全 7 章すべての章末に短い解説つきで「読書案内」が, かつ 2 章から 5 章には「数学ノート」, 2 章から 6 章には「課題」が付されており, その後で参考文献が 61 頁 (邦訳版) にわたり紹介されている.

4)　ただし Lazer et al. (2009) には計算社会科学の定義の記述はなく, 計算社会科学を周知の概念として扱い, その利点と可能性, 利用にあたっての課題として社会分析手法の遅れ, データの閲覧とプライバシーの問題を含めた制度的課題, を記述したあと, 学際的な研究となるための人事面や学術誌に関わる関係者の理解を求めるものである. 本論考が幅広い分野の研究者を対象とする *Science* 誌に定義にかんする記述なしに掲載されていることからみて, すでに計算社会科学の概念は 2009 年時点で少なくとも研究者の間ではある程度の合意がみられていたと思われる. なお, 瀧川

（2018）は Lazer et al.（2009）からの引用として「大規模データを収集および分析する性能を用いて，個人および集団行動のパタンを明らかにする新たな学問分野」とする定義を紹介しているが，それに類似の記述は「計算社会科学は収集と分析のキャパシティをかつてない幅，深さ，スケールで拡大（leverage）させている」（Lazer et al. 2009, 稲葉仮訳，（　）内稲葉付加）しかみあたらない．ただし，同論文の主旨から解釈すれば，瀧川の見解は Lazer ら 15 名の共著者の見解を過不足なく表現している．また，瀧川（2018）は包括的な計算社会科学の解説として貴重であり，本節全体の執筆にあたって参照させていただいた．

5)　従来の分析手法を「スナップショット」とする指摘は，Lazer et al.（2009），Salganik（2018）にもある．後者は「研究者は今，写真撮影法から映画撮影法への移行と同じような変化の過程にいる」（p. 5）とも述べている．

6)　ただし，小林哲郎は「スマートフォンアプリやブラウザへのアドオンのインストールを依頼するような実験の場合，研究実施のコストが高くなる場合がある」と指摘している（小林 2021, p. 69）.

7)　https://iscss.org/.

8)　https://css-japan.com/.

9)　正確には澤田康幸氏から教えていただいた．

10)　1990 年代後半，ワシントン D. C. の世界銀行は社会関係資本に関する研究会を世界の碩学を集めて実施し，その成果を P. Dasgupta と I. Serageldin（編）で『*Social Capital: A Multifaceted Perspective*』という書籍にまとめ 1999 年に公刊している．同書のなかでノーベル経済学賞受賞者であるロバート・ソローは「一般的に，資本（キャピタル）とは前もって生産による見返りを生み出すと期待される，生産された要素，もしくは自然な生産要素のストックを表す」ものであると指摘し，社会関係資本をストックとして扱うのは困難であると主張した（Solow 1999, p. 6）．ソローの見解と呼応して，同じくノーベル経済学賞受賞者のケネス・アローは上述の同じ書籍のなかで「社会関係資本という用語は資本の基準を満たしていない」と述べている．資本とは「将来の利益のためにその時点での意図的な犠牲」であるべきであるという．言い換えれば，人々は将来に経済的な収益を予測して故意に資産を集積する．しかし，「社会的なつながりの本質は関係者の経済的な価値以外の理由で形成される」（Arrow 1999, p. 4）から，社会関係資本は「資本」にはあてはまらないと主張した．両者は社会関係資本という用語の使用をやめるよう提案した．具体的には，ソローは「社会関係資本」の代替として「行動パターン（behavior patterns）」という用語を勧めている．

　一方，第 3 章の冒頭でも触れたとおり，大西洋を隔てて英国王立経済学会（国王の特許状をもらっているので‘Royal’と冠している）も社会関係資本に関するシンポジウムを開催し，その結果を *The Economic Journal* 誌（この場合の定冠詞“THE”は“唯一無二の”と訳すべき）に社会関係資本特集号を刊行している．そのなかで，サミュエル・ボウルズとハーバート・ギンタスは社会関係資本のかわりとして「コミュニティ・ガバナンス」を提唱している（Bowles and Gintis 2002）.

なお，上述のソローとアローの批判は悪い言葉，私からみればマイクロアグレッション，を使っているのだが，同じくノーベル経済学賞受賞者であるエリノア・オストロムは彼らのような批判を行ったものではない，関係性の譲渡の不可能性，計測の問題，の3つにわけて，計測の問題はあるものの，他の2点は物理的な資本や人的資本と変わらないことを丁寧に説明している（Ostrom and Ahn 2003, pp. xx–xxiiv）．いずれにせよ，アローとソローという2人のノーベル経済学賞受賞者の短編の随想のようなノートをうけ，ホモエコノミクスを実践する経済学者（もちろん例外もいる）は潮を引くように社会関係資本研究から撤退していった．

11）　Chetty et al.（2022b）では7030万人．

12）https://www.socialcapital.org/?dimension=EconomicConnectednessIndividual&geoLevel=county&selectedId=&dim1=EconomicConnectednessIndividual&dim2=CohesivenessClustering&dim3=CivicEngagementVolunteeringRates&bigModalSection=&bigModalChart=scatterplot&showOutliers=false&colorBy=（2023年11月4日閲覧）．

13）　次章で解説するが，少なくとも22種類以上の個人データが用いられている．

14）　計算社会科学における倫理については常松（2021）参照．

15）　これらの2点については稲葉（2023）参照．

16）　本節の執筆にあたり Yuki et al.（2007）掲載の邦文質問票により私個人の関係流動性指数を計測した3.7は，Thomoson et al.（2018）による関係流動性39カ国比較で最低であった日本の国レベルの関係流動性指数3.9より低かった．元本務校大学院の授業中に実施したもので，受講生もほぼ同様の結果であった．「あなたの身近な社会（学校，職場，住んでいる町，近隣など）に住む人々についてお尋ねします」という前文があり，元本務校を想起して回答した．教員と現役の大学院生の回答はほぼ同一の結果であった．

17）　ネットワーク論では「密な関係性がある部分ネットワーク」をコミュニティと呼ぶことがあるが（鳥海編著 2021, p. 123），個人から見た様々なコミュニティを個人の立場からみて「関係基盤」と呼ぶということであろう．

18）　ただし，同じ人種IATを30歳で海外在住経験がなく日常生活上でもアフリカ系アメリカ人との接触がなかった男性の友人にもやっていただいたが，テストAは回答時間61秒誤答2問，テストBは40秒，誤答ゼロで，回答時間の長さを別にすれば，基本的に同じ傾向であった．私の回答時間が長いのは加齢によるものであろうが，回答時間の比率テストA／テストBは私の場合1.63，友人の場合は1.525であるので，やはりバナージとグリーンワルドが指摘するとおり，大部分は非意識の偏見を計測しているとみるのが妥当で，実体験に由来する非意識的でない偏見の占める部分は小さいのかもしれない．

19）　Those Magnificent Men in Their Flying Machines or How I Flew from London to Paris in 25 Hours and 11 Minutes, 1965年公開，イギリス映画．

20）　ただし，ステレオタイプは時代を経て変化することも同書に指摘されている（Banaji and Greenwald 2013, 邦訳 p. 131）．また，個人の潜在的な評価を変えるのは難

しいとされてきたが，それをいかに好ましい方向へ変化させることができるかについての研究もおこなわれている（Kurdi and Banaji 2017; Mann, Kurdi and Banaji 2020）.

21) Pechenick et al.（2015）は Google Books Corpus では書籍がどれだけ多数の人々に読まれても関係なく 1 つとカウントされ，その一方で 1900 年以降専門学術誌が増加している点を問題としている．彼らによれば，学術誌急増の影響を受けていないのは英語のフィクション部門だけであったと指摘している．

22) たとえば，首相が息子を政策秘書に任命する事例など.

23) 本節の執筆にあたっては，今村晴彦氏から実装科学と CFIR について直接ご指導いただいた.

24) ダムシュローダーは講演で普及と実装について 62 のフレームワークが提示されていると述べている（Damschroder 2015）.

25) Rogers（1962, 1982, 1995, 2003），Rogers and Shoemaker（1971）．エベレット・ロジャーズの「イノベーションの普及論」は 1962 年の刊行以来ほぼ 10 年おきに改訂され 2003 年までで 5 版が刊行されているが，各版の 2 章でイノベーション普及に関する研究の流れを解説しており，文化人類学，初期の社会学，農村社会学，教育学，公衆衛生・医療社会学，コミュニケーション学，地理学，一般社会学などをあげている．第 2 版は彼がコミュニケーション論の泰斗でもあることから，『コミュニケーション普及学分野横断的アプローチ』と題し，その邦訳タイトルは『イノベーション普及学入門——コミュニケーション学，社会心理学，文化人類学，教育学からの学際的・文化横断的アプローチ』となっている（Rogers and Shoemaker 1971）.

26) 実施に要する費用に機会費用が含まれているが，機会費用は代替策の検討に含まれるべきもので，実施の費用ではない.

【第 6 章】

1) 図 6-1，図 6-2 は Elsevier 社の出版物に関する検索サイトである Science Direct によっているので，表の論文数はあきらかに控えめな数値である．私が Science Direct を用いるのは 2000 年代初めからソーシャル・キャピタルをテーマとした論文の掲載数が群を抜いて多かった *Social Science and Medecine* 誌が Elsevier 社から刊行されており，かつ Web of Science が当時黎明期にあったことによるが，2010 年以降は他社からの論文でもソーシャル・キャピタル関連が増えたので，その点からみても控えめであろう.

2) たとえば，戸川（2019, 2022）は社会関係資本が自治体におけるガバナンスの前提条件として機能していることを，パス解析を用いて明らかにしている．この点は従来型の分析による坂本（2005, 2010）の，ガバナンスには社会関係資本ではなく，彼のいう「シビックパワー」が重要という主張を覆すものである.

3) 11 の設問それぞれに因子得点に基づいたウエイト案も提供し，社会関係資本のサブ指標として市民参加，社会的凝集性，互酬性の 3 指標も提案している．なお，斉藤らの互酬性指標は社会的サポートの授受 3 問からなるもので，社会的凝集性関連 3 問

のなかの利他性は含めていない．具体的な設問と算出方法については以下を参照（www.jages.net/library/social-capital/?action=common_download_main&upload_id=12095）．

4) コホートデータセットは JAGES で作成したものがあるが，パネルデータセットは各研究者が作成．

5) 2021 年 9 月 30 日のソーシャル・キャピタル研究会での発言．

6) 日本社会関係学会第 1 回年次研究大会報告概要集，p. 26.

7) たとえば，近藤克則氏は 2023 年 2 月 1-3 日に開催された日本疫学会学術総会で過去 5 年間の累計演題数 1482 本のうち 107 本と最多となり「功労賞」を受賞されている．

8) 本節の世界価値観調査に関する記述は以下に依拠している（https://www.worldvaluessurvey.org/WVSNewsShow.jsp?ID=450），および REIT による電通総研インタビュー（https://institute.dentsu.com/articles/1961/）．

9) EVS/WVS（2022）. European Values Study and World Values Survey: Joint EVS/WVS 2017-2022. Dataset（Joint EVS/WVS）. JD Systems Institute & WVSA. Dataset Version 4.0.0, doi:10.14281/18241.21.

10) 統計数理研究所林知己夫の後継者である吉野諒三によると，現在世界各地で実施されている世界価値観調査や Eurobarometer などの大規模意識調査のルーツは，1953 年に開始された統計数理研究所による「日本人の国民性にかんする調査」，さらにさかのぼれば 1948 年に連合国軍最高司令官総司令部（GHQ）の指示で実施された「日本人の読み書き能力調査」にあるという．不可解な日本人をどう統治するか悩んだ GHQ が，日本人の民意をくみ上げるために，当時としては最も科学的な全国調査を始めた．「国民性調査」は第 1 次調査は継続調査ではなく，1958 年実施の第 2 次調査では第 1 次調査で既知の事項以外の事項を中心に実施された．しかし，第 1 次調査で調べた項目が 5 年間で大幅に変化していたことに驚き，第 3 次以降は第 1 次の調査票にもどり，同じ項目群を継続的に調査することになった，という（吉野 2003, pp. 450-451）．その後，日本での知見にもとづき，米国で GSS（統合版社会調査）が始まったことに鑑みれば，世界価値観調査の設問がぶれないのは，日本における世論調査の知見が役立っていることになる．

11) 澤田康幸先生からご紹介いただいた．

12) 全米 50 州からデータの欠損があるウエストバージニア州を除き，ワシントン D. C. を加えた 50 地域．

13) ジャミロフの場合は「個人間の信頼」に「一般的信頼」も含めているが，このあと紹介するチョ論文では社会全体に対する信頼を一般的信頼（論文のなかでは「社会的信頼」と呼んでいる）と個人間の信頼の 2 つに分けている．

14) 原著では「social trust」と表記しているが，本書では「一般的信頼」と意訳している．

15) 2023 年 12 月 7 日稲葉との私信の内容を要藤氏の許可を得て引用．

16) チェティらはさらに拡張サンプルを作成している．コアサンプルと同じ制約を課

注　241

し，対象となる子どもの出生コホートをコアサンプルの 1980 年から 1982 年からさらに 1980 年から 1991 年までのすべての出生コホートへ拡張した拡張サンプルを作成した．コアサンプルには約 1000 万人，拡張サンプルには 4400 万人の子どもがいる．拡張サンプルは 1996 年以前の内国歳入庁（IRS）の所得統計（SOI）部門が保有する年次申告書のクロス・セクションデータを用いて分析・補足し作成している．このデータは，1987 年以降の納税申告書に記載された扶養家族の識別子を提供しているので，コアサンプル作成のアルゴリズムに類似したアルゴリズムを用いて，1971 年の出生コホートまで遡って親と子を結びつけることができるという（Chetty et al. 2014, p. 1564）.

17) CZ は，Tolbert and Sizer（1996）によって構築され，Dorn（2009）によって経済学の文献に紹介された，1990 年の国勢調査における通勤パタンに基づく郡の集合体の単位．CZ は人々が生活し，働く地域を網羅するように設計されているため，地域を最も粗く分割する自然な出発点となるとしている．CZ は大都市統計地域（MSA）に似ているが，MSA とは異なり，農村部を含む全米をカバーしており，米国には 741 の CZ があり，一つの CZ には平均して 4 つの郡が含まれ，人口は 38 万人である（Chetty et al. 2014, p. 1579）.

18) 16 歳までの地域で紐づけるので，その後他地域へ移動することもありうる．

19) なお，いかにもアメリカ流の発想であるが，どこの大学に進学したのかがわかるので，30 歳時点の所得をもって出身大学の質として評価する指標も算出している（Chetty et al. 2014, pp. 1557-1568）.

20) 本論文については 2024 年 1 月 13 日に帝京大学で開催されたイチロー・カワチ先生の講演で知った．

21) たとえば前節で紹介した郡レベルで唯一社会関係資本に関連したデータを含んでいるペンシルベニア州立大学指標（Rupasingha and Goetz 2008）について，ユタ州の例をあげ，社会関係資本のごく一部，しかも恣意的にしか反映していないので不満であるとしている（Social Capital Project 2018, p. 9）.

22) パットナムは 2000 年刊行の『孤独なボウリング』までは，ネット上の新しいコミュニケーションを電話やテレビの経験から明らかに過小評価していた．たとえば「コンピュータ・コミュニケーション対，対面的な相互作用という問題が眼前に存在すると仮定することには，根本的な誤りがある．電話の歴史とインターネット利用に関する初期知見の双方が強く示唆するのは，コンピュータ・コミュニケーションは，対面コミュニティの代替物となるのではなく，補完物となるだろうということである」（Putnam 2000, 邦訳 p. 216）と述べている．なお，2020 年に公刊した『孤独なボウリング』刊行 20 周年記念版の「あとがき」では「事象を仮想ネットワーク対現実のネットワーク，とする 2 分法にはめ込むことに反対する」（p. 417）としているが，「仮想ネットワークは……対面のネットワークとむすびついているときのみ，強力で持続性のある社会運動を形成することができる」（p. 426）としコミュニケーションの基本は対面であると主張している．

23) 社会関係資本をおりまぜてネットワーク論に依拠して個人の立場からみた現役世

代のリモートワークの利点を検討した論考として金光（2020）がある．
24）　政府の介入だけではなく，エリノア・オストロムの共有資源管理団体のように民間の利害関係人や世話役が集まっての介入を主体に考えている．たとえば，世界価値観調査ではそのための団体，世界価値観調査協会が民間の研究者・協力者により設立されている．
25）　多芸性，可変性，を意味しているが八面六臂という訳もある．

【第 7 章】

1）　序章注 14）参照．
2）　内閣府景気動向指数景気基準日付 第 11 循環の山（https://www.esri.cao.go.jp/jp/stat/di/150724hiduke.html　2020 年 1 月 21 日閲覧）．
3）　内閣府国民経済計算 2009 年度確報（2000 年基準 1980–2009 年）（https://www.esri.cao.go.jp/jp/sna/data/data_list/kakuhou/files/h21/h21_kaku_top.html　2020 年 1 月 20 日閲覧）．
4）　内閣府国民経済計算 H23 年歴年連鎖価格 1994–2018（https://www.esri.cao.go.jp/jp/sna/data/data_list/kakuhou/files/h30/h30_kaku_top.html　2020 年 1 月 20 日閲覧）．
5）　内閣府経済社会総合研究所景気統計部景気動向指数——令和 5（2023）年 10 月分（速報）（https://www.esri.cao.go.jp/jp/stat/di/202310report.pdf　2023 年 12 月 15 日閲覧）．
6）　IMF（2019）.国別地域通貨ベース実質 GDP（https://www.imf.org/external/pubs/ft/weo/2023/10/weodata/weorept.aspx?sy=1997&ey=2018&scsm=1&ssd=1&sort=country&ds=.&br=1&pr1.x=17&pr1.y=9&c=924&s=NGDP_R&grp=0&a=）.
7）　ただし IMF（2019）によると，購買力平価ドル表示では日本の名目 GDP の世界経済に占めるシェアは 1991 年がピークで 9.04%，その後一貫して減少し 2018 年は 4.1% と，名目値によるドル表示より日本のシェアは低い．
8）　高島（2017, p. 252）は 1721–1804 年の日本の 1 人あたり実質 GDP の伸び率を年率 0.25% と推計している．
9）　全要素生産性 Total factor productivity の略．OECD 統計と IMF 統計では多要素生産 MFP（multifactor productivity）と表記されている．
10）　独立行政法人経済産業研究所 JIP データベース 2023（https://www.rieti.go.jp/jp/database/JIP2023/index.html　2023 年 9 月 3 日閲覧）．
11）　黒田（1992）によれば，1960 年から 85 年のわが国の付加価値成長率 6.8% に対し，TFP は年率 2.215% 成長し，特に高度成長期の 1965–70 年は 5.48% の伸びをみせた．
12）　労働装備率は資本ストックを労働で除したものだから，資本が技術進歩と互いに独立していると仮定すれば，直接 TFP に影響しないが，研究開発投資の結果の研究開発ストックが新しい設備に体現化していると仮定すれば，TFP に影響する．
13）　上述の経済産業研究所 JIP データベース 2023 では労働投入量にマンアワーだけ

注　243

ではなく労働の質も含めている．しかし，どのような人材をどのように融合して適材適所を実現しシナジー効果を達成するかは，経営者の裁量によるので，私は経営者の資質が労働の質を左右する部分があり，その結果 TFP に影響を与える経路があると考えている．

14）　JIP の推計でも労働の質は 1994-2009 年年率 0.8% 上昇したが，2009-2015 年の間は年率 0.3% に低下した．深尾ほか（2021）によれば，この低下は 2005 年以降に増加した女性や高齢者の低賃金を反映した（p. 35）とのことである．JIP 推計における労働の質は賃金水準で判断しており，かつ，パートタイム雇用者はすべて高卒とし，また自営業者・家族従業者はすべて中卒としている（p. 25）．たしかに，賃金は労働者の単位あたり限界生産額に等しくなるという理屈はわかるが，それは雇用側と非雇用者側が対等の条件の下であることが前提であり，現実には非正規雇用がほぼ 4 割を占めるまでの過程で，非雇用者側の対雇用者交渉力は大幅に低下してきたのではないか．労使間紛争件数，とりわけストライキ件数の激減は，けっして労使関係が良好であるということではなく，それだけ労働者個人で同一労働・同一賃金からかけ離れた不利な条件も含めてつらさを一方的に抱え込むことが多くなっていることの反映ではないか．私は景気低迷期には高学歴でもそれにふさわしい賃金を得ることが難しいとする事例が多数報告されていることに鑑みて，JIP2023 の労働の質の推計は過小ではないかと考えている．

15）　2012 年度から 2020 年度までの間，民間企業設備投資デフレーター上昇率（年率）はわずか 0.38% であり，その後 2021 年度，22 年度，それぞれ前年度比 2.6%，4.2% 上昇であったが，これは資本ストックの目減りが一層大きくなることを意味する（内閣府経済社会総合研究所国民経済計算部「四半期 GDP 速報時系列表 2023 年 4〜6 月期（1 次速報）」（https://www.esri.cao.go.jp/jp/sna/data/data_list/sokuhou/files/2023/qe232/pdf/jikei_1.pdf　2023 年 9 月 4 日閲覧）．

16）　何らかの人材教育を正社員に実施した企業割合を 100 とした場合，フルタイム有期雇用者に対する教育訓練は OJT は 75% の企業が実施（つまり OJT さえ実施しない企業が 4 分の 1），入職時のガイダンスは 66%，職務遂行のための研修は 60% が実施．将来のキャリアアップ研修は 36% しか実施していない（厚生労働省 2023）．

17）　2022 年 6 月分所定内給与額では一般労働者（正社員・正職員）平均 1976 円／時，一般労働者（正社員・正職員以外）は 1375 円／時（厚生労働省 2023）．

18）　現場の実態はマイクロアグレッションの域をはるかに超えているように思われる．「非正規公務員 VOICES」が全国の自治体の非正規公務員を対象とした調査（n＝531）では 7 割がハラスメントや差別を受けたことがあると回答しており，3 分の 1 が「非正規さん」「会計さん」「非常勤さん」「臨職さん」と呼ばれたことがあるとしているが，それ以外にも 4 割が「仕事で必要な情報を（非正規だから）教えてもらえない」，5 割が「正規職の仕事を任された」と答えている．さらに，気に入らないならやめろと言われた，役所の窓口で市民の前で大声で怒鳴られた，隣席の男性職員から何度も性的な話をされ，食事に誘われた等言語道断な扱いを受けている実態が記述されている（牧野 2023; 北仲 2023; 竹信 2023）．自治体の公務員でさえこのありさ

まであるから，民間企業における非正規雇用者の扱いはより劣悪である可能性は高い．

19）　上述のシステムエンジニア A 氏の場合，元請けの社員を装って仕事をしているため，発注元が評価してくれても，元請けの評価となり，自分の評価にはつながらない．また，元請けが受注額から利益を控除した額を基準に残業予算を定めているため，納期が近づくと徹夜に近い形になり，顧客である発注企業のオフィスで机に突っ伏して仮眠をとるような状態になるのに残業代がでない．また，早く帰れても終電であるので，神経が高ぶって就寝できないため PC をつけゲームをする．いずれにせよ，もうろうとした状態で翌日の勤務にはいるため，限界を感じ転職をした．幸い常に元請けとして活動している外資系コンサルに転職できた．私が A 氏に感想を尋ねたところ「ようやく水面から顔をだして息をすることができるようなった」というコメントにこちらが絶句した．

20）　内閣府（2023, p. 44, 第 1-1-15 図(5)資本のヴィンテージ）．ただし，日本開発銀行調査部推計では日本の資本のヴィンテージは 1970 年代前半に 6.3 年と白書の試算値よりもさらに低くなっており，当時は最新鋭の設備で対応していたことがわかる（日本開発銀行調査部　1994, p. 87, 図 4-1）．

21）　世帯可処分所得を世帯人数の平方根で除したもの．可処分所得レベルでの格差を表示するには適切であるが，市場の競争の結果である格差を表すには，不適切である．

22）　日本は 2015 年データ．

23）　なお，日本でジニ係数を算出している政府統計として全国家計構造調査（旧全国消費実態調査）と所得再分配調査がある．前者は 5 年ごとに総務省が，後者は 3 年おきに厚生労働省が実施しているもので，直近のデータは消費実態調査が 2019 年，所得再分配調査が 2021 年である．所得再分配調査における当初所得は社会保障給付（含む現物給付）受給前の，再分配所得は社会保障給付（含む現物給付）を受給後のそれぞれ世帯所得である．また全国消費実態調査における世帯所得は社会保障給付受領後のものであり，所得再分配調査における再分配所得にほぼ同じである．また，所得にかんするジニ係数は世帯可処分所得とそれを世帯人数の平方根で除した等価可処分所得の両方で計算でき，上述の OECD 統計は等価可処分所得に関する格差を計測している．世帯単位で社会保障給付受領前の所得である所得再分配調査による当初所得は，いわば労働市場での競争の結果をそのまま表したものである．それに対し，等価可処分所得は市場で得た所得により 1 人あたりの可処分所得，つまり生活の余裕を示したものである．両調査とも世帯可処分所得について当初の数値を用いたジニ係数と等価可処分所得を用いたジニ係数の両方を公表している．一般に等価可処分所得に依拠したほうが，ジニ係数は低くなる．また，両調査とも等価可処分所得にもとづいたジニ係数は直近ではその前の調査と比較してほぼ横ばいとなっているが，等価所得化前の原データでみると所得ジニ係数は依然として高止まりしている．2021 年所得再分配調査で当初所得のジニ係数は 2014 年調査の 0.5704 から 0.57 へ横ばいである．また，全国家計構造調査では可処分所得に関するジニ係数と資産格差に関するジニ係数の両方を公表しているが，2021 年調査では，資産格差をあらわす等価金融資産残高と等価住宅・宅地資産額それぞれのジニ係数は 0.634 と 0.643 であり，等価可処分

所得のジニ係数 0.288 を大きく上回っている．資産格差は収入格差より格段に大きく，個人の資産額の正確な捕捉が困難な現状にかんがみれば資産も含めた経済格差は極めて大きいものと推測できる．

24) 私は「企業不祥事」を「会社の役職員による，不正行為または法令もしくは定款に違反する重大な事実，その他公共の利害ないしは社会の規範に反する行為で，会社に対する社会の信頼を損なわせるような不名誉で好ましくない事象」と定義している（稲葉 2017, p. 42）．この定義のより詳細な解説は稲葉（ibid., pp. 39–43）参照．

25) 本項は稲葉陽二（2018）の6節「不祥事と企業風土——本当の原因は何か」前半部分を加筆修正したものである．

26) 本節は稲葉陽二（2018）の9節「労使間の分断が招いた企業の劣化——社会的病理の反映」を大幅に加筆修正したものである．

27) 2023年10月25日，テレビ朝日「大下容子 ワイド！スクランブル」佐々木亮太アナウンサーのコメント．

【終章】

1) たとえば，MIT の人口知能研究所の創設者であるマーヴィン・ミンスキーの『心の社会』は 1986 年に刊行されている（Minsky 1986）．

2) たとえば Chetty et al.（2022a, 2022b）．

3) Brynjofsson et al.（2017）によれば，1948 年から 2016 年の間をとって毎年の過去 10 年の移動平均を付加価値生産性，全要素生産性，稼働率調整済み全要素生産性について算出し，それらが前年の 10 年移動平均値によってどの程度説明できるか回帰分析で検証した．過去 10 年間の生産性上昇率はその後 10 年間の生産性上昇率のわずか 0.9% から 3% しか説明できず，彼らの結論は過去のデータの説明力はきわめて低いというものであった．つまり，過去 10 年間の生産性上昇率は向こう 10 年間の生産性上昇率予測には使えない．より直截にいえば，過去は将来の予測には使えない．

4) Putnam and Garrett（2020, 邦訳 p. 191），JFK1963 年 6 月 11 日，米国民にたいする公民権についてのテレビ・ラジオ報告．映像は入手できないが，音声についてはデジタル化されケネディ氏の鮮明な肉声が JFK ライブラリの以下の URL からダウンロードし，聴くことができる（https://www.jfklibrary.org/asset-viewer/archives/JFKWHA/1963/JFKWHA-194-001/JFKWHA-194-001　2023 年 10 月 5 日聴取）．

5) たとえば，露口編著（2019），荻野（2022）など．

6) リダ・ハニファンについては露口健司編著『ソーシャル・キャピタルで解く教育問題』の杉田浩崇「第1章 ソーシャル・キャピタル概念の源流をもとめて——ハニファン（L. J. Hanifan）の教育実践とその位置づけ」に詳説されている（杉田 2019）．

7) United States Congress, Joint Economic Committee, Social Capital Project（2018）．全米の郡単位の社会関係資本インデックスを算出・公表している．

8) 連邦保健省計画評価次官補室「社会関係資本でヒューマンサービスを強化する」（https://aspe.hhs.gov/topics/human-services/how-human-services-programs-

can-use-social-capital-improve-participant-well-being-economic-mobility/
strengthening-human-services-through-social-capital　2023 年 11 月 9 日閲覧）．
また，連邦保健省のノースカロライナ大学への委託研究である Berner et al.（2020）
は，第 5 章で紹介した CFIR より，より社会関係資本の活用に焦点をあてた施策の
社会実装法のハンドブックである．

文　献

Ahn, T.K. and Elinor Ostrom（2008）"Social Capital and Collective Action," in D. Castiglione et al.（eds.）*Handbook of Social Capital*, Oxford University Press, pp. 70–100.

相場英雄（2016）『ガラパゴス』（上・下）小学館.

荒井文雄（2020）「用語解説」ピエール・ブルデュー（編）荒井文雄・櫻本陽一（監訳）『世界の悲惨』（第 III 分冊）藤原書店，pp. 1483–1527.

荒井一博（2000）「雇用制度のなかの信頼──信頼の定義と山岸俊男学説批判」『一橋大学研究年報』42: 105–156.

Arrow, K. J.（1970）"The Organization of Economic Activity: Issues Pertinent to the Choice of Market versus Non-market Allocation," in R. H. Haveman and J. Margolis（eds.）*Public Expenditures and Policy Analysis*, Markham, pp. 59–73.

Arrow, K. J.（1999）"Observation on Social Capital," in Partha Dasgupta and Ismail Serageldin（eds.）*Social Capital A Multifaceted Perspective*, World Bank.

Axelrod, Robert and William Hamilton（1981）"The Evolution of Cooperation," *Science*, 211: 1390–1396（金井雅之（訳）（2022）「協力の進化」小林盾・金井雅之・佐藤嘉倫（編）『リーディングス合理的選択論 家族・人種・コミュニティ』勁草書房, pp. 179–200）.

Badman, R.P., R. Nordström, M. Ueda et al.（2022）"Perceptions of social rigidity predict loneliness across the Japanese population," *Sci Rep*, 12, 16073（https://doi.org/10.1038/s41598-022-20561-5　2023 年 6 月 26 日閲覧）.

Banaji, M. R. and A. G. Greenwald（2013）*BLINDSPOT: Hidden Biases of Good People*, Random House（北村英哉・小林知博（訳）（2015）『心の中のブラインド・スポット──善良な人々に潜む非意識のバイアス』北大路書房）.

Bauernschuster, S., O. Falck and L. Woessmann（2014）"Surfing alone? The internet and social capital: evidence from an unforeseeable technological mistake," *J Public Econ*, 117: 73–89.

Berkman, F. L. and I. Kawachi（2000）*Social Epidemiology*, Oxford University Press.

Berner M. et al.（2020）"The Value of Relationships: Improving Human Services Participant Outcomes through Social Capital," U. S. Department of Health and Human Services（https://aspe.hhs.gov/sites/default/files/private/pdf/264061/SocialCapital-Handbook-Sept-2020.pdf）.

Berry, William D., E. Ringquist, R. Fording and R. Hanson（1998）"Measuring Citizen and Government Ideology in the American States," *American Journal of*

Political Science, 42(1).

株式会社ビッグモーター特別調査委員会（2023）『調査報告書』（https://www.bigmotor.co.jp/pdf/research-report.pdf　2023 年 8 月 30 日閲覧）.

Blakeslee, L. et al. (2023) Age and Sex Composition: 2020 2020 Census Briefs, US Census Bureau（chrome-extension://efaidnbmnnnibpcajpcglclefindmkaj/https://www2.census.gov/library/publications/decennial/2020/census-briefs/c2020br-06.pdf　2023 年 11 月 4 日閲覧）.

Bolton, G. and A. Ockenfeles (2000) "ERC: a theory of equity, reciprocity, and competition," *American Economic Review*, 90: 166–193.

Bourdieu, P. (1980) "Le capital social, Notes provisaires," *Actes de la Recherche en Sciences Sociales*, 3: 2–3.

Bourdieu, P. (sous la direction de) (1993) *La Misere du Monde*, Les Editions du Seuil（荒井文雄・櫻本陽一（監訳）(2019–2020)『世界の悲惨』(I・II・III) 藤原書店）.

Bowls, S. and H. Gintis (2002) "Social Capital and Community Governance," *The Economic Journal*, 112: F419–F436.

Brynjofsson, E. et al. (2017) "Artificial Intelligence and the Modern Productivity Paradox: A Clash of Expectations and Statistics," NBER Working Paper No. 24001, National Bureau of Economic Research.

Burt, Ronald (1992) *Structural Holes: The Social Structure of Competition*, The Harvard University Press（安田雪（訳）(2006)『競争の社会的構造——構造的空隙の理論』新曜社）.

Burt, Ronald S. (2001) "Structural Holes versus Network Closure as Social Capital," in Nan Lin, Karen Cook and Ronald Burt (eds.) *Social Capital: Theory and Research*, Aldine de Gruyter, pp. 31–56（金光淳（訳）(2006)「第 7 章 社会関係資本をもたらすのは構造的隙間かネットワーク閉鎖性か」野沢慎司（編・監訳）『リーディングネットワーク論 家族・コミュニティ・社会関係資本』勁草書房, pp. 243–281）.

Burt, R. (2010) *Neighbor Networks*, Oxford Univ. Press.

Caicedo, V., T. Dohmen and A. Pondorfer (2023) "Religion and Cooperation across the Globe," IZA Institute of Labor Economics Discussion Paper No. 16026.

Caliskan, A., J. J. Bryson and A. Narayanan (2016) "Semantics derived automatically from language corpora necessarily contain human biases," *Science*, 356: 183–186.

Castro, M. et al. (2015) "Parental involvement on student academic achievement: A meta-analysis," *Educational Research Review*, 14: 33–46.

CFIR RESEARCH Team-Center for Clinical Management Research, Consolidated Framework for Implementation Research [www.cfirgude.org] (2021 年 3 月 時点)（内富庸介（監修）, 今村晴彦・島津太一（監訳）(2021)『実装研究のための統合

フレームワーク——CFIR—Consolidated Framework for Implementation Research』保健医療福祉における普及と実装科学研究会).

Charlesworth, T., A. Calskan and M. Banaji (2022) "Historical representations of social groups across 200 years of world embeddings from Google Books," *Psychological and cognitive sciences*, Vol. 119, No. 28, e2121798119 (https://doi.org/10.1073/pnas.2121798119).

Chetty, R. (2015) "Behavioral Economics and Public Policy: A Pragmatic Perspective," *American Economic Review*, 105(5): 1–33 (doi: 10.1257/aer.p20151108).

Chetty, R. et al. (2014) "Where is the Land of Opportunity? The Geography of Intergenerational Mobility in the United States," *Quarterly Journal of Economics*, 129(4): 1553–1623 (doi: 10.1093/qje/qju022).

Chetty, R., N. Hendren and L. Katz (2016) "The Effects of Exposure to Better Neighborhoods on Children: New Evidence from the Moving to Opportunity Experiment," *American Economic Review*, 106(4): 855–902.

Chetty, R. et al. (2018, revised 2020) "The Opportunity Atlas: Mapping the Childhood Roots of Social Mobility," NBER, NBER Working Paper No. 25147.

Chetty, R., M. O. Jackson, T. Kuchler et al. (2022a) "Social capital I: measurement and associations with economic mobility," *Nature*, 608: 108–1212014 (https://doi.org/10.1038/s41586-022-04996-4).

Chetty, R., M. O. Jackson, T. Kuchler et al. (2022b) "Social capital Ⅱ: determinants of Economic Connectedness," *Nature*, 608: 122–134 (https://doi.org/10.1038/s41586-022-04997-3).

Cho, SY (2021) "Social Capital and Innovation in East Asia," *Asian Development Review*, 2021; 38(1): 207–238 (doi: https://doi.org/10.1162/adev_a_00163).

Coleman, J. (1986a) "Social theory, social research, and a theory of action," *America Journal of Sociology*, 91: 1309–1335.

Coleman, J. (1986b) *Individual Interests and Collective Action*, Cambridge University Press.

Coleman, J. (1987) "Norms as Social Capital," *Economic Imperialism*, Paragon House, pp. 133–155 (川辺亮 (訳) (2020)「社会関係資本としての規範」『北海道大学大学院農学研究院邦文紀要』37: 28–41).

Coleman, J. (1988) "Social Capital in the Creation of Human Capital," *American Journal of Sociology*, vol. 94: S95–120 (金光淳 (訳) (2006)「第6章 人的資本の形成における社会関係資本」野沢慎司 (編・監訳)『リーディングスネットワーク論 家族・コミュニティ・社会関係資本』勁草書房, pp. 205–238).

Coleman, J. (1990) *Foundations of Social Theory*, Harvard University Press (安田雪 (訳) (2004)「第12章 社会的資本」久慈利武 (監訳)『社会理論の基礎』(上) 青木書店, pp. 471–501).

Committee on the Human Dimensions of Global Change (2002) *The Drama of the*

Commons, The National Academy of Social Sciences（茂木愛一郎・三俣学・泉留維（監訳）（2012）『コモンズのドラマ』知泉書館）.

Cook, K. (2014) "Social Capital and Inequality: The Significance of Social Connections," in J. McLeod, E. Lawler and M. Schwalbe (eds.) *Handbook of the Social Psychology of Inequality, Handbooks of Sociology and Social Research*, Springer, pp. 207–227 (https://doi.org/10.1007/978-94-017-9002-4_9).

Cornes, R. and T. Sandler (1996) *The Theory of Externalities, Public Goods and Club Goods: Second Edition*, Cambridge University Press.

The Council of the Economic Advisers (2019) "Economic Report of the President,".

Crawford, S. and E. Ostrom (2005) "A grammar of institutional diversity," Princeton University Press, pp. 137–174.

ダイハツ工業株式会社第三者委員会（2023）「調査報告書 2023 年 12 月 20 日」.

Damschroder, L. (2015) "Use of Theory in Implementation Research: Consolidated Framework for Implementation Research (CFIR)," Implementation Science Research Webinar Series, 2015 (https://cancercontrol.cancer.gov/is/training-education/webinars/details/18 2023 年 10 月 23 日視聴).

Damschroder, L. J., D. C. Aron, R. E. Keith et al. (2009) "Fostering implementation of health services research findings into practice: a consolidated framework for advancing implementation science," *Implementation Sci*, 4, 50 (https://doi.org/10.1186/1748-5908-4-50).

Dorn, D. (2009) "Essays on Inequality, Spatial Interaction, and Demand for Skills," PhD dissertation no. 3613, University of St. Gallen.

Ellison, NB, C. Steinfield and C. Lampe (2007) "The Benefits of facebook "friends": social capital and college students' use of online social network sites," *J Comput-Mediat Commun*, 12(4): 1143–1168.

European Values Study/World Values Survey (2022) Variables Report-Tables: Joint EVS/WVS 2017–2022 Dataset updated tables as of December 2022 Related to the Joint EVS/WVS, Version 4.0.0, GESIS-DAS and JD Systems Madrid, WVSA (doi: 10.14281・18241.21).

Fehr, E. and K. Schmidt (1999) "A theory of fairness, competition, and cooperation," *Quarterly Journal of Economics*, 114: 817–868.

Field, J. (2003) *Social Capital*, Routledge.

Field, J. (2017) *Social Capital, Third Edition*, Routledge（佐藤智子・西原孝平・松本奈々子（訳）（2022）『社会関係資本──現代社会の人脈・信頼・コミュニティ』明石書店）.

Fine, B. (2001) *Social Capital versus Social Theory*, Routledge.

Fine, B. (2010) *Theories of Social Capital: Researchers Behaving Badly*, Pluto Press.

Fujihara S., T. Tsuji, A. Nakagomi, Y. Miyaguni, M. Hanazato, G. Muto and K.

Kondo（2023）"Association of community-level social capital with dementia: A multilevel nine-year longitudinal study using data from the Japan Gerontological Evaluation Study," *Social Science & Medicine*, Volume 338.

藤田俊介（2017）「第6章 ソーシャル・キャピタル論――ネットワーク・信頼・協力の重要性」坂本治也（編）『市民社会論――理論と実証の最前線』法律文化社.

深尾京司・池内健太・乾友彦・金榮愨・権赫旭・田原慎二・徳井丞次・牧野達治・松浦寿幸・宮川努（2021）『JIPデータベース――推計方法と概要』RIETI Technical Paper Series 21-T-001，独立行政法人経済産業研究所（chrome extension://efaid nbmnnnibpcajpcglclefindmkaj/https://www.rieti.go.jp/jp/publications/tp/21t001. pdf 2023年9月3日閲覧）.

Fukushima, S., Y. Uchida and K. Takemura（2021）"Do you feel happy when other members look happy? Moderating effect of community-level social capital on interconnection of happiness," *International Journal of Psychology*, 56(5): 642–653.

Gerstner, L.（2002）*Who says elephants can't dance?*, Inside IBM's historic turnaround（山岡洋一・高遠裕子（訳）（2002）『巨象も踊る』日本経済新聞社）.

Haerpfer, C., R. Inglehart, A. Moreno, C. Welzel, K. Kizilova, J. Diez-Medrano, M. Lagos, P. Norris, E. Ponarin and B. Puranen（eds.）（2022）World Values Survey: Round Seven-Country-Pooled Datafile Version 5.0. Madrid, Spain & Vienna, Austria: JD Systems Institute & WVSA Secretariat（doi: 10.14281/18241.20 World Value Survey Wave 7）（世界価値観調査 第7次）.

埴淵知哉（編）（2018）『社会関係資本の地域分析』ナカニシヤ出版.

埴淵知哉・市田行信・平井寛・近藤克則（2008）「ソーシャル・キャピタルと地域――地域レベルソーシャル・キャピタルの実証研究をめぐる諸問題」稲葉陽二（編著）『ソーシャル・キャピタルの潜在力』日本評論社，pp. 55–72.

Hardin, G.（1968）"The Tragedy of the Commons," *Science*, 162(3859): 1243–1248（doi: 10.1126/science.162.3859.1243）.

Hardin, R.（2002）*Trust and Trustworthiness*, New York: Russell Sage Foundation.

林貴志（2013）『ミクロ経済学 増補版』ミネルヴァ書房.

Hippel, E.（2005）*Democratizing Innovation*, MIT Press（サイコム・インターナショナル（監訳）（2006）『民主化するイノベーションの時代――メーカー主導からの脱皮』ファーストプレス）.

Hoffmann, J., J. Thorpe and M. Dufur（2020）"Family Social Capital and Delinquent Behavior in the United Kingdom," *Social Sciences*, 2020,9,178（doi 10.3390/socsci9100178）.

Holme, J. and V. Rangel（2011）"Putting School Reform in Its Place: Social Geography, Organizational Social Capital, and School Performance," *American Educational Research Journal*, April 2012, Vol. 49, No. 2: 257–283（doi: 10.3102/0002831211423316）.

本田由紀（2008）「『悲惨』について」『図書』718，岩波書店：19-23.

星野崇宏（2023）「統計的因果効果推定の入門と応用例」日本行動計量学会第51回大会チュートリアルセミナー（2923年8月28日オンライン実施）資料.

今村晴彦（2023a）「公衆衛生における“実装科学の実装”を目指して」2023年1月20日第8回実装科学セミナー資料.

今村晴彦（2023b）「ソーシャル・キャピタルによる孤独・孤立の予防」『都市問題』第114巻7号，後藤・安田記念東京都市研究所：53-61.

今村晴彦・園田紫乃・金子郁容（2010）『コミュニティのちから──“遠慮がちな”ソーシャル・キャピタルの発見』慶應義塾大学出版会.

IMF（2019）IMF World Economic Outlook Database, Oct. 2019, 国別地域通貨ベース実質GDP（https://www.imf.org/external/pubs/ft/weo/2019/02/weodata/weorept.aspx?sy=1997&ey=2018&scsm=1&ssd=1&sort=country&ds=.&br=1&pr1.x=17&pr1.y=9&c=924&s=NGDP_R&grp=0&a=　2020年1月20日閲覧）.

IMF（2023）World Economic Outlook Data, October 2023 Edition（https://www.imf.org/en/Publications/WEO/weo-database/2023/October　2023年12月31日閲覧）.

稲葉陽二（2002）「第1章　生産性の推移とソーシャル・キャピタル──日本経済の問題点の確認」稲葉陽二・松山健士（編）『日本経済と信頼の経済学』東洋経済新報社，pp. 37-77.

稲葉陽二（2005）「ソーシャル・キャピタルの経済的含意──心の外部性とどう向き合うか」『計画行政』第28巻4号，日本計画行政学会：17-22.

稲葉陽二（2006）「ソーシャル・キャピタルの政策的含意」『政経研究』第42巻第3号，日本大学法学会：743-763.

稲葉陽二（2008）「序章　ソーシャル・キャピタルの多面性と可能性」稲葉陽二（編著）『ソーシャル・キャピタルの潜在力』日本評論社，pp. 11-22.

Inaba, Y.（2008）"Social capital and income-wealth gap: An empirical analysis on Japan," *The Nonprofit Review*, 8(1): 1-12.

稲葉陽二（2009）「研究ノート　社会関係資本からみた腐敗の構造──アスレイナーの『不平等の罠』」『政経研究』第46巻3号，日本大学法学会：1055-1067.

稲葉陽二（2010）「社会関係資本のダークサイドに関する一考察」『政経研究』第47巻3号，日本大学法学会：97-110.

稲葉陽二（2011a）「序章　ソーシャル・キャピタルとは」稲葉陽二・大守隆・近藤克則・宮田加久子・矢野聡・吉野諒三（編）『ソーシャル・キャピタルのフロンティア──その到達点と可能性』ミネルヴァ書房，pp. 1-9.

稲葉陽二（2011b）『ソーシャル・キャピタル入門──孤立から絆へ』中公新書.

稲葉陽二（2013）「第4章　経済格差とソーシャル・キャピタル」イチロー・カワチ・等々力英美（編）『ソーシャル・キャピタルと地域の力──沖縄から考える健康と長寿』日本評論社，pp. 79-94.

Inaba, Y.（2013）"What's Wrong with Social Capital? Critiques from Social Science," in I. Kawachi et al.（eds.）*Global Perspectives on Social Capital and Health*, Springer, pp. 323–342（近藤克則ほか（監訳）（2013）『ソーシャル・キャピタルと健康政策――地域で活用するために』日本評論社).

稲葉陽二（2014）「強い絆が会社をつぶす――ソーシャル・キャピタルからみた企業不祥事」『政経研究』50(3): 69–115.

稲葉陽二（2016a）「第Ⅰ部 学術的有効性と政策的含意」稲葉陽二・吉野諒三（編著）『叢書ソーシャル・キャピタル1 ソーシャル・キャピタルの世界――学術的有効性・政策的含意と統計・解析手法の検証』ミネルヴァ書房，pp. 8–159.

稲葉陽二（2016b）「社会関係資本，経済的不平等と不正許容度――不平等の罠は存在するか」『経済社会学会年報』38: 95–108（doi https://doi.org/10.15081/soes.38.0_95).

稲葉陽二（2016c）「社会関係資本とQOL」『経済社会学会年報』38: 29–43（doi https://doi.org/10.15081/soes.38.0_29).

稲葉陽二（2017）『企業不祥事はなぜ起きるのか――ソーシャル・キャピタルから読み解く組織風土』中央公論新社.

稲葉陽二（2018）「強い絆が会社をつぶす――企業不祥事分析に求められるソーシャル・キャピタルの視点」金光淳（編著）『叢書ソーシャル・キャピタル4 ソーシャル・キャピタルと経営――企業と社会をつなぐネットワークの探究』ミネルヴァ書房，pp. 213–239.

稲葉陽二（2019）「不平等の罠と『中流』の消滅――ソーシャル・キャピタルのダークサイドと市民社会」辻中豊・山内直人（編著）『叢書ソーシャル・キャピタル5 ソーシャル・キャピタルと市民社会・政治――幸福・信頼を高めるガバナンスの構築は可能か』ミネルヴァ書房，pp. 97–139.

稲葉陽二（2020）「企業不祥事はなぜおこるのか――社会関係資本の視点からみた現場における理不尽」『JP総研リサーチ』51巻，2020年9月：56–67.

稲葉陽二（2022）「社会関係資本と世代間交流――絵本読み聞かせ活動REPRINTSと長野県須坂市調査からの知見」『日本世代間交流学会誌』Vol. 12, No. 1: 21–35.

稲葉陽二（2023）「仮想空間におけるコモンズの悲劇――社会関係資本で公共財としてのAIを守る仮説の提示」『経済社会学会年報』No. 45: 51–62.

稲葉陽二・立福家徳（2022）「AIは職をうばうのか，格差を拡大させるのか？」佐藤嘉倫・稲葉陽二・藤原佳典（編著）『AIはどのように社会を変えるか――ソーシャル・キャピタルと格差の視点から』東京大学出版会，pp. 23–60.

稲葉陽二・戸川和成（2020）「社会関係資本，経済格差，投票率との関係――都道府県データによる考察」『法学紀要』第61巻：269–285.

Inaba, Y. and K. Togawa（2020）"Social Capital in the Creation of AI Perception," *Behaviormetrika*, Springer（https://doi.org/10.1007/s41237-020-00107-7).

Inaba, Y., Y. Wada, Y. Ichida and M. Nishikawa（2015）"Which part of social capital is related to life satisfaction and self-rated health? A multilevel analysis based on a nationwide mail survey in Japan," *Social Science & Health*, 142: 169–

182.

稲垣佑典（2015）『信頼生成過程の検討による「信頼の解き放ち理論」再考——個人と地域コミュニティとの関係性に着目して』博士論文（東北大学）（http://hdl.handle.net/10097/58741）.

稲垣佑典（2022）「著者紹介・文献解題——マーク・グラノヴェター」小林盾・金井雅之・佐藤嘉倫（編）『リーディングス合理的選択論 家族・人種・コミュニティ』勁草書房，pp. 174-178.

泉留雄（2018）「コモンズと豊山村経済」大守隆（編著）『叢書ソーシャル・キャピタル 3 ソーシャル・キャピタルと経済——効率性と「きずな」の接点を探る』ミネルヴァ書房，pp. 135-156.

Jamilov, R.（2021）"Social Capital and Monetary Policy," Department of Economics Discussion Paper Series, University of Oxford（https://users.ox.ac.uk/~econ0628/Social_Capital.pdf 2023 年 11 月 18 日閲覧）.

株式会社ジャニーズ事務所外部専門家による再発防止特別チーム（2023）『2023 年 8 月 29 日調査報告書（公表版）』（chromeextension://efaidnbmnnnibpcajpcglclefindmkaj/https://saihatsuboushi.com/%E8%AA%BF%E6%9F%BB%E5%A0%B1%E5%91%3A%E6%9B%B8%EF%3C%88%E5%85%AC%E8%A1%A8%E7%89%88%EF%BC%89.pdf 2023 年 8 月 30 日閲覧）.

KADOKAWA ガバナンス検証委員会（2023）調査報告書（公表版）（https://ssl4.eir-parts.net/doc/9468/ir_material6/199788/00.pdf 2023 年 6 月 30 日閲覧）.

鹿毛利枝子（2002）「『ソーシャル・キャピタル』をめぐる研究動向——アメリカ社会科学における 3 つの『ソーシャル・キャピタル』」『法学論叢』151 巻 3 号：101-119, 152 巻 1 号：71-87.

Kan, K. and TK Lai（2021）"Educated to be trusting? Evidence from Europe," *Economics Letters*, 2021, 203: 109867.10.1016/j.econlet.2021.109867.hal-03274924.

金井利之（編著）（2019）『縮減社会の合意形成——人口減少時代の空間制御と自治』第一法規.

金光淳（2000）「コールマンの『社会理論の基礎』は『新しい社会構造』研究のための基礎となりうるか？」『理論と方法』15(2): 387-392.

金光淳（2020）『「3 密」から「3 疎」への社会戦略——ネットワーク分析で迫るリモートシフト』明石書店.

金子勝・児玉龍彦（2022）『現代カタストロフ論——経済と生命の周期を解き明かす』岩波書店.

桂木智子（2020）『子どもの貧困と「ケアする学校」づくり——カリキュラム・学習環境・地域との連携から考える』明石書店.

Kawachi, I., B. P. Kennedy, K. Lochner and D. Prothrow-Stith（1997）"Social Capital, Income Inequality, and Mortality," *American Journal of Public Health*, 87（9）: 1491-1498.

河田潤一（2017）『社会資本の政治学——民主主義を編む』法律文化社.

Kennedy, J. F. (1963) Radio and Television Report to the American People on Civil Rights, 11 June 1963, White House Audio Collection (https://www.jfklibrary.org/asset-viewer/archives/JFKWHA/1963/JFKWHA-194-001/JFKWHA-194-001 2023 年 10 月 5 日聴取).

Kim, Y, SH Hsu and HG de Zúñiga (2013) "Influence of social media use on discussion network heterogeneity and civic engagement: the moderating role of personality traits," *J Commun*, 63(3): 498–516.

北見幸一 (2010)『企業社会関係資本と市場評価——不祥事企業分析アプローチ』学文社.

北村英哉 (2015)「訳者あとがき」北村英哉・小林知博 (訳)『心の中のブラインド・スポット——善良な人々に潜む非意識のバイアス』北大路書房, pp. 322–330.

北仲千里 (2023)「非正規公務員ハラスメントアンケート中間報告」(https://f.2-d.jp/voices/0824sokuho.pdf 2023 年 10 月 3 日閲覧).

Knack, S. and P. Keefer (1997) "Does Social Capital Have an Economic Payoff? A Cros Country Investigation," *Quarterly Journal of Economics*, November 1997: 1251–1288.

小林哲郎 (2021)「第 3 章 デジタル実験」鳥海不二夫 (編著)『計算社会科学入門』丸善, pp. 51–75.

Kobayashi T. and J. Boase (2014) "Tele-Cocooning: mobile texting and social scope," *J Comput-Mediat Commun*, 19(3): 681–694.

小林哲郎・池田謙一 (2006)「オンラインゲーム内のコミュニティにおける社会関係資本の醸成——オフライン世界への汎化効果を視野に」『社会心理学研究』2006 年 22 巻 1 号: 58–71 (doi https://doi.org/10.14966/jssp.KJ00004363090).

国立研究開発法人科学技術振興機構研究開発戦略センター (JST／CRUS) (2022)『俯瞰セミナー＆ワークショップ報告書〜トラスト研究の潮流——人文・社会科学から人工知能, 医療まで』JST, CRDS–FY2021–WR–05.

国立社会保障・人口問題研究所 (2023)『日本の将来推計人口 (令和 5 年推計)』(https://www.ipss.go.jp/pp-zenkoku/j/zenkoku2023/pp_zenkoku2023.asp 2023 年 1 月 2 日閲覧).

近藤克則 (2021)「ソーシャル・キャピタル研究の 20 年——黎明期から今後の課題まで」『日本社会関係学会第 1 回年次研究大会 JASR2021 報告概要集』日本社会関係学会: 27.

公益財団法人社会福祉振興・試験センター (2020)「社会福祉士・介護福祉士・精神保健福祉士就労状況調査 (令和 2 年度)」(chromeextension://efaidnbmnnnibpcajpcglclefindmkaj/https://www.sssc.or.jp/touroku/results/pdf/r2/results_all.pdf 2023 年 2 月 14 日閲覧).

厚生労働省 (2023)「非正規雇用の現状と課題」(Chrome-extension://efaidnbmnnnibpcajpcglclefindmkaj/https://www.mhlw.go.jp/content/001078285.pdf 2023 年 9 月 2 日閲覧).

厚生労働省政策統括官（統計・情報政策，政策評価担当）（2018）『平成29年 所得再分配調査報告書』.

小山虎（編著）（2018）『信頼を考える——リヴァイアサンから人工知能まで』勁草書房.

久慈利武（2004）「訳者あとがき」ジェームズ・コールマン『社会理論の基礎』（上）青木書店，pp. 503-506.

久慈利武（2006）「訳者解説」ジェームズ・コールマン『社会理論の基礎』（下）青木書店，pp. 515-545.

Kuo, FY, FC Tseng, CIC Lin and WH Tang（2013）"Critical success factors for motivating and sustaining women's ICT learning," *Comput Educ*, 67: 208-218.

Kurdi, B. and M. R. Banaji（2017）"Repeated evaluative pairings and evaluative statements: How effectively do they shift implicit attitudes?" *Journal of Experimental Psychology: General*, 146(2): 194-213（https://doi.org/10.1037/xge0000239）.

黒田昌裕（1992）「TFP（全要素生産性）の理論と測定（I）　経済成長の要因分析」『イノベーション＆Ｉ-Ｏテクニーク』第3巻第3号，環太平洋産業連関分析学会：37-46.

Lazer, D. et al.（2009）"Computational Social Science," *Science*, 323(5915): 721-723.

Legatum Institute（2021）Legatum Prosperity Index 2021（https://www.prosperity.com/　2022年12月17日閲覧）.

Legatum Institute（2023）Legatum Prosperity Index 2023（https://www.prosperity.com/　2023年9月22日閲覧）.

Li, X and W. Chen（2014）"Facebook or Renren? A comparative study of social networking site use and social capital among Chinese international students in the United States," *Comput Hum Behav*, 35: 116-123.

Lu, J., J. Yang and and C. Yu（2013）"Is social capital effective for online learning?" *Inf Manag*, 50(7): 507-522.

町田洋次（2000）『社会起業家——「よい社会」をつくる人たち』PHP.

Maddison, Angus（2001）*The World Economy: a millennial perspective*, OECD（政治経済研究所（訳），金森久雄（監訳）（2004）『経済統計で見る世界経済2000年史』柏書房）.

牧野宏美（2023）「非正規公務員　深刻なハラスメントの実態」『毎日新聞』2023年9月27日付（24色のペン）（https://mainichi.jp/articles/20230927/k00/00m/040/021000c　2023年10月3日閲覧）.

Mann, T. C., B. Kurdi and M. R. Banaji（2020）"How effectively can implicit evaluations be updated? Using evaluative statements after aversive repeated evaluative pairings," *Journal of Experimental Psychology: General*, 149 (6): 1169-1192（https://doi.org/10.1037/xge0000701）.

Mansbridge, J.（1999）"Altruistic Trust," in N. E. Warren（ed.）*Democracy and Trust*, Cambridge University Press, pp. 290-309.

松下佳代（2011）「〈新しい能力〉による教育の変容——DeSeCo キー・コンピテンシーと PISA リテラシーの検討」『日本労働研究雑誌』No. 614: 39–49.

McClelland, D.（1961）*The Achieving Society*, Princeton, NJ: Van Nostrand Co.

McPherson, M.（2006）"Social Isolation in America: Changes in Core Discussion Networks over Two Decades," *American Sociological Review*, 71: 353–375.

Meade, J. E.（1973）*The Theory of Economic Externalities: The Control of Environmental Pollution and Similar Social Costs*, Sijthoff-Leiden.

Minsky, M.（1986）*The Society of Mind*, Simon & Schuster（安西祐一郎（訳）（1990）『心の社会』産業図書）.

三隅一人（2013）『社会関係資本——理論統合の挑戦』ミネルヴァ書房.

三隅一人（2020）「第 16 章 幸福のジレンマ」三隅一人・高野和良（編著）『ジレンマの社会学』ミネルヴァ書房，pp. 253–270.

宮田加久子（2005a）『インターネットの社会心理学——社会関係資本の視点から見たインターネットの機能』風間書房.

宮田加久子（2005b）『きずなをつなぐメディア——ネット時代の社会関係資本』NTT 出版.

Miyata, K.（2005）"The mobile-izing Japanese: connecting to the Internet by PC and Webphone in Yamanashi," in M. Ito, D. Okabe and M. Matsuda（eds.）*Personal, portable, pedestrian: mobile phones in Japanese life*, MIT Press, pp. 143–164.

Miyata, K., B. Wellman and J. Boase（2005）"The wired-and Wireless-Japanese: webphones, PCs and social networks," in R. Ling and PE Pedersen（eds.）*Mobile communications: re-negotiation of social sphere,* Springer, pp. 427–449.

宮崎信二（2016）「『フォーチュン・グローバル 500 社』にみる日本企業の衰退」（上）『名城論叢』16(4), 2016–03: 73–94.

Murayama, Y., H. Murayama, M. Hasebe, J. Yamaguchi and Y. Fujiwara（2019）"The impact of intergenerational programs on social capital in Japan: a randomized population-based cross-sectional study," *BMC Public Health*, 19: 156（https://doi.org/10.1186/s12889-019-6480-3）.

内閣府（2021）『令和 3 年度年次経済財政報告 レジリエントな日本経済へ——強さと柔軟性を持つ経済社会に向けた変革の加速』.

内閣府（2023）『令和 5 年度年次経済財政報告 動き始めた物価と賃金』.

内閣府経済社会総合研究所（編）（2005）『コミュニティ機能再生とソーシャル・キャピタルに関する研究調査報告書』.

内閣府国民生活局（2003）『ソーシャル・キャピタル——豊かな人間関係と市民活動の好循環を求めて』国立印刷局.

中村元（2002）『龍樹』講談社（中村元（1980）『人類の知的遺産シリーズ 13　ナーガールジュナ』講談社を底本とする）.

Naranjo-Zolotov, M., T. Oliviera, CJ. Frederico, J. Martins, R. Gonçalves, F. Branco and N. Xavier（2019）"Examining social capital and individual motivators to explain the adoption of online citizen participation," *Future Gener Comput Syst*, 92: 302–311.

日本学術会議フォーラム（2023）「デジタルデータ・社会調査データの公共的な利活用に向けて」2023年9月24日オンライン開催（chromeextension://efaidnbmnnnibpcajpcglclefindmkaj/https://www.scj.go.jp/ja/event/pdf3/340-s-0924-s4.pdf　2023年9月24日閲覧）.

日本開発銀行調査部（1994）『日本の潜在成長力――労働力減少を乗り越える成長策』日本経済新聞社.

日本社会関係学会（2021）『日本社会関係学会第1回年次研究大会報告概要集』.

日本老年学的評価研究（JAGES）「ソーシャル・キャピタル評価指標」（https://www.jages.net/library/social-capital/　2022年12月17日閲覧）.

日本老年学的評価研究機構（2024）『（J）AGESデータの概要と利用のてびき ver.7.5 2024年6月4日改訂』（https://www.jages.net/kenkyuseika/datariyou/first/?action=common_download_main&upload_id=19276　2024年8月19日閲覧）.

日本図書館協会（2020）「公共図書館における非正規雇用職員に関する実態調査」（chousakekka_20100608 2.pdf（jla.or.jp）　2023年11月6日閲覧）.

日本図書館協会（2023）「図書館非正規職員の処遇についてのお願い」（https://www.jla.or.jp/demand/tabid/78/Default.aspx?itemid=6996　2023年11月6日閲覧）.

Nolan, S., J. Hendricks and A. Towell（2015）"Social networking sites（SNS）: exploring their uses and associated value for adolescent mothers in Western Australia in terms of social support provision and building social capital," *Midwifery*, 31(9): 912–919.

Norris, P.（2003）"Social capital and ICTs: widening or reinforcing social networks?" Paper presented at the International Forum on Social Capital for Economic Revival held by the Economic and Social Research Institute, Cabinet Office, Japan in Tokyo, 24–25 March 2003.

North, D.（1990）*Institutions, Institutional Change and Economic Performance*, Cambridge University Press.

OECD（2019）*Society at a Glance 2019: OECD Social Indicators*, OECD Publishing, Paris（https://doi.org/10.1787/soc_glance-2019-en）.

OECD（2020）"Multifactor productivity（indicator）"（doi: 10.1787/a40c5025-en（Accessed on 04 February 2020））.

OECD（2023）"OECD Economic Outlook, Volume 2023 Issue 2: Preliminary version," No. 114, OECD Publishing, Paris（https://doi.org/10.1787/7a5f73ce-en）.

荻野亮吾（2022）『地域社会のつくり方――社会関係資本の醸成に向けた教育学からのアプローチ』勁草書房.

大畠啓（2020）「給与が増えれば介護職は魅力的な仕事になるのか」三隅一人・高野和良『ジレンマの社会学』ミネルヴァ書房, pp. 153–165.

Olson, M.（1965 revised in 1971）*The Logic of Collective Action*, Harvard University Press（依田博・森脇俊雅（訳）（1983）『集合行為論——公共財と集団理論』ミネルヴァ書房）.

大守隆（2018）「序章 経済とソーシャル・キャピタルの相互依存関係」大守隆（編著）『叢書ソーシャル・キャピタル3 ソーシャル・キャピタルと経済——効率性と「きずな」の接点を探る』ミネルヴァ書房, pp. 1-19.

大﨑裕子（2016）『個人化する社会における一般的信頼の規定構造に関する研究——制度の道徳的信頼形成効果に着目して』博士論文, 東京工業大学リサーチリポジトリ.

大島春行・矢島敦視（2002）『アメリカがおかしくなっている——エンロンとワールドコム破綻の衝撃』NHK出版.

大島郁葉（2023）「発達障害のある人の社会的孤立・孤独とマイクロアグレッション」2023年7月23日開催〈筑波大学ダボットプロジェクト〉〈オールマイノリティプロジェクト〉共催トークイベント「発達障害の"障害"は社会のどこにあるのか？」基調講演資料.

小塩隆士（2016）『公共経済学』東洋経済新報社.

Ostrom, E.（1990）*Governing the Commons: The evolution of institutions for collective action*, Cambridge University Press（原田禎夫・斎藤暖生・嶋田大作（訳）（2023）『コモンズのガバナンス——人びとの協働と制度の進化』晃洋書房）.

Ostrom, E.（1992）"Institutions as Rules-in-Use," in *Crafting Institutions for Self-Governing Irrigation System Chapter Two*, ICS Press, 19-39, references.

Ostrom, E. and T. K. Ahn（2003）"Introduction," in E. Ostrom and T. K. Ahn（eds.）*Foundations of Social Capital*, Edward Elgar, pp. xi-xxxix.

Ostrom, E. and T. K. Ahn（2009）"The Meaning of Social Capital and its Link to Collective Action," in T. Svendsen and G. L. H. Svendsen（eds.）*Handbook of Social Capital: The Troika of Sociology, Political Science and Economics*, Edward Elgar, pp. 17-35.

Pechenick, E. A., C. M. Danforth and P. S. Dodds（2015）"Characterizing the Google Books Corpus: Strong Limits to Inferences of Socio-Cultural and Linguistic Evolution," *PLOS ONE*, 10(10): e0137041（https://doi.org/10.1371/journal.pone.0137041）.

Penard, T. and N. Poussing（2010）"Internet use and social capital: the strength of virtual ties," *J Econ Issues*, 44(3): 569-595.

Putnam, R. D.（1993）*Making Democracy Work: Civic Traditions in Modern Italy*, Princeton University Press（河田潤一（訳）（2001）『哲学する民主主義——伝統と改革の市民的構造』NTT出版）.

Putnam, R. D.（1995）"Tuning In, Tuning Out: The Strange Disappearance of Social Capital in America," *Political Science and Politics*, 28(4): 664-683.

Putnam, R. D.（2000）*Bowling Alone: The Collapse and Revival of American Community*, Simon & Schuster（柴内康文（訳）（2006）『孤独なボウリング——米国コ

ミュニティの崩壊と再生』柏書房).

Putnam, R. D.（2020）*Bowling Alone: The Collapse and Revival of American Community*, 20th Anniversary Edition, Simon & Schuster.

Putnam, R. D. and S. M. Garrett（2020）*The Upswing: How America Came Together a Century Ago and How We Can Do it Again*, Simon & Schuster（柴内康文（訳）（2023）『上昇──アメリカは再び〈団結〉できるのか』創元社).

Rifkin, J.（2014）*The Zero Marginal Cost Society: The Internet of Things, the Collaborative Commons, and the Eclipse of Capitalism*, St. Martin's Press（柴田裕之（訳）（2015）『限界費用ゼロ社会──〈モノのインターネット〉と共有型経済の台頭』NHK 出版).

Robison, J. L., E. Marcelo and S. Jin（2011）"Social capital and the distribution of household income in the United States: 1980, 1990, and 2000," *Journal of Socio-Economics*（doi:10.1016/j.socec.2011.04.004).

Rogers, E.（1962）*Diffusion of Innovations*, Free Press（藤竹暁（訳）（1966）『技術革新の普及過程』培風館).

Rogers, E.（1982）*Diffusion of Innovations, Third Edition*, Free Press（青池慎一・宇野善康（監訳）（1990）『イノベーション普及学』産業能率大学出版部).

Rogers, E.（1995）*Diffusion of Innovations, Fourth Edition*, Free Press.

Rogers, E.（2003）*Diffusion of Innovations, Fifth Edition*, Free Press.

Rogers, E. and F. Shoemaker（1971）*Communication of innovations: A cross-cultural approach*, New York, NY: Free Press（宇野善康（監訳）（1981）『イノベーション普及学入門──コミュニケーション学，社会心理学，文化人類学，教育学からの学際的・文化横断的アプローチ』産業能率大学出版部).

Rovelli, C.（2020）*Helgoland*, ADELPHI EDIZZIONI（富永星（訳）（2021）『世界は「関係」でできている──美しくも過激な量子論』NHK 出版).

Rupasingha, A. and S. J. Goetz（2008）"US County-Level Social Capital Data, 1990–2005," Northeast Regional Center for Rural Development, Penn State University.

Ryan, S.（2010）"Information systems and healthcare XXXVI: building and maintaining social capital-evidence from the field," *Commun Assoc Inf Syst*, 27(18): 307–322.

Rychen, D. S. and L. H. Salganik（2003）*KEY COMPETENCIES FOR A SUCCESSFUL LIFE AND A WELL-FUNCTIONING SOCIETY*, Hogref & Huber（立田慶裕（監訳）（2006）『キー・コンピテンシー──国際標準の学力をめざして』明石書店).

Saito, M., N. Kondo, J. Aida, I. Kawachi, S. Koyama, T. Ojima and K. Kondo（2017）"Development of an Instrument for Community-Level Health Related Social Capital among Japanese Older People: The JAGES project," *Journal of Epidemiology*, 27(5): 221–227.

坂本治也（2005）「地方政府を機能させるもの──ソーシャル・キャピタルからシビッ

クパワーへ」『公共政策研究』第 5 巻：141-153.

坂本治也（2010）『ソーシャル・キャピタルと活動する市民——新時代日本の市民政治』有斐閣.

Salahuddin, M., C. Tisdell, L. Burton and K. Alam（2016）"Does internet stimulate the accumulation of social capital? A macro-perspective from Australia," *Econ Anal Policy*, 49: 43-55.

Salganik, M. J.（2018）*BIT BY BIT*, Princeton University Press（瀧川裕貴・常松淳・阪本拓人・大林真也（訳）（2019）『ビット・バイ・ビット——デジタル社会調査入門』有斐閣）.

笹原和俊（2021）「第 1 章 計算社会科学とは」鳥海不二夫（編著）『計算社会科学入門』丸善，pp. 1-25.

佐藤学（1995）「第 2 章 学びと対話の実践へ」佐伯胖・藤田英典・佐藤学（編）『シリーズ学びと文化 1　学びへの誘い』東京大学出版会，pp. 49-91.

佐藤嘉倫（2000）「未完のバイブル」『理論と方法』15(2): 383-387.

佐藤嘉倫（2008）「社会変動のミクロ―マクロ理論」金子勇・長谷川公一（編）『講座社会変動 1　社会変動と社会学』ミネルヴァ書房.

佐藤嘉倫・木村敏明（編著）（2013）『不平等生成メカニズムの解明——格差・階層・公正』ミネルヴァ書房.

Schug, J., M. Yuki and W. Maddux（2010）"Relational Mobility Explains Between-and Within-Culture Differences in Self-Disclosure to Close Friends," *Psychological Science*, 21(10): 1471-1478.

Scitovsky, T.（1954）"Two concepts of external economies," *Journal of Political Economy*, April 1954: 143-151.

盛山和夫（2021）「第 7 章 規範はいかにして創生するか」「第 12 章 信頼と社会関係資本」『協力の条件——ゲーム理論とともに考えるジレンマの構図』有斐閣，pp. 165-198, 305-330.

柴内康文（2023）「訳者あとがき」ロバート・パットナム／シェイリン・ギャレット（著）柴内康文（訳）『上昇——アメリカは再び〈団結〉できるのか』創元社，pp. 371-381.

滋賀大学・内閣府経済社会総合研究所（2016）「ソーシャル・キャピタルの豊かさを生かした地域活性化——滋賀大学・内閣府経済社会総合研究所共同研究地域活動のメカニズムと活性化に関する研究会報告書」研究会報告書等，No. 75（https://www.esri.cao.go.jp/jp/esri/prj/hou/hou075/hou075.html　2016 年 12 月 25 日閲覧）.

Social Capital Project（2021a）An Overview of Social Capital（デジタルファイナル版）（https://www.jec.senate.gov/public/_cache/files/8cb559c4-3764-4706-9009-b4d8565ec820/scp-volume-1-digital-final.pdf　2023 年 12 月 3 日閲覧）.

Social Capital Project（2021b）A Policy Agenda for Social Capital（https://www.jec.senate.gov/public/_cache/files/f8fbea06-cfc6-48da-9369-db9906710e9b/a-policy-agenda-for-social-capital.pdf　2023 年 12 月 3 日閲覧）.

Solow, R. (1999) "Notes on Social Capital and Economic Performance," in Partha Dasgupta and Ismail Serageldin (eds.) *Social Capital A Multifaceted Perspective*, World Bank.

The state of social capital in America: Hearing before the Joint Economic Committee, 155 Cong (2017) (Testimony of Robert Putnam & Opening speech by Senator Mike Lee) (https://www.jec.senate.gov/public/_cache/files/737fd99b-fff6-4091-94b9-2e57d3b30f8f/what-we-do-together-the-state-of-social-capital-in-america-today.pdf　2018 年 12 月 2 日閲覧).

Stiglitz, J. E. and C. E. Walsh (2002) *Economics, 3rd edition*, W. W. Norton & Company (藪下史郎ほか (訳) (2003)『スティグリッツ マクロ経済学 第 3 版』東洋経済新報社).

Subramanian, SV, K. Jones, A. Kaddour and N. Krieger (2009) "Revisiting Robinson: The Perils of Individualistic and Ecological Fallacy," *International Journal of Epidemiology*, 2009, 38: 342–360.

Sudhinaraset, M., A. Landrian, H. Young Choi and I. Ling (2021) "Redefining communities: The association between deferred action, online and offline social capital and depressive symptoms among undocumented young adults," *Preventive Medicine Reports*, 24(2021): 101563.

数土直紀 (2001)『理解できない他者と理解されない自己――寛容の社会理論』勁草書房.

Sue, D. W., C. M. Capodilupo, G. C. Torino, J. M. Bucceri, A. M. B. Holder, K. L Nadal and M. Esquilin (2007) "Racial microaggressions in everyday life: Implications for clinical practice," *American Psychologist*, 62(4): 271–286 (https://doi.org/10.1037/0003-066X.62.4.271).

菅野拓 (2020)『つながりが生み出すイノベーション――サードセクターと創発する地域』ナカニシヤ出版.

杉田浩崇 (2019)「第 1 章 ソーシャル・キャピタル概念の源流を求めて――ハニファン (L. J. Hanifan) の教育実践とその位置づけ」露口健司 (編著)『ソーシャル・キャピタルで解く教育問題』ジダイ社.

高野良一 (2014)「社会関係資本のエートス論――教育理論の『可能性の中心』」『教育社会学研究』94: 65-89.

高島正憲 (2017)『経済成長の日本史――古代から近世の超長期 GDP 推計 730–1874』名古屋大学出版会.

竹信三恵子 (2023)「非正規公務員ハラスメント調査コメント②」(https://f.2-d.jp/voices/coment_1.pdf　2023 年 10 月 3 日閲覧).

瀧川裕貴 (2018)「社会学との関係から見た計算社会科学」『理論と方法』33(1): 132-148.

瀧川裕貴 (2019)「特集 計算社会科学 イントロダクション」『理論と方法』34(2): 235-237.

瀧川裕貴（2023）「大規模言語データと人工知能が切り開く新しい社会意識分析の可能性」2023 年 9 月 24 日　日本学術会議学術フォーラム「デジタルデータ・社会調査データの公共的利活用に向けて」報告資料.

田村哲樹（2015）「第 3 章　ソーシャル・キャピタルと熟議民主主義」坪郷實（編著）『福祉＋α ⑦　ソーシャル・キャピタル』ミネルヴァ書房，pp. 42-51.

田中輝美（2021）『関係人口の社会学──人口減少時代の地域再生』大阪大学出版会.

田中ゑ奈（2023）「作家業は司書続けるために」『朝日新聞』2023 年 11 月 5 日付，朝刊 13 判 S 文化欄 28.

谷口正輝（2023）「AI と相性の良い 1 分子計測」2013 年 7 月 1 日第 41 回情報計測オンラインセミナーシリーズ──数理・情報科学×計測科学の高度融合による新展開，資料.

寺島圭・三浦麻子（2013）「SNS 利用はオフライン／オンライン社会関係資本を醸成するか──大学生の mixi 利用を事例に」『関西学院大学心理科学研究』39 号：59-67.

Thomson, R., M. Yuki et al.（2018）"Relational mobility predicts social behaviors in 39 countries and is tied to historical farming and threat," *Proceedings of the National Threat Academy of Science*, vol 115, no. 29: 7521-7526.

戸川和成（2019）『東京・特別区におけるローカル・ガバナンスの比較実証研究──ソーシャル・キャピタルからみた非制度的要因と政策満足度の地域差の解明』博士論文.

戸川和成（2022）『首都・東京の都市政策とソーシャル・キャピタル』晃洋書房.

Tolbert, C. M. and M. Sizer（1996）"U. S. Commuting Zones and Labor Market Areas: A 1990 Update," Economic Research Service Staff Paper, 9614.

鳥海不二夫（編著）（2021）『計算社会科学入門』丸善.

統計数理研究所（2021）日本人の国民性　第 14 次全国調査（https://www.ism.ac.jp/survey/index_ks14.html　2022 年 12 月 17 日閲覧）.

辻泉（2014）「ケータイは社会関係資本たりうるか」松田美沙・土橋臣吾・辻泉（編著）『ケータイの 2000 年代──成熟するモバイル社会』東京大学出版会，pp. 225-254.

辻中豊（2019）「序章 市民社会・ガバナンス・ソーシャル・キャピタルの相互関係」「第 1 章 公共政策への市民の納得」辻中豊・山内直人（編著）『叢書ソーシャル・キャピタル 5　ソーシャル・キャピタルと市民社会・政治──幸福・信頼を高めるガバナンスの構築は可能か』ミネルヴァ書房，pp. 1-49（ただし第 1 章は阿部弘臣との共著）.

辻中豊・ロバート・ペッカネン・山本英弘（2009）『現代日本の自治会・町内会──第 1 回全国調査にみる自治力・ネットワーク・ガバナンス』木鐸社.

常松淳（2021）「第 11 章 計算社会科学における倫理」鳥海不二夫（編著）『計算社会科学入門』丸善，pp. 265-288.

筒井淳也（2007）「ソーシャル・キャピタル理論の理論的位置づけ──効率性と公平性の観点から」『立命館産業社会論集』第 42 巻 4 号：123-135.

露口健司（2016）「キー・コンピテンシーが社会関係資本の醸成に及ぼす効果──学習の社会的成果についての検討」『愛媛大学教育学部紀要』第 63 巻：13-29.

露口健司（編著）（2019）『ソーシャル・キャピタルで解く教育問題』ジダイ社.

Uchida, Y., M. Kanamori, S. Fukushima and K. Takemura (2023) "Interdependent culture and older adults' well-being: Health and psychological happiness in Japanese communities," *Current Opinion in Psychology*, 2023: 101729 (https://doi.org/10.1016/j.copsyc.2023 101729).

United States Congress, Joint Economic Committee, Social Capital Project (2018) "The Geography of Social Capital in America, 2 in An Overview of Social Capital in America, Report prepared by the Vice Chairman's staff, 115th Cong., 2nd Sess. (April 2018).

浦光博（2021）「インサイダーゆえの排除，アウトサイダーゆえの受容」『日本労働研究雑誌』No. 735: 48–58.

Urry, John (2007) *Mobilities*, Polity Press (吉原直樹・伊藤嘉高（訳）（2015）『モビリティーズ——移動の社会学』作品社).

Uslaner, E. M. (2002) *The Moral Foundations of Trust*, Cambridge University Press.

Uslaner, E. M. (2008) *Corruption, Inequality, and the Rule of Law*, Cambridge University Press (稲葉陽二（訳）（2011）『不平等の罠——腐敗・不平等と法の支配』日本評論社).

バーチャル美少女ねむ（2022）『メタバース進化論——仮想現実の荒野に芽吹く「解放」と「創造」の新世界』技術評論社.

Warren, E. M. (2008) "Chapter 5: The Nature and Logic of Bad Social Capital," in D. Castiglione, J. W. van Deth and G. Wolleb (eds.) *The Handbook of Social Capital*, Cambridge University Press.

Watts, D. (2013) "Computational social science: exciting progress and future directions," The *Bridge on Frontiers of Engineering*, 43(4): 5–10.

Wellman, B., A. Quan Haase, J. Witte and K. Hampton (2001) "Does the internet increase, decrease, or supplement social capital?" *Am Behav Sci*, 45(3): 436–455.

Wilkinson, R. (2005) *The Impact of Inequality: How to Make Sick Societies Healthier*, New York: The New Press.

World Value Survey Wave 7（世界価値観調査 第 7 次）(https://www.worldvalues survey.org/WVSContents.jsp　2023 年 8 月 25 日閲覧).

Yate, T., B. G. B. Bueno, X. Dong et al. (2023) "Behavioral changes during the COVID-19 pandemic decreased income diversity of urban encounters," *Nature Communications*, 14, 2310 (https://doi.org/10.1038/s41467-023-37913-y).

山田順子・鬼頭美江・結城雅樹（2015）「友人・恋愛関係における関係流動性と親密性——日加比較による検討」*The Japanese Journal of Experimental Social Psychology*, Vol. 55, No. 1: 18–27 (doi: 10.2130/jjesp. 1405).

山岸俊男（1998）『信頼の構造——こころと社会の進化ゲーム』東京大学出版会.

山岸俊男（2000）「コールマンの設計図をながめて」『理論と方法』15(2): 392–396.

Yamagishi, T.（2011）"Epilogue to the English Edition," in T. Yamagishi, *Trust: The evolutionary Game of Mind and Society*, Springer, pp. 147–168.

Yamagishi, T. and M. Yamagishi（1994）"Trust and commitment in the United States and Japan," *Motivation and Emotion*, 18: 129–166.

山本翔子・結城雅樹（2019）「トロッコ問題への反応の文化差はどこからくるのか？──関係流動性と評判期待の役割に関する国際比較研究」『社会心理学研究』35(2): 61–71.

Ylikoski, Petri（2021）"Understanding the Coleman boat," in Gianluca Manzo（ed.）*Research Handbook on Analytical Sociology*, Edward Elgar, pp. 49–63.

与謝野有紀（2011）「格差・信頼とライフチャンス──日本の自殺率をめぐって」斎藤友里子・三隅一人（編）『現代の階層社会 3　流動化のなかの社会意識』東京大学出版会，pp. 293–307.

吉野諒三（2003）「（付）日本における国民性研究」アレックス・インケルス（著），吉野諒三（訳）『国民性論──精神社会的展望』出光書店，pp. 447–470.

吉野諒三（2016）「第 8 章　意識の国際比較調査──CLA から CALMAN へ」稲葉陽二・吉野諒三（編著）（2016）『叢書ソーシャル・キャピタル 1　ソーシャル・キャピタルの世界──学術的有効性・政策的含意と統計・解析手法の検証』ミネルヴァ書房，pp. 234–258.

湯浅誠（2008）『反貧困──「すべり台社会」からの脱出』岩波書店.

結城智里（監修）（2018）『企業不祥事事典 II　ケーススタディ 2007-2017』日外アソシエーツ.

Yuki, M., J. Schug, H. Horikawa, K. Takemura, K. Sato, K. Yokota and K. Kamaya（2007）"Development of a scale to measure perceptions of relational mobility in society," CERSS Working Paper 75, Center for Experimental Research in Social Sciences, Hokkaido University.

Zak, P. and S. Knack（2001）"Trust and Growth," *The Economic Journal*, 111（April）: 265–321.

Zhong, ZJ（2014）"Civic engagement among educated Chinese youth: the role of SNS（social networking services）bonding and bridging social capital," *Comput Educ*, 75: 263–273.

あとがき

「稲葉さん，信頼をソーシャル・キャピタルと呼ぶのですよ」と宇沢弘文先生に言われて社会関係資本の研究を始めた．そのあと，宮川公男先生のご指導をいただき「ソーシャル・キャピタル研究会」を始めたのは2001年頃のことであった．両先生とも日本開発銀行（現日本政策投資銀行）設備投資研究所の顧問を1960年代の研究所創設時からお願いしていた研究所の主のような存在であった．研究会の当初のメンバーは，宮川先生，大守隆内閣府経済社会総合研究所次長，吉野諒三統計数理研究所准教授，私の4名であり，当初の講師には政治学の辻中豊先生をお招きしたと記憶している．以来，ほぼ四半世紀が経過した．私は気楽にそれこそ高尾山へのハイキングにいくような知的軽装で社会関係資本研究を始めたのだが，途中でエヴェレストに挑戦しているのかもしれないと思うようになった．

学際的な概念を扱うので実証研究を必要としたものの手に余り，2007年頃に研究をやめようかと思っていたら，日本でもソーシャル・キャピタル研究を標榜して2万票以上のデータを収集・分析しているという研究者に出会った．近藤克則先生である．近藤先生のおかげで，イチロー・カワチ先生の知己を得て，世界規模で研究を考えることもできるようになった．同時期に社会関係資本の啓蒙書を出版でき，稚拙な研究にもかかわらず，恩師の山田浩之先生からおほめの言葉をいただき，力づけられた．

まことに不思議なことに，そうなると，研究資金も獲得できるようになり，研究のネットワークも拡がっていった．研究にあたっては1つだけルールを作った．それは，専門分野における研究者との共同研究とすることだ．社会関係資本研究は学際的になるが，私1人でさまざまな専門分野に踏み込むことはしなかった．そのために人柄の良い親切な研究者を見つけることを心掛けた．公衆衛生関連では近藤克則先生のほかに，藤原佳典先生，尾島俊之先生，藤原武男先生，市田行信先生，和田有理先生，近藤尚己先生，相田潤先生，等々力英

美先生，白井こころ先生，高尾総司先生，計量地理学では埴淵知哉先生，社会心理学では宮田加久子先生，柴内康文先生，小林哲郎先生，高木大資先生，教育関連では露口健司先生，柏木智子先生，社会福祉学では斉藤雅茂先生，社会学関連では佐藤嘉倫先生，辻竜平先生，金光淳先生，石田光規先生，瀧川裕貴先生，須田光郎先生，大﨑裕子先生，小山弘美先生，小藪明生先生，経済学では惜しくも先日亡くなられた山内直人先生，西出優子先生，石田祐先生，澤田康幸先生，政治学では私の拙い博士論文に対し懇切丁寧なご指導を賜った辻中豊先生に加えて，エリック・アスレイナー先生，金善赫先生，戸川和成先生，など本当に多くの先生方に支えられ社会関係資本の研究者として活動を維持することができた．また，長野県須坂市，徳島県上勝町の皆様には私のわがままを聞き入れていただき郵送法調査を実施していただいた．本書の査読は，要藤正任先生，戸川和成先生がしてくださり，感謝に堪えない．さらに，貧乏研究室の薄給にも耐えて 15 年間にわたり，リサーチアシスタントとして研究活動全般を管理・支援してくださった宮下順子氏にも篤く御礼を申し上げたい．

　本務校であった日本大学は，文科省の意思決定機関としての教授会を否定してトップに権力を集中させる大学改革に伴い，その制度改革を私的利益に悪用する者が現れ，まさに本書第 4 章で述べた，取り巻きグループの集団が形成され負の外部性が生じる事態に立ち至り，人心がすさんだ．その中にあっても，残念ながら理事長本人には適用されなかったようだが，個人の専横を許さない規定（例えば，研究費での親族の雇用は許されない）が整備され，現場の事務担当者各位はきちんとその職責を果たされていた．退職後も含め今日までの 21 年間にわたる私の研究もそうした日本大学の皆さんに支えられてきたことは明記したい．

　社会関係資本研究をはじめて 6 年程度で私の手に余るテーマであることを明確に認識したのにも拘わらず，過去四半世紀一貫して社会関係資本研究を続けられたのは，上述の皆さんをはじめとする，多数の方々が助けてくださったからである．山内直人先生のご尽力で 2021 年には社会関係資本研究と政策研究をテーマとする日本社会関係学会まで創立され，2022 年にはジャーナル『社会関係研究』も発刊し 2024 年春時点で 7 本の論文が公刊されている．終章でも概観したように，世界はあらゆる意味で危機的な状況にあり，『黙示録』や

「スターウォーズの銀河共和国 vs 帝国との戦い」さえ彷彿とさせる．そのなかにあっても，私の研究生活は社会関係資本の醸し出す協調と協力そして寛容性が満ち溢れる夢のような世界であった．

　最後に，この地味なテーマを扱う拙著を公刊してくださった東京大学出版会の宗司光治氏に心からの御礼を申し上げたい．また，本書を 50 年間以上にわたり常に私の最善の理解者であった妻，美津子，そして 2 人の息子とお嫁さんたち，孫たちに捧げたい．

索　引

ア

相田　潤　155, 237
アクセルロッド，ロバート　30, 52, 62
アスレイナー，エリック　76, 105, 214
安部俊樹　3, 229
アーリ，ジョン　115, 222
アロー，ケネス　9, 149, 238
安心（assurance）　63, 68-70, 75, 234
池田謙一　186
いじめ　7, 96-98, 100, 199
逸失利益　235
稲垣佑典　38, 232
今村晴彦　140, 145-147, 240
因果推論の根本問題　117-119
ウエルマン，バリー　185
裏金　6, 9, 97, 103, 225, 228
ウールコック，マイケル　30
エルデシュ，ポール　155
エンロン社　103
欧州価値観調査　155
大﨑裕子　51, 76, 233
大島郁葉　236
大谷翔平　7, 231, 236
大守　隆　26-27
オストロム，エリノア　11, 14, 29-30, 42
　-43, 46-52, 55-57, 59-60, 62, 71, 76-78,
　95, 108, 130, 145, 190, 225, 232, 239, 243
オポチュニティ・アトラス　164, 168-
　171, 175
表立って表現されることのない苦しみ
　1-2, 58, 96-98, 219, 225
オルソン，マンサー　48
オンライン SC ／オフライン SC　185-
　189

カ

介護・福祉職　3, 7, 229
外部性　9-11, 40, 44-45, 53, 55, 57-60, 69,
　72, 76, 79-83, 85-86, 88-89, 93, 95-96,
　98-99, 103, 105, 109, 113, 138, 225, 231
　規範の――　81
　心の――　9, 11, 14, 57, 59-60, 85, 103,
　150, 218, 220
　正の／負の――　77, 82, 93, 95, 98-105,
　108, 113-115, 138-139, 190, 199, 210-
　213, 220-221, 224-225, 227-228, 233
格差　10, 26-27, 29, 35, 76, 83, 98-100,
　104-105, 107-115, 139, 152, 154, 163,
　167, 201, 206, 211, 215, 223-225, 237,
　245
柏木智子　34, 227
価値観の経時的変化　59
カワチ，イチロー　30, 232, 242
関係基盤　62, 73, 130-131, 221, 228, 234,
　239
関係人口　20
関係流動性　21-27, 29, 62, 70-71, 73-75,
　77, 130-131, 221, 239
機会コスト　63-65, 68-73, 235
企業風土　4, 33-34, 193, 204, 206-212,
　215
企業不祥事　4, 193, 202, 207, 211-212,
　214, 246
キーコンピテンシー　228
技術進歩／技術退歩　197-198, 201-202
北見幸一　206-207
北村英哉　132, 226
規範　8, 10, 13-14, 26, 35, 37-40, 43, 45,
　47, 51-53, 55-57, 59-60, 77-83, 98-100,

104–105, 108, 110, 115, 117, 122, 138–139, 143–145, 150–152, 157, 182, 184, 187, 189, 199, 201, 203, 212, 218, 220, 227, 246
　禁止的―― 80, 82
　互酬性―― 42, 45, 95, 99
　接合型／非接合型―― 80–81
　命令（奨励）的―― 80, 82
　――の受益者とターゲット 80–82
教育 26, 35, 60, 76, 152, 168, 198, 224–225, 227–228
ギンタス, ハーバート 238
空／縁起 218–220
クラブ財 9, 86, 100–102, 104–105, 110, 115, 139
グリーンワルド, アンソニー 59, 132, 138, 239
経営学 11, 30, 53, 149, 213, 215
傾向スコア（Propensity score）マッチング 118
計算社会科学 121, 123–128, 130, 135, 150, 221, 237, 239
経済的つながり（Economic Connectedness） 127, 162, 164, 170–171, 173–175, 185
携帯電話による移動データ 176, 178
ゲーム理論 48, 50
行為の制御権 79
公害過剰補償による公害蔓延ケース 92
交換理論 37
公共財 9–10, 36–41, 44–45, 53, 55–56, 58–60, 86, 96, 100, 104–105, 107, 110, 139, 151–152
公文書の改ざん 102–103
合理的意思決定 36, 38, 40–41, 46, 51, 76
異なる階層との出会い 164, 174
小林哲郎 186, 238
コミットメント関係 63–65, 68–70, 72–74, 234

コモンズ（共有資源, CPR） 9, 47–48, 52, 57, 78, 86, 95, 108, 129–130, 190–191, 233
　――オストロムの「設計原理」 47–48, 78
孤立・孤独 6–7, 20, 96–97
コールマン, ジェームズ 8, 11, 14, 22, 29–33, 35–47, 51–52, 55–57, 59–60, 76–81, 83, 104, 108, 149, 220, 225, 227, 232, 233
　――のボート 11, 31–35, 39, 41, 43, 50, 56, 147, 193, 227, 232, 233
　――らしい議論のねじれ 39–41, 46
近藤克則 30, 118, 120, 153, 155, 241
コンプライアンス（法令順守） 4, 34, 59, 101–102, 215

サ

最適解 95, 108
佐藤嘉倫 30, 108, 233
佐原ひかり 5
差分の差法（DID: Difference-In-Differences） 118
サルガニック, マシュー 121, 124
サンクション 55, 59–60, 233
ジェイコブス, ジェーン 35
しがらみ 73, 99, 101–102
シストフスキー, ティボール 86
自然独占 95–96, 190
私的財 9–10, 36–37, 40–41, 45, 53, 55, 60, 100, 104–105, 109, 113, 139, 151
ジニ係数 111–113, 167, 206, 225, 245
資本係数 204–205
資本ストックの設備年齢（ヴィンテージ） 204
市民共同体指数 41, 122
社会疫学 11, 30, 53, 115, 153, 155, 233
社会関係資本 8, 11, 13, 15, 17, 19, 21–22, 26–27, 29, 35–41, 44–46, 49, 51–52, 55–

56, 77, 83, 85, 98–99, 101, 104–105, 108–114, 120, 130, 138–139, 144, 146–147, 149, 151, 180, 184, 193, 199–200, 202, 209, 211, 219–220, 227

構造的―― 13–16, 22–23, 26, 53, 75, 111, 115, 184–187, 189

認知的―― 10, 13–14, 16, 53, 111, 184, 187–189

――の規定要因 150, 152, 184

――の機能 14, 36, 213, 219, 221

――の計測 11, 13–14, 122, 126, 128

――のダークサイド 43, 85, 100, 103, 106–107, 138, 233

――の定義 8–9, 11, 14, 25, 29, 39, 43, 46, 53, 71, 85, 100, 105, 220, 227

――の偏在 99, 105–107, 114, 139, 233

社会実装／実装科学（CFIR） 115, 140–142, 144–147, 182, 219–220, 221, 228

社会的選択仮説 26–27

社会的知性 64, 228, 235

社会的病理 193, 211–213

社会的不確実性 63–65, 67–70, 234

弱者泣き寝入り仮説 85, 95

ジャニーズ問題 226

集合行為のジレンマ 8, 10, 38, 44, 46, 48–49, 52–53, 55–57, 59, 62, 77–78, 93–95, 108, 115, 130, 212, 219, 221, 236

消費の競合性 9, 86

消費の排除性 9, 86

人件費／利益 4, 214

人種 IAT 133–136, 239

信頼 8, 10, 13–14, 16, 18, 25, 38–39, 43, 45, 48–53, 55, 57, 61–65, 71–72, 75–77, 83, 104, 107–108, 110–111, 115, 117, 122, 138, 144–145, 150–152, 184, 187–188, 199, 201, 218, 220, 227, 233, 241

一般的――（generalized trust） 16, 18, 24–25, 50–52, 62–64, 69, 71, 74–77, 100, 104, 110, 113, 139, 154, 159, 161,

187–188, 232, 235, 241

計算的―― 51, 57, 60, 65, 71, 74–77

道徳的―― 51, 60, 65, 76–77

特定化（個別的）――（particularized trust） 14–16, 52, 74, 110, 231

――性（trustworthiness） 43, 45, 48–52, 57, 60, 62, 64, 71–72, 76–77, 128, 145, 235

――の解き放ち理論 24, 62–65, 67, 71–72, 77, 232, 324

――の内部化

ステレオタイプ 96, 135–137, 138, 239

数土直紀 52

生産性 3–4, 180, 195, 200–201, 211, 213, 215, 246

全要素―― 196, 198, 200, 243, 246

付加価値―― 200, 246

労働―― 200–201, 211, 213

制度（institution） 42, 44, 47–49, 51, 60, 77–78, 109, 145, 157, 159, 181–182, 184, 225, 231

盛山和夫 39–40, 46

世界価値観調査（WVS） 14, 16, 18, 25, 155, 157–161, 182, 184, 232

セットアップコスト 93–94

潜在連合テスト（IAT） 131–138, 221, 226

組織の病理 193

ソーシャル・キャピタル・プロジェクト 180–183

ソロー，ロバート 149, 238

忖度 5, 9, 17, 19, 58

タ

第 2 世代の集合行為理論 47–48

代表的個人モデル 88–89

高木大資 131

瀧川裕貴 127, 135–136, 237

田中輝美 20

ダムシュローダー，ローラ　139, 145, 240

単位等量曲線　202

談合　102, 210

端点解（コーナーソリューション）　87-88, 108, 211-212

チュニティ，ラジ　121, 127-129, 131, 162, 164, 166-168, 170-171, 173, 175-179, 182, 184, 190, 222, 227, 241

チャールスワース，テレサ　137

超高齢化社会　19

賃金／経営者報酬　3

辻中　豊　2, 30, 229

露口健司　30, 227, 246

データの民主化　11, 151, 155

デューイ，ジョン　30

東京五輪・パラリンピック贈収賄事件　101

戸川和成　112, 188, 240

特別背任　6

凸性（convexity）　11, 85-89, 92, 98, 107-109, 212, 219-221, 225, 235, 236

取引費用　63, 65, 67-74, 86, 96-97, 111, 234, 235

トロッコ問題　73, 75

ナ

内集団ひいき　138-139, 226

中村　元　218-220

2次的フリーライダー問題　94-95, 236

日本人の国民性調査　16, 241

日本の違和感　1, 10-11, 33, 58, 98, 215

日本老年学的評価研究（JAGES）　118-120, 153, 155-156, 184, 241

ネズミの会議　94

ネットワーク　6, 8, 10, 13-14, 16-17, 19-20, 22, 38-40, 43-45, 47, 49, 52-53, 57, 61, 83, 96, 98-99, 101-104, 107-109, 113, 115, 117, 122, 124, 129-130, 138, 142,

144-145, 150, 161, 182, 184, 186, 189, 199, 202-203, 209-210, 218, 220, 227, 233

閉じた／結束型――　22-23, 75

開いた／橋渡し型――　22-23, 75, 100, 231

――の二面性

ノリス，ピパ　186

ハ

パットナム，ロバート　11, 14, 22-24, 29-30, 39, 41-47, 52, 55-57, 60, 62, 71, 75, 77, 108, 114, 122, 137, 182, 184-185, 222-225, 228, 232, 242, 246

ハーディン，ギャレット　48, 51, 55, 76, 95

バート，ロナルド　22, 30, 212, 232

バナージ，マザーリン　59, 132, 136, 138, 239

花・虫テスト　132-133, 136

ハニファン，リダ　30, 227, 246

埴淵知哉　155

パネルデータ　115, 117-120, 150, 153-155, 184, 225

林　知己夫　241

ハラスメント　58, 96-97, 236

針千本マシン　67-70, 72, 75

パレート最適　87-88, 90, 92, 94

非意識下のバイアス　58-59, 85, 131, 138-139

ヒオカ　229

悲惨　1-2, 19, 229

非正規雇用　5, 7, 19, 33, 199, 201-204, 214, 236, 244, 245

非凸性（nonconvexity）　85-90, 92-93, 95-96, 98, 107-109, 220-221, 225

1人あたりGDP　195-196

付加価値　3-4, 33, 44, 53, 196, 205, 213-215, 220, 228

藤原佳典　30, 61

不確かな地理的文脈問題（Uncertain Geographic Context Problem: UGCoP）　234

不平等の罠　100, 105, 107, 111, 139, 214

ブルデュー，ピエール　1, 8, 29–30, 39, 58, 96, 225, 232

文脈　36, 58–60, 85, 96

米国 GSS（統合版社会調査）　241

ベイレンス　133, 137

ベッカー，ゲイリー　30, 232

ペンシルヴェニア州立大学指標　182, 242

変動費用ゼロのデータ　124

ボウルズ，サミュエル　238

ホームレスの自立の支援等に関する特別措置　229

マ

マイクロアグレッション　96–97, 131–132, 199, 203, 236, 239, 244

三浦麻子　186

ミクロ・マクロ＝リンク　35–36, 43, 46, 50, 52, 55–57, 77–78, 108, 147, 193, 212, 219

ミード，ジェイムズ　9, 57, 85

宮崎宏興　2, 229

宮田加久子　30, 187–188

ミンスキー，マーヴィン　246

無作為化試験（Randamized controlled trial: RCT）　117–118

村尾信尚　5

森友・加計・さくらを見る会　5

ヤ

やくざ型コミットメント　69, 72–73, 75,

235

山岸俊男　22, 24, 30, 51, 62–64, 66–77, 221, 228, 232, 234, 235

結城雅樹　21–23, 26, 71, 73, 77, 221

友人づくりバイアス　174, 185

吉野諒三　21, 30, 241

ラ

リディラバ（Ridilover）　2–3

リフキン，ジェレミー　190–191

龍樹　218, 220

量子論　13

レガタム研究所繁栄指数　17–18, 155

歴史的・文化的経緯　8, 21, 26, 44, 73, 75

労働装備率（資本装備率）　199–201, 204–206, 211, 213–214, 243

ロジャーズ，エベレット　140–142, 144, 240

ローリー，グレン　35

アルファベット

BigTech　129, 190–191

Facebook　128–129, 131, 162, 170–173, 184–186

Google Books　137, 240

Google Ngram Viewer　136

MAUP（可変地域単位問題）　60, 234

MTO　175–176

REPRINTS　61

SES　115, 129, 171–175, 184–185

UGCoP（Uncertain Geographic Context Problem 不確かな地理的文脈問題）　234

WEAT　135–137

WEB 調査　123–124, 152, 188

著者紹介

稲葉陽二（いなば　ようじ）

1949 年東京生まれ.

京都大学経済学部卒，スタンフォード大学ビジネススクール修了（MBA），博士（学術，筑波大学）.

1973 年日本開発銀行入行，経済協力開発機構国際エネルギー機関エナジー・エコノミストなど国際業務とエネルギー関連業務，調査研究業務に従事，日本政策投資銀行設備投資研究所所長を経て，2003 年より日本大学法学部政治経済学科教授（日本経済論，経済学原論，ソーシャル・キャピタル論），2020 年退職，現同大大学院法学研究科非常勤講師（2025 年 3 月末まで）.

2000 年よりソーシャル・キャピタル研究会を立ち上げ，現在同会主宰. 日本社会関係学会初代会長.

[主要著作]

（編　著）日本開発銀行調査部編『日本の潜在成長力』日本経済新聞社，1994 年.

（共編著）『日本経済と信頼の経済学』東洋経済新報社，2002 年.

　　　　　『ソーシャル・キャピタルの世界』ミネルヴァ書房，2016 年.

　　　　　『AI はどのように社会を変えるか：ソーシャル・キャピタルと格差の視点から』東京大学出版会，2022 年.

（単　著）『「中流」が消えるアメリカ：繁栄のなかの挫折』日本経済新聞社，1996 年.

　　　　　『ソーシャルキャピタル：「信頼の絆」で解く現代経済・社会の諸課題』生産性出版，2007 年.

　　　　　『ソーシャル・キャピタル入門：孤立から絆へ』中公新書，2011 年.

　　　　　『企業不祥事はなぜ起きるのか：ソーシャル・キャピタルから読み解く組織風土』中公新書，2017 年，など多数.

ソーシャル・キャピタル新論
日本社会の「理不尽」を分析する

2024 年 9 月 26 日　初　版

［検印廃止］

著　者　稲葉陽二

発行所　一般財団法人　東京大学出版会

代表者　吉見俊哉
153-0041 東京都目黒区駒場 4-5-29
https://www.utp.or.jp/
電話　03-6407-1069　Fax 03-6407-1991
振替　00160-6-59964

印刷所　株式会社理想社
製本所　牧製本印刷株式会社

Ⓒ 2024 Yoji Inaba
ISBN 978-4-13-050210-8　Printed in Japan

JCOPY 〈㈳出版者著作権管理機構　委託出版物〉
本書の無断複写は著作権法上での例外を除き禁じられています．複写さ
れる場合は，そのつど事前に，㈳出版者著作権管理機構（電話 03-5244
-5088, FAX 03-5244-5089, e-mail: info@jcopy.or.jp）の許諾を得てく
ださい．

佐藤嘉倫・稲葉陽二・藤原佳典 編　AIはどのように社会を変えるか　A5・3800円

辻竜平・佐藤嘉倫 編　ソーシャル・キャピタルと格差社会　A5・3800円

遠藤薫 編　ソーシャルメディアと公共性　A5・4400円

遠藤薫・山田真茂留・有田伸・筒井淳也 編　災禍の時代の社会学　46・2600円

トーマス・W・ヴァレンテ　社会ネットワークと健康　A5・6600円

宇沢弘文・茂木愛一郎 編　社会的共通資本　A5・4600円

宇沢弘文・橘木俊詔・内山勝久 編　格差社会を越えて　A5・3800円

宇沢弘文・細田裕子 編　地球温暖化と経済発展　A5・4000円

ここに表示された価格はすべて本体価格です．ご購入の際には消費税が加算されますのでご了承下さい．